글쓰기는
스타일이다

글쓰기는
스타일이다

책읽기에서 글쓰기까지
나를 발견하는 시간

장석주 지음

"
시도했었다.

실패했었다.

상관없다. 다시 시도하라.

더 잘 실패하라.

"

― 사무엘 베케트(Samuel Beckett, 1906~1989)

"원하라, 가질 수 있나니!"
젊은 날에는 뭔가를 쥐려고 간절히 열망했고,
그 열정으로 여기까지 왔다.
소유하는 자는 결국 소유된다는 깨달음을
뒤늦게나마 갖게 된 걸 참 다행이라 생각한다.

적게 먹고 적게 소유하며 한량으로 사는 것의 자유로움 때문에
"원하지 마라, 자유롭게 되리니!"라는 금언을 자꾸 떠올리는 나날이다.

나이를 먹는 데도 꿈이 있다는 건 아름다운 일이다.
"자신이 쓰지 않은 작품 속 주인공처럼 사는 법을 배우라"고 얘기한
에픽테토스의 말처럼 잘 산다는 것은 뭐, 그런 거 아니겠나.

삶을 만드는 건 우리가 걸어온 길이다.

허나

진짜로

우리 마음을 끌고 가는 건

가보지 못한 그 많은 길들이 아니던가.

개정판을 펴내며

이미 글쓰기에 관한 책들은 많이 나와 있다. 누구나 마음만 먹는 다면 검증된 내용과 풍부한 예화로 이루어진 글쓰기에 관한 책 한 권쯤은 쉽게 구할 수 있을 것이다. 그럼에도 나는 글쓰기에 관한 책을 써서 출간했는데, 과연 『글쓰기는 스타일이다』는 다른 글쓰기 책과 다른 진정성과 독창성이 있었을까? 내 미욱함의 결과물인 이 책이 분에 넘치는 사랑을 받으며 여러 쇄를 찍은 사실이 하나의 암시가 될 수도 있을 테다. 출간 10주년에 개정판을 펴내면서 내가 쓴 책을 다시 읽었다. 책을 읽고 크게 부끄럽지 않다는 사실에 안도한다. 이번에 개정판을 내면서 기존에 없던 원고 몇 꼭지를 보태었다. 개정판 서문, 에세이 쓰기와 인생을 살아내기, (한강 소설의 문체를 분석한) 시적인 문체 등이 그것이다.

사춘기 시절에 첫 단편 「기러기」를 썼다. 이 단편은 열여섯 살 겨울에 고등학교 입시를 준비하며 내적인 압박감에서 벗어나려는 욕구에서 끼적인 것이다. 책상 위에 널린 교과서들을 옆으로 밀치고 알 수 없는 열정에 사로잡혀 미친 듯이 문장을 썼다. 이 단편은 당시 중고생들이 많이 보던 「학원」이란 잡지에 활자화되면서 박제되었다. 누구에게도 '소설작법'을 배운 적이 없는 상태에서 단편을 써낸 것은 한국현대문학전집을 통독하며 여러 작가들의 소설을 두루 읽은 덕분이었으리라. 분명 한국 작가들의 소설들이 내 소설의 교본이 되었을 테다. 그 뒤로도 단편 몇 편을 썼는데, 어느 순간 더 이상을 쓸 수가 없었다. 소설을 쓰고 싶은 열망은 끓어오르는데, 벽에 가로막혀 앞으로 나아갈 수가 없었다.

'쓰다'는 곧, '살다'

나는 거친 세상을 떠돌다가 굳은 결의를 다지며 혼자 시립도서관의 구석에 처박혀 습작을 했다. 무수한 실패를 겪은 뒤 등단을 하고 시집과 비평집들을 펴낸다. 내가 습작 경험으로 얻은 결론은 천부의 재능이라는 것은 거짓 신화에 불과하다는 것과 '쓰다'와 '살다'는 동의어라는 사실이다. 무수한 실패를 되풀이하지 않는 작가란 존재하지 않는다. 오직 정직하게 실패를 겪고 그것을 제대로 반추한 사람만이 작가로 빚어지는 것이다. 실패 경험은 작가들의 자산이자 글쓰기의 동력이다. 작가들은 삶의 장면들, 이야기, 꿈과 환영의 파편들을 언어라는 도구를 써서 글을 빚는다. 작가의 연장통에 담긴 가장 중요한 도구는 바로 언어다. 작가들이란 언어에 대한 지식을 습득하는 과정을 거치며 그걸 올바로 쓰는 법을 훈련 받은 사람들이다. 언어에 대한 풍부한 감수성이 없이 좋은 작가가 되기란 불가능할 테다.

1980년대 초에 출판사를 창업하고 테드 휴즈의 『시작법』, J.피츠제럴드의 『소설작법』을 연달아 펴냈다. 당시 '작법'에 관한 책이 전무했던 터라 두 책은 큰 호응을 얻었다. 대학의 문예창작학과에서 교재로 채택되기도 했다. 외국 저자의 책을 번역해 소개한 점은 아쉬웠지만, 이 책으로 시와 소설 쓰기를 배우고 등단한 후배들을 만나면서 뿌듯함을 맛보았다. 오랫동안 한국어를 사용하는 저자가 쓴 훌륭한 '작법' 책이 나오기를 바랐지만 내 기대는 충족되지 않았다. 나는 꽤 오랫동안 문화센터와 대학에서 문예창작을 가르쳤다. 맨땅에 머리를 박는 고행이나 다름없었던 습작 경험과 창작 수업에서 얻은 깨달음을 바탕으로 글쓰기 교본을 한 권쯤 쓰고 싶었다. 『글쓰기는 스타일이다』는 그런 숙고와 기다림을 거쳐서 나온 책이다.

'유리병 편지'를 바다에 띄우는 모든 작가들을 응원하며

이 세상의 모든 작가가 쓰는 글은 '유리병 편지'다. 밤새 쓴 편지를 유리병에 담아 밀봉한 뒤 바다에 던진다. 이것은 바다를 떠돌다가 어느 해변에서 우연히 발견한 이의 손에 들어간다. '유리병 편지'를 쓴 이는 작가, 그걸 읽는 사람은 독자일 테다. '유리병 편지'라는 매개물을 통해 작가와 독자는 연결된다고 할 수 있다. 그렇다면 작가들은 '유리병 편지'에 무엇을 써서 담는가? 독일 소설가 유디트 헤르만은 자전 에세이에서 "나는 나에 대해 쓴다. 나는 스스로의 삶을 따라서 쓰고, 다른 글쓰기는 모른다."[1]라고 말한다. 우리는 각자의 언어로 자기 이야기를 쓴다. 글쓰기란 곧 자기 이야기를 빚어내는 일이고, 이것은 세계를 향한 외침일 테다. 외침은 목소리로 이루어진다. 나는 목소리의 주체이고, 목소리는 작가의 페르소나다. 나는 살과 뼈, 피로써 이루어지는 존재인데, 이 존재와 더불어 중요한 것은 주체를 감싸는 현실과 그 안에 소용돌이치는 환상, 정념 따위다. 이것들은 나를 이루는 성분 전체이면서 동시에 글쓰기의 질료다. 이 질료들에 주체의 다양한 상상력과 관념들이 뒤섞인 채 발효라는 과정을 통해 비로소 글이라는 형태와 윤곽이 만들어진다.

작가들이란 "상상력의 정원과 농장"을 갖고 여기에 씨앗을 파종하거나 모종을 옮겨 심으며 돌보고 가꾸는 사람들이다. 한 작가의 세계란 이 "상상력의 정원과 농장"의 풍성한 내용과 규모

[1] 유디트 헤르만, 『말해지지 않은 것들에 대한 에세이』, 신동화 옮김, 바다출판사, 2025, 17쪽.

에 버금갈 테다. 오늘 당신 안에 있는 "상상력의 정원과 농장" 사정은 어떤가? 그것은 식생(植生)의 다양함으로 풍성한가, 아니면 제대로 돌보지 못해 빈곤한가? 『글쓰기는 스타일이다』의 개정판을 앞두고 설렘과 두려움을 느낀다. 바라건대 아직 세상에 나오지 않은 미지의 작가에게 한 줄기 영감이라도 줄 수 있다면, 그리고 이미 등단을 한 작가에겐 공감과 창작의 불씨를 지필 새로운 계기가 되기를 바랄 뿐이다.

2025 가을에
장석주 씀

차
례

개정판을 펴내며 6

밀실   글쓰기를 위한 책읽기

ㅁ   읽기와 쓰기 그리고 자기 짓기   21
맥락의 독서와 글쓰기의 지형학 ▫ 내 것을 쓰고 싶다면

책읽기는 운명을 바꾼다   27
깨어 있는 즐거움 ▫ '타인의 삶'이라는 책

꿈꿀 권리   33
만일 천국이 있다면 그곳은 커다란 도서관일 것이다
세계의 존재 이유 ▫ 몽상의 시학과 연금술

'책읽기'에서 '글쓰기'로   40
사람은 책을, 책은 사람을

입구   글쓰기를 시작하기 전에 알아야 할 것들

ㄲ   허기진 삶   47
작가는 꿈만 먹고 살아야 하나 ▫ 두 겹의 굶주림

불확실성   56
글쓰기의 불안함 ▫ 한 걸음 한 걸음 다만 나아갈 뿐

실패 가능성   62
실패하라, 더 낫게 실패하라

진짜 재능   67
쉽게 포기하지 않는 능력 ▫ 타고난 작가는 없다

독창성과 창의성 75
서로 다른 사물을 조합하는 능력

경험, 그 발견되고 해명된 삶 80
나는 쓴다, 고로 나는 존재한다
이런 목소리를 어찌 외면할 수 있으랴

백지의 공포 85
글쓰기의 잠재력을 끌어내는 법

고독과 칩거 90
나는 이렇게 고독을 만들었다 □ 실재의 사막으로 가는 길

미로 글쓰기에서 마주치는 문제들

작가의 연장통 99
쉬운 글과 풍부한 표현 사이 □ 문법이라는 질서

언제든 졸작을 쓸 수 있는 용기 104
왠지 모르게 마음이 끌리는 글 □ 내 안의 상처받은 용

말의 소리와 리듬 109
좋은 글은 리듬을 타고 온다

어쩌다 전업 작가가 되어 114
쓰는 것만 빼면 꽤 괜찮은 직업 □ 기다림은 역시 힘이 세다

날마다 글을 쓴다는 의미 119
작가는 글로 스스로를 증명한다 □ 글쓰기의 출발은 규칙

일기, 나와 대면하는 연습 124
세상을 바꾸는 삶의 기록 □ 나 혼자만을 위한 진짜 일기쓰기

에세이 쓰기　　　　　　　　　　　　　　　　　130
진정성 있는 '고백의 내러티브' ▫ 문장에 나만의 목소리를 담아내자

떠나고 싶을 날의 글쓰기　　　　　　　　　　135
여행을 하면 얻게 되는 것들

출구　작가의 길

II

문체란 무엇인가　　　　　　　　　　　　　　143
문체와 나 ▫ 대가들도 알고 보면 이렇게 배웠다
텍스트를 지배하는 원칙

무의식, 나도 모르는 나　　　　　　　　　　　153
천재의 뿌리 ▫ 무의식 깊숙이 숨어 있는 욕망

글쓰기와 집짓기　　　　　　　　　　　　　　160
글쓰기로 건축하는 법 ▫ 다시 망치와 끌을 잡고

몸으로 글쓰기　　　　　　　　　　　　　　　165
보다 깊은 글쓰기의 비밀 ▫ 몸과 마음은 분리할 수 없는 하나

등단을 꿈꾼다면　　　　　　　　　　　　　　170
가능성의 문이 열리는 순간 ▫ 국민 백일장, 신춘문예
문학청년에서 시인으로

시가 내게로 왔다　　　　　　　　　　　　　　176
창작이라는 수원지에 도달하는 법 ▫ 시적 감흥을 불러 일으키는 것
원시 자연으로 회귀하는 상상력 ▫ 위대한 시인의 질문

문학이 가르쳐 준 것들　　　　　　　　　　　192
써먹지 못함을 써먹는 것 ▫ 타인의 삶에 귀 기울이는 시간

광장 글쓰기 스타일

스타일이란 무엇인가   201
마음의 무늬, 사상의 실체 □ 문체는 곧 작가의 모든 것

글쓰기에 미친다는 것 문장은 감각적인 디테일이다   207
김연수 가장 소중하다고 믿는 것들을 위해 살아가는 법
너무도 매혹적인 첫 문장 □ 소설가의 일 □ 남겨진 사람들의 이야기

비정한 문체 하드보일드는 냉정과 열정 사이의 스타일이다   216
어니스트 헤밍웨이 내가 지금 반드시 해야 하는 일은 오직 하나
파괴될 수는 있어도 패배할 수는 없다 □ 문체처럼 하드보일드한 삶

강건한 탐미주의의 문체 잉여를 배제하고 사실과 사실을 잇다   226
김훈 현실을 회피하지 않는 유물론적 언어 감각
감각은 보다 생생하게, 실존은 보다 선명하게
비극적 운명을 타고난 언어와 말 □ 사실성에 바탕을 둔 소설적 상상력

감각적인, 너무나 감각적인 문장을 재즈 리듬으로 연주하다   238
무라카미 하루키 뭔가를 쓸 수 있는 때는 언젠가 반드시 온다
진정 구원받기 위해서는 홀로 어둠의 깊숙한 부분까지 내려가야
오직 나 자신이 되고 싶은 사람

직관적인 문체 낯설고 기이한 삶의 기표를 좇다   249
허먼 멜빌 성서적이자 서사적이고, 철학적이자 서정적인
우주와 자연, 인간에 대한 심오한 통찰

담백한 문체 무욕을 꿈꾸는 자의 세상 보기   259
피천득 좋은 글이라는 건 사랑하는 것들에 대한 애정 어린 시선
읽을수록 향기가 나는 글

따뜻한 냉소주의의 문체 세상을 등진 은둔 작가의 상상력 267
J. D. 샐린저 주인공 특유의 목소리를 만드는 법
익살맞고, 흥미진진하면서 동시에 슬픈 □ 글쓰기는 곧 기도이다

읽기라는 문장 수업 지식의 바다를 항해하는 오디세우스 279
다치바나 다카시 이 세상을 다 읽으려는 사람 □ 지식의 단련법
100권을 읽어야 책 한 권을 쓸 수 있다
좋은 책이란 다른 좋은 책을 읽게 하는 책

모성성의 문체 세상을 품고 아우르다 290
박경리 거대한 서사 속 생동감 넘치는 인물들
인내와 집념으로 일궈낸 삶 □ 오래 보고, 고요히 생각하며

시적인 문체 존엄에 대한 깊은 성찰 299
한강 잔혹한 인간의 욕망, 생명의 존엄에 대한 깊은 성찰
서사가 있는 시적 문체

부조리의 문체 삶이라는 백일몽을 찢고 나가다 309
알베르 카뮈 삶에 대한 절망 없이는 희망도 없다
창조한다는 것, 그것은 두 번 사는 것 □ 삶, 그 자체가 문체

낭만적 영혼의 문체 '나'를 찾아가는 구도의 문장들 321
헤르만 헤세 자기 자신에게 이르는 길 □ 인생에서 가장 중요한 것
시대의 문제를 정면에서 대응한 실천적 지식인

책을 마치며 세상의 저자와 작가들은 고마운 스승이다 332
부록 글쓰기에 도움이 되었던 책들 338

일러두기

- 본문에서 책은 겹낫표(『』), 시나 수필, 단편소설은 낫표(「」), 신문·잡지는 낫꺾쇠(〈〉)로 표시했다.
- 인용문의 출처는 본문 하단의 각주로 표시했다.

밀실

―

글쓰기를 위한
책읽기

밀실

읽기와 쓰기 그리고 자기 짓기

스무 해가 넘도록 대학교, 혹은 공공도서관이나 사회교육센터에서 창작 강의를 했다. 수강생 중 더러는 작가로 등단하기도 했다. 그간 창작 수업을 이끌어 온 경험에 비춰 말하자면, 역시나 많이 읽고 부지런히 썼던 사람들만이 여러 난관을 뚫고 기어코 작가로 우뚝 선다. 이건 지금껏 단 한 번의 예외도 없는 하나의 법칙이다.(끝내 작가가 되지 못한 분들도 비관하시지는 말기를. 당신들은 작가가 아닌 다른 삶을 찾아 잘 살고 있지 않은가!) 그렇다면 책을 별로 안 읽는 사람도 작가가 될 수 있을까?

스릴러 소설의 거장 스티븐 킹(Stephen King, 1947~)은 이렇게 단언한다. "책을 별로 안 읽는 (더러는 전혀 안 읽는) 사람들이 글을 쓰겠다면서 남들이 자기 글을 좋아할 거라고 생각하는 것은 정말로 터무니없는 일이다. 그러나 나는 그런 사람들을 많이 보았다. 어떤 사람은 나에게 작가가 되고는 싶지만 '독서할 시간이 없다'고 말할 때마다 꼬박꼬박 5센트씩 모았다면 지금쯤 맛있는 스테이크를 즐길 수 있었을 것이다. 이 문제에 대하여 좀 더 솔직하게 말해도 될까? 책을 읽을 시간이 없는 사람은 글을 쓸 시간도 (그리고 연장도) 없는 사람이다."[1]

대개의 작가들은 작가가 되려는 의식이 생기기 전부터 책읽기를 좋아했다. 그들은 누가 시켜서 읽는 게 아니라 스스로 좋아서 책을 읽는다. 그들 내면에 잠재된 '책을 읽고 싶다'라는 욕망은 본능에 가깝다. 그들은 책읽기를 통해 본능으로서의 지식욕을 채운다. 작가가 되려고 많은 책들을 섭렵한 게 아니라 많은 책들을 섭렵했기 때문에 작가가 된 것이다.

'하루에 한 권, 책읽기'를 시작하며 그 특별한 시간에 대한 기록을 책으로 펴낸 어느 독서광은 책읽기에 대해 이렇게 고백한다. "나 자신을 저자가 창조한 세계에 푹 담그고, 삶의 변화와 전환을 다루는 새로운 방식을 목격했고, 유머와 감정 이입과 연결의 도구를 발견했다."[2] 다시 말해, 날마다 책 속 인물들의 삶에 공감하며, 그들이 생의 문제를 어떻게 해결하고 시련을 넘어왔는지 관찰하면서 자신의 삶과 그것을 둘러싼 세계에 대한 이해를 키울 수 있었다는 것이다.

책읽기는 이해와 공감의 능력을 키우는 지름길이다. 이해와 공감 없이는 어떤 글도 쓸 수 없다. 글쓰기의 동기는 자기 내면에서 나오는 것이지만 그것을 자극하고 촉발하는 것은 다양한 책읽기이다. 훌륭한 작가들이 쓴 책들을 두루 읽다 보면 어느새 자신도 그런 글을 쓰고 싶다는 욕구를 느끼게 된다.

나 역시 20대 초반에 거의 날마다 시립도서관의 참고 열람실

1
스티븐 킹,
『유혹하는 글쓰기』, 김진준 옮김, 김영사, 2002, 179쪽.
2
니나 상코비치,
『혼자 책 읽는 시간』, 김병화 옮김, 웅진지식하우스, 2012, 278쪽.

밀실

에서 살다시피 하며 책을 읽었다. 어쩌다 시립도서관에 나가지 않는 날에는 종로통에 있는 서점들을 순례하곤 했다. 그 당시 종로통에는 종로서적, 양우당, 삼일서적, 동화서적 따위의 크고 작은 서점들이 한 도로에 있었다. 반짝반짝 빛나는 신간들로 가득 차 있는 서가들을 마주할 때마다 내 동공은 크게 열리고, 심장 박동은 빨라졌다. 나는 서점의 한쪽 구석에서 조용히 그 책들을 읽어나갔다. 내가 좋아하는 작가들의 책이라면 시나 소설, 산문, 철학, 미학, 역사, 평전, 자서전 따위를 가리지 않고 모두 읽었다. 그때 특히 좋아했던 작가는 김승옥과 최인호였다. 어느 날은 청계천 헌책방을 순례하다가 우연히 김승옥의 첫 창작집 『서울, 1964년 겨울』 초판본을 발견했는데, 그걸 본 순간 내 눈동자는 열병 환자와 같이 뜨거워졌고, 심장은 마구 쿵쾅거렸다. 결국 차비까지 탈탈 털어서 그 책을 샀다. 양장본에 새 책이나 다름없었던 그 책을 품에 안고 집으로 걸어오는 내내 어찌나 황홀하던지!(후에 그 책을 누군가에게 빌려주었는데 아쉽게도 끝내 돌려받지 못했다……) 그 시절의 책읽기가 오늘의 나를 만든 것인지도 모른다.

맥락의 독서와 글쓰기의 지형학

읽기와 쓰기는 분리해서 생각할 수 없다. 둘은 하나이다. 혹은 왕성한 책읽기는 글쓰기의 최소 원칙이자 필요 조건이다. 독서는 우리를 글쓰기의 세계로 이끈다. "작가 지망생은 대부분 책벌

레다. 게다가 그 가운데 상당수가 책과 도서관이라면 사족을 못 쓴다."[3] 대부분의 작가들은 작가 이전에 왕성한 책읽기를 하는 사람들이었다. 그들을 독서가로 만든 것은 책읽기를 통해 거저 얻은 '황홀한 감흥'이다. 그들을 책 읽는 사람에서 작가로 탈바꿈시킨 것도 책읽기를 통해 얻었던 바로 그 '황홀한 감흥'이다.

그런데 특이하게도 그들이 읽은 책의 목록들을 자세히 살펴보면, 일관된 '맥락'에 따라 책을 골라 읽는 습관을 체득하고 있음을 알 수 있다. 이때 '맥락'은 책과 책 사이의 연결 고리로, 지식의 체계일 수도 있고, 정서의 일관된 흐름일 수도 있다. 맥락의 독서는 보다 높은 차원의 책읽기 방법으로, 두서없이 아무 책이나 읽는 게 아니라 이 책과 저 책의 연관성 아래 책을 읽는 것을 뜻한다. 마치 광부가 광물이 많이 묻혀 있는 광맥을 따라 굴을 깊이 파고들어가는 것과도 같다.

맥락의 독서법을 따른 모범 사례로 문학평론가 김현을 들 수 있다. 김현은 엄청난 독서량을 자랑하는 독서광으로, 텍스트들 사이에 흐르는 전후 맥락을 살피고 따져보며 이 책에서 저 책으로 뛰어다니는 독서법으로 유명한 평론가였다. 후학인 문학평론가 홍정선은 이를 가리켜 맥락의 독서법이라고 명명했다. "김현은 맥락의 독서를 체질적으로 타고난 비평가다. 하도 어려서부터 맥락을 읽는 데 습관을 붙여서 그가 텍스트 상호 관련성이라고 부른 맥락은 그의 몸의 일부가 되어 그의 피와 살처럼 그의 안

[3] 도러시아 브랜디, 『작가 수업』, 강미경 옮김, 공존, 2010, 112~113쪽.

밀실

에서 살아 움직인다."[4]

맥락의 독서법은 이것과 저것, 이 세계와 저 세계 사이의 상호 관련성을 깊이 이해하게 할 뿐만 아니라 삶과 세계에 대한 인식을 드높인다. 이 독서법을 실천하고 있는 사람이라면, 이미 상당한 수준의 지적 체계를 정립한 자로 작가가 될 가능성이 높다고 할 수 있다. 한 작품을 다른 작품과의 맥락 속에서 읽을 줄 알고 텍스트의 좌표들이 어떻게 연결되어 있는지 아는 것은 글을 쓰는 데에도 상당한 도움이 되기 때문이다. 문장의 수사법과 기교를 익히기 전에 먼저 다양한 맥락으로 책을 읽어야 하는 까닭은 여기에 있다.

내 것을 쓰고 싶다면

부지런히 읽고 쓰는 것과 마찬가지로 중요한 것은 바로 '작가가 무엇인가'에 대한 확고한 자의식이다. 아무리 많이 읽고, 많이 써도 이상하게 작가의 관문을 뚫지 못한 사람들이 있는데, 그 이유가 무엇인지 곰곰이 따져보면 하나의 공통점을 발견할 수 있다. 그들은 대체로 작가가 무엇이고, 왜 작가가 되려고 하는가에 대한 자의식이 옅다.

끊임없이 자신의 정체성을 따져 묻고, 자의식에 대한 투명한 인식에 이른 사람만이 글을 쓸 수 있다. 모든 작품을 자전적인 경험을 바탕으로 써내고 있는 프랑스 작가 아니 에르노(Annie

[4] 정수복, 『책에 대해 던지는 7가지 질문』, 로도스, 2013, 240쪽.

Ernaux, 1940~)는 자신의 글쓰기가 궁극적으로 자기를 구원하는 일임을 고백한다. "난 존재들과 사물들을 대변하는 배우이자, 그것들이 존재하는 장소이며 그것들의 증인이기도 했습니다. 주어진 한 사회와 시간 속에서 그러한 존재들과 사물들이 사라지지 않도록 구하는 것, 그래요, 난 내가 글을 쓰는 가장 큰 동기가 바로 거기 있다고 느낍니다. 나 자신의 삶을 구원하는 방법도 바로 그렇게 얻어진다고 생각하고요."[5]

책을 읽으려는 욕망과 쓰려는 욕망은 하나이다. 내 안에서 일렁이는 쓰려는 욕망은 자기 자신에게로 나아가는 길이자 동시에 자신을 구원하는 길이다. 작가란 바로 그 욕망을 살아내면서 그 길을 만들어나가는 사람인 것이다.

[5] 아니 에르노, 『칼 같은 글쓰기』, 최애영 옮김, 문학동네, 2005, 165~166쪽.

밀실

책읽기는 운명을 바꾼다

책과 함께 보낸 시간보다 더 충만한 시간이 있을까? 전기 작가이자 탁월한 이야기꾼으로 널리 알려진 독일 문학계의 거장 슈테판 츠바이크(Stefan Zweig, 1881~1942)는 책을 일컬어 괴로움과 불안을 달래주는 '한 줌의 정적'이라고 하며, 책읽기란 그 정적을 자기 안으로 들여 내면화하는 일이라고 했다.

  어린 시절부터 나는 책 한 권을 펼치면 시간 가는 줄 모르고 거기에 빠져들었다. 식구들이 다 밖에 나가서 집에 혼자 남겨질 때면 으레 책을 읽곤 했는데 어느 순간 고개를 들면 사위가 깜깜해져 있었다. 그때 집 안에 흘렀던 정적이란 책 읽는 나와 세계를 지붕처럼 덮는 '독서의 정적'이었다. 그 정적 속에서 내 안의 불안과 근심들은 조용히 가라앉으며 사라져갔다.

  그때는 책읽기를 방해받는 것이 무엇보다도 싫었다. 책을 읽는 중에는 밥 먹는 것마저 탐탁지 않을 정도였다. 어머니의 거듭되는 독촉에 마지못해 밥상머리에 앉아 겨우 몇 순가락 뜨는 둥 마는 둥 하고 다시 책 읽던 자리로 달려와서 책에 빠져들곤 했다. 당시 내 머릿속은 온통 책에서 읽은 이야기들로 가득 찼다. 독서는 그야말로 내 삶 전체이자 무엇과도 바꿀 수 없는 즐거운 유희였다. 그 삼매경 속에서 종종 나 자신을 잊곤 했다. 내가 읽고 싶은 책들을 찾고, 그 책들을 탐욕스럽게 읽어치웠다. 밤을 지새고 걸핏하면 식음을 건너뛸 만큼 열렬한 독자였다. 그야말로 '독서 자체를' 즐긴 것이다. 그 시절엔 왜 그토록 책이 재미있었을까?

그때 나는 알지 못했다. 책읽기가 내 뇌를 돌이킬 수 없을 정도로 바꿔버렸다는 사실을, 아울러 뇌가 바뀌면 생각이 바뀌고 운명도 바뀐다는 사실을…….

깨어 있는 즐거움

독서를 위한 뇌 기관이 따로 있는 것은 아니지만, 책을 읽지 않은 사람의 뇌와 숙련된 독서가의 뇌는 다르다고 한다. "능숙하게 독서하는 뇌는 망막을 통해 정보가 들어가면 문자들의 물리적 속성을 특화된 일련의 뉴런으로 처리하며 이 뉴런은 문자에 대한 정보를 자동적으로 더 깊숙한 곳에 있는 다른 시각 프로세싱 영역으로 들여보낸다."[6] 독서를 할수록 뇌의 시각 피질이 달라지고, 문자나 문자 패턴, 단어 등 시각적 이미지를 담당하는 세포망이 가득 채워져 자극에 대한 반응을 효율적인 신경 회로망으로 보낼 수 있다는 것이다. 숙련된 독서가의 뇌는 이렇게 엄청나게 빠른 속도로 뇌 전체에 퍼져 있는 네트워크 시스템을 가동시키면서 지적 능력을 발휘하게 된다.

[6] 매리언 울프, 『책 읽는 뇌』, 이희수 옮김, 살림, 2009, 208쪽.

밀실

놀랍지 않은가? 숙련된 독서를 통해 네트워크 콜라주가 된 뇌라니! 책을 읽으면 읽을수록 뇌는 책읽기에 더욱 잘 적응하게 되고, 마침내 책읽기에 최적화된 프로세스를 구축하게 된다. 책에 몰입해 있는 동안 우리 뇌에서는 어떤 일이 벌어지는가? 뇌는 언어적, 인지적 프로세스의 기반 위에서 주의력, 통찰력, 사고력을 폭발시키며 확장한다. 그뿐만이 아니다. 책읽기는 영혼을 성장시키고 개성에 활기를 불어넣으며 그것을 한껏 확장시켜주기도 한다.

책을 읽는 능력은 타고나는 것이 아니다. 인류가 문자를 발명해낸 것은 길게 잡아도 6,000년 안팎의 일이다. 책이 인류의 지적 능력을 축적하는 수단이 된 것은 불과 600년 남짓이다. 중세 때까지 사회 구성원 대부분은 문맹이었다. 중세에는 문자를 읽지 못하는 게 그다지 큰 흠도 아니었을뿐더러 살아가는데 별다른 불편함도 없었다. 그러니 사람들은 굳이 책을 읽을 필요성을 느끼지 않았다. 중세 이후 문자를 해독하는 사람들이 늘어나고 인쇄, 제지, 안경 따위와 같은 독서의 물질적 기반이 완성되면서 비로소 독서가 인류의 보편적 능력으로 자리 잡게 되었다. 그와 함께 문명의 폭발적인 발달과 도약이 이루어졌다. 책을 통한 지식의 보급과 독서의 대중화는 이후로 인류의 지적 능력을 끌어올리며 민주주의와 산업화라는 생활과 제도를 바꾸는 혁명을 낳았다.

무엇이 사람들을 그토록 책읽기로 이끌었던 것일까? 문명과 사회는 왜 책을 읽지 못하는 쪽보다는 책을 읽는 사람 쪽에 더 친절했던 걸까?

책읽기는 나와는 다른 타자와의 접속, 그리고 세계와의 접속을 의미한다. 아울러 책읽기는 "자신의 무의식을, 그 욕망을 텍스트에 직접 접속하는 것"인데, 마치 "찌르듯이, 어쩌면 찔리는 듯 이루어지는 접속"[7]이라고 할 수 있다. 그것은 무엇과도 견줄 수 없는 강렬한 경험이다. 즉 진짜 제대로 된 책을 읽는 일은 의식과 무의식에 텍스트가 찌르듯이, 혹은 찔리는 듯이 밀려들어오는 것이고, 자기도 모르게 제 안의 인지적 지형을 바꾸는 압도적인 경험인 것이다.

'타인의 삶'이라는 책

책들은 저마다의 이야기를 품고 있다. 저마다 다른 장소, 다른 시간, 다른 역사와 경험을 가진 사람들이 자신이 겪은 경험·사건을 사유와 인식을 더해 버무리고 숙성된 이야기로 빚어낸다. 우리를 책읽기로 내모는 것은 남의 비밀스러운 이야기를 엿보려는 왕성한 호기심과 지적 열망, 그리고 정서적 공감의 즐거움에 참여하려는 욕망 때문이다. 책을 읽는 동안 이야기들은 우리 안으로 스며들어온다. 그렇게 우리 안으로 자연스럽게 스며들어온 이야기의 힘에 의해 망각되었던 기억들이 되살아난다. 여기서

[7] 사사키 아타루, 『잘라라, 기도하는 그 손을』, 송태욱 옮김, 자음과모음, 2012, 37쪽.

밀실

기억이란 바로 삶의 다른 이름이다.

책 속의 이야기들이 우리 삶에 겹쳐질수록 우리 경험의 시공은 무한대로 확장된다. 책읽기를 통해 우리는 상상 속 삶을, 이전과는 다르게 살기를 실현할 수 있다. 즉 시공의 한계를 넘어서서 우리에게 몇 겹의 다른 시공을 살아보도록 이끈다.

책을 읽는 사람들은 이 기억(이야기)을 통해 두 번째 삶과 만난다. 실제 경험으로서의 삶은 이 두 번째 기억(이야기)의 삶을 통해 더욱 생생한 것으로 거듭난다. 이것이야말로 책읽기가 만들어낸 기적이라 할 수 있다. 그것은 놀라운 경험으로, 이 경이를 한 번이라도 겪은 사람들은 그 마법과 같은 경험의 세계 안으로 다시 들어가기 위해 반드시 책을 찾아 읽게 된다.

내 경험에 비춰 말하자면, 세상의 하고많은 일들 중에서 책읽기를 선택하는 것은 취향의 문제이기보다는 본능이자 운명이다. 책읽기를 통해 사람들은 제 삶의 작은 틈새들과 주름들 안으로 숨어서 남들이 알 수 없는 비밀스러운 삶을 산다. 프랑스 작가 파스칼 키냐르(Pascal Quignard, 1948~)는 이렇게 말한다. "그 선택은 오히려 틈새와 주름들 안에, 즉 고독, 망각들, 시간의 경계, 열정적인 생활 태도, 응달 지역, 사슴의 뿔, 상아 페이퍼 나이프들 안에 칩거하고자 한다. 그 선택은 오로지 자신들에게만 속하는, 짧지만 수많은 삶들로 이루어진, 하나의 도서관을 설립한다."[8]

그렇다. 책읽기에 빠져든 사람들은 고독 속에 칩거하며 저마

8
파스칼 키냐르,
『은밀한 생』,
송의경 옮김,
문학과지성사,
2001, 217쪽.

다 '하나의 도서관'을 설립한 자들이다. 오직 자신에게만 속하는, 짧지만 수많은 삶들로 이루어진, 이 '기적의 도서관'에서 그들은 '타인의 삶'이라는 책을 열람한다.

꿈꿀 권리

더러는 한 권의 책이 진로를 결정하기도 한다. 내게는 프랑스의 철학자인 가스통 바슐라르(Gaston Bachelard, 1884~1962)의 『꿈꿀 권리』가 그런 책이다.

바슐라르는 내 비평의 스승이다. 비록 직접 가르침을 받지는 않았으나 그는 내게 이미지와 상상력의 본질에 대한 깨달음을 주었다. 바슐라르는 온갖 꿈, 신화, 상상들에 대해 연구한 과학자이자 시인으로 인간의 꿈과 상상들을 공기, 물, 불, 흙이라는 4원소로 분류하고 그 의미를 해독해낸 철학자이기도 하다. 그를 만나지 못했더라면 감히 비평을 쓸 엄두조차 내지 못했을 것이다.

바슐라르의 작품 중 가장 먼저 접한 작품은 한 월간지에 실린 『초의 불꽃』이었다. 불문학자 민희식 교수가 번역한 책 한 권의 전문이 잡지에 실려 있었다. 그의 글을 읽으면서 그 통찰의 날카로움과 문장의 아름다움에 심장이 얼어붙는 듯했다. 그때부터 그의 책을 읽기 시작했다. 김현과 곽광수가 쓴 『바슐라르 연구』를 비롯하여 한국어로 번역된 『몽상의 시학』, 『공간의 시학』, 『물과 꿈』, 『공기의 시학』, 『대지와 의지의 몽상』, 『불의 정신분석』,

『공기의 꿈』 따위를 찾아 읽어나갔다. 그의 빼어난 학문적 성과도 훌륭하지만 독신자로서의 고독한 삶 자체가 진한 감동으로 다가왔다.

만일 천국이 있다면, 그곳은 커다란 도서관일 것이다

바슐라르는 1884년 6월 27일 프랑스 동북부의 샹파뉴 지방에 있는 바르쉬르오브라는 작은 도시에서 태어났다. 아버지는 가업을 이어받아 구두 수선을 했는데, 제화 산업의 발달로 구두 수선업이 어려움을 겪게 되자 어머니가 담배 가게를 꾸리며 아들을 키웠다. 바슐라르는 모든 것에 호기심이 강했고 매년 우수상을 탈 정도로 뛰어난 학생이었다. 대학 입학 시험인 바칼로레아에 거뜬히 합격했지만 집안 형편으로 인해 결국 대학 진학을 포기해야 했다. 이때 그의 친구가 그에게 기술직인 전신기사 자격증 시험을 치를 것을 권유했고, 그 권유를 받아들인 바슐라르는 1년간의 준비 끝에 전신기사 자격을 취득한다.

레미르몽의 우체국에서 2년간 전신기사로 근무한 바슐라르는 군대에 다녀온 뒤 1907년에서 1913년까지 우체국에서 일하면서 독학으로 대학 학사 자격을 취득한다. 그 후 고향 인근의 초등학교 교사였던 잔느 로시와 결혼을 하게 되나 결혼 3주 만에 1차 세계 대전이 발발하여 군에 징집되어 5년 넘게 전선을 누벼야 했다. 1919년 3월, 마침내 전쟁이 끝나고 군에서 돌아온 바슐

밀실

라르는 자신의 모교인 바르쉬르오브 중학교에서 물리와 화학을 가르치며 안정을 되찾지만 또 다른 시련이 그를 기다리고 있었다. 병약했던 아내 잔느가 딸 쉬잔을 낳고 세상을 뜨고 말았던 것이다.

바슐라르는 혼자서 딸을 돌보며 학문에 열중하게 된다. 아내를 잃은 슬픔을 일과 학문으로 달랜 것이다. 아버지와 어머니마저 세상을 뜨게 되자 그는 다섯 살 난 쉬잔을 데리고 학교에 출근할 수밖에 없었다. 바슐라르는 어린 딸을 재우고 홀로 남은 시간, 몽상에 잠기곤 했다. 몽상이 곧 공부였고, 그 몽상 속에서 그의 학문은 꽃피었다. 삶의 불행을 끊임없이 겪으면서도 자습으로 이룩해낸 그의 학문적 성취는 실로 대단했다. 1930년에 그는 디종 문과 대학의 철학과 교수로 임명되고, 1940년에는 소르본 대학의 철학과 교수가 된다. 시골의 우체국 직원으로 일하며 독학으로 철학 박사 학위를 얻은 몽상가 바슐라르는 1955년에 모든 공적인 영역에서 은퇴한 후 1962년 10월 16일 운명한다.

세계의 존재 이유

『꿈꿀 권리』는 바슐라르의 미술론을 모은 책으로 예술 작품을 보는 새로운 시각을 열어준다. 이 책은 수련의 아름다움을 세상에 통지하는 문장으로 시작한다. 수련은 여름 새벽이 일으키는 기적이자 바로 미적 계시의 순간이라고.

그토록 많이 되찾아진 젊음, 낮과 밤의 리듬에 대한 그토록 충실한 복종, 새벽의 순간을 알리는 그 정확성, 이것이야말로 수련으로 하여금 바로 인상주의의 꽃이 되도록 한 이유인 것이다. 수련은 세계의 한순간이다. 그것은 두 눈을 지닌 아침이다. 그것은 또한 여름 새벽의 놀라운 꽃이다.[9]

밤이 되면 수련은 꽃잎을 오므리고 잠들 채비를 하는데, 진흙 속에 뿌리를 담그고 있다가 날이 밝으면 다시 꽃잎을 펼친다. "물과 태양의 순결한 처녀"로서 빛과 함께 되살아나는 수련은 우리에게 "여름이 다시 돌아오지 않으리라는 것"을 보여주는 꽃이기도 하다. 올해 여름 새벽에 보았던 수련은 작년의 여름 새벽에 보았던 그 수련이 아니라는 뜻이다. 지금 내가 보고 있는 수련이 지고 나면 여름은 끝나고, 그 여름은 다시는 돌아오지 않는다. 수련도, 여름도 한 번으로 족한 것이다.

프랑스의 화가 모네는 수련의 시인이다. 화가들은 시인들과 마찬가지로 심사숙고하는 몽상가들로, 물질화된 우주의 반향(反響)에 귀를 기울이고, 그것을 빛, 형태, 색채로 드러낸다. 모네는 특히 수련을 즐겨 그렸는데, 바슐라르는 모네의 그림을 통해 여름 새벽의 기적을 만드는 수련을 새롭게 발견했다. 그는 모네의 수련이 떠 있는 연못 풍경 앞에서 깊은 몽상에 잠겼다. 그리고 이런 글을 남겼다. "세계는 보여지기를 바라고 있다. 바라보기 위한 눈이 존재하기 이전에는, 물의 눈, 조용한 물의 커다란 눈이 꽃들

[9] 가스통 바슐라르, 『꿈꿀 권리』, 이가림 옮김, 열화당, 2007, 8쪽.

밀실

이 피어나는 것을 보고 있었다."[10]

이 타고난 몽상가는 "생생한 빛의 만화경(萬華鏡)" 속에 펼쳐진 여름 새벽 연못과 수련을 새로운 우주로 조형해낸다. 그의 깊은 몽상은 모네뿐만 아니라 샤갈, 세갈, 바로키에, 칠리다, 코르티, 마르쿠시스, 플로콩과 같은 예술가들의 그림, 판화, 조각 등을 매개로 화사하게 펼쳐진다. 그는 마르크 샤갈의 환상적인 성화(聖畵)에서 "도덕적인 삶의 본보기"들을 찾아내고, 앙리 드 바로키에의 브론즈와 흙으로 빚은 조각에서 "조각만이 얼굴로 응축시킬 수 있는 비참함과 위대함"을 고지(告知)한다고 말한다. 에두아르도 칠리다의 조각에서는 단단한 물질적 상상력의 배양체로 구축된 "철(鐵)의 우주"를 읽어내고, 알베르 플로콩의 판화를 통해 "판화가의 풍경은 하나의 기질, 의지의 격앙, 세계에 대해 작용하려는 견딜 수 없는 행위"라는 것을 읽어낸다.

몽상의 시학과 연금술

사물들의 내부를 들여다보려는 의지는 시력을 투시적으로, 침투적으로 만든다. 그 의지는 보는 일을 일종의 유린 활동으로 만든다. 그 의지는 갈라진 곳, 틈새, 금 간 곳을 간파해내는데, 그것을 통해 숨겨진 사물들의 비밀을 유린할 수 있다. 사물들의 내면을 들여다보려는, 보이지 않는 것을 보려는, 보이지 않아야만 하는 것을 들여다보려는 이러한 의지를 근거로 하여, 기묘하고 팽팽한 몽상들이, 미간을 긴장되게 하는 몽상들

10
가스통 바슐라르,
『꿈꿀 권리』,
이가림 옮김,
열화당, 2007,
19쪽.

이 형성된다. 그때 관여하는 것은 놀라운 광경들을 기다리기만 하는 수도자적 호기심이 아니라, 공격적인 호기심, 어원적 의미에서 수사관적(搜査官的) 호기심이다.[11]

바슐라르에게서 배운 것은 대상들을 품으며 들여다보는, 바로 그 '몽상'의 원숙함과 신비에 대해서이다. 몽상은 사물들의 내부로 스며들어가며—바슐라르는 그것을 '투시'라거나 '침투'라고 한다—세계의 비밀을 탈취해 끝내 보이지 않는 것까지 보려고 한다.

그의 무한으로 뻗어가는 몽상이 담긴 책들을 한 권 한 권 구해 읽은 뒤부터 나는 비평을 쓰기 시작했다. 20대 초반, 바슐라르가 없었다면, 니체가 없었다면, 콜린 윌슨이 없었다면, 김우창이 없었다면, 김현이 없었다면, 비평이란 것을 써볼 생각을 품었을까? 나를 이끈 이 위대한 스승들이 없었다면 비평을 쓰겠다는 무모한 용기를 내는 일은 죽었다 깨어나도 없었을 것이다. 이 운명의 카펫을 완성하는 법에 관하여 『꿈꿀 권리』에서는 중요한 이야기를 들려준다.

위대한 예술가의 참다운 운명은 '일의 운명'이다. 그의 생애에는 일이 그 주도권을 잡고서 운명의 발걸음을 이끄는 한 시기가 다가온다. 불행과 회의가 오랫동안 그를 괴롭힐 수도 있다. 또한 운명의 타격에 예술가는

[11] 가스통 바슐라르, 『대지, 그리고 휴식의 몽상』, 정영란 옮김, 문학동네, 2002, 18쪽.

밀실

굴복할 수도 있다. 암중모색의 준비에 그는 몇 년이라도 쓸데없이 세월을 흘려보낼 수도 있다. 그러나 그 작품에의 의지는 한 번 참다운 불 아궁이를 발견한 이상 꺼지지 않는다. 그때 '작품의 운명'이 시작되는 것이다. 말 그대로 일직선(一直線)의 삶이 되게 한다. 발전해나가는 일 속에서 모든 것이 목표를 향해 전진한다. 날마다 인내와 열광의 불가사의한 피륙이 일의 나날 속에서 빈틈없이 짜이며, 그것이 한 예술가를 거장으로 이끌어간다.[12]

바슐라르가 자신의 초상화를 그린 화가 시몽 세갈에 대해 한 말이다. 그는 위대한 예술가란 '일의 운명'을 제 참다운 운명으로 받아들인 사람이라는 걸 명민하게 드러내 보인다. 바슐라르에 따르면, 예술가란 빈둥거리다가 벼락같이 영감이 올 때만 일에 몰두하는 사람이 아니다. 예술가란 하루도 쉬지 않고 "인내와 열광의 불가사의한 피륙"을 빈틈없이 직조해내는 사람이다. 예술가는(혹은 작가는) 날마다 제 일을 하는 사람인 것이다! 날마다 짜는 불가사의한 피륙이란 다름 아닌 그의 창조적 운명이다. 참다운 불 아궁이를 발견한 이상 그가 지피는 불의 아궁이에서 불―상상력·기억·시―이 꺼지는 일이란 결코 없어야 한다. 즉 쉬지 않고 무언가를 배우고 깨우치다 보면, 어느덧 재능을 발견하게 된다는 얘기이다.

12
가스통 바슐라르,
『꿈꿀 권리』,
이가림 옮김,
열화당, 2007,
76쪽.

'책읽기'에서 '글쓰기'로

다시 한 번 강조하지만 작가가 되려면 책을 읽어야 한다. 끊임없이 엄청나게 많은 분량을. 책읽기는 글쓰기에 필요한 영감의 원천이다.

지난 20년 동안 장편소설을 스무 편이나 발표한 조디 피콜트(Jodi Picoult, 1966~)란 미국 작가는 "읽어라. 독서는 앞서간 작가들처럼 당신도 쓸 수 있게 영감을 줄 것이다."[13]라고 말한다. 베스트셀러 작가인 스티븐 킹 역시 글쓰기에 밑거름이 된 독서에 대해 이렇게 얘기한다. "나는 독서 속도가 느린 편인데도 대개 일 년에 책을 70~80권쯤 읽는다. 주로 소설이다. 그러나 공부를 위해 읽는 게 아니라 독서가 좋아서 읽는 것이다."[14]

남보다 책을 많이 읽다가 작가의 길로 들어선 사람들의 이야기는 흔하게 널려 있다. 작가들이란 족속은 책을 쓰는 존재이기 이전에 책을 읽는 존재이다. "닥치는 대로, 손에 걸리는 대로, 가리지 않고, 게걸스럽게, 순서와 체계도 없이 책에 빠져들었던 독서 체험을 해보지 않은 작가는 찾아보기 어렵다. 모든 작가들은 작품을 쓰기 이전에 남보다 책을 많이 읽는 다독가들이었다."[15]

13
메러디스 매런 편저, 『잘 쓰려고 하지 마라』, 김희숙·윤승희 옮김, 생각의길, 2013, 263쪽.
14
스티븐 킹, 『유혹하는 글쓰기』, 김진준 옮김, 김영사, 2002, 176쪽.
15
정수복, 『책에 대해 던지는 7가지 질문』, 로도스, 2013, 190쪽.

밀실

그들은 또한 새로운 책을 읽을 때마다 새로운 인생을 시작하는 사람들이기도 하다. 튀르키예를 대표하는 작가인 오르한 파묵(Orhan Pamuk, 1952~)은 과거 저서인 『새로운 인생』에서 작중 화자의 입을 빌려 이렇게 말했다. "나는 밤마다 새벽까지 책을 읽었다. 눈이 아파 오고 온몸의 힘이 빠질 때까지. 책을 읽다 보면, 때때로 책이 내 얼굴로 뿜어내는 빛이 너무나 강렬하고 현란해서, 나의 영혼과 책상 앞에 앉아 있는 몸이 녹아 없어지고, 나를 나로 만들어주는 모든 것이 책이 뿜어내는 빛과 함께 없어지는 것 같다는 생각이 들곤 했다. 그럴 때면, 나는 그 빛이 나를 삼키면서 점점 더 팽창해가는 것을 상상했다."[16]

사람은 책을, 책은 사람을

나 역시 10대에 또래들보다 많은 책들을 섭렵한 독서가였다. 방학 때마다 세계문학전집과 한국문학전집에 코를 박고 읽다 보면 어느새 개학이 훌쩍 다가와 있었다. 프리드리히 니체부터 헤르만 헤세, 어니스트 헤밍웨이, 알베르 카뮈, 앙드레 지드, 프란츠 카프카, 가와바타 야스나리, 다자이 오사무, 장 폴 사르트르에 이르기까지 다양한 작가들의 책을 읽으며, 막연하게나마 문학에 대한 동경을 키웠다. 책읽기는 이광수, 김동인과 같은 근대 작가들에서 시작해 이상, 김유정, 박태원, 이태준, 김동리, 황순원, 손창섭, 오영수, 선우휘, 이병주 등을 거쳐 최인훈, 김승옥, 이청준,

16
오르한 파묵,
『새로운 인생』,
이난아 옮김,
민음사, 2006,
53쪽.

서정인, 이제하, 황석영, 송영, 최인호 등으로 이어졌다.

 20대에 접어들어서는 국립도서관과 시립도서관을 문턱이 닳도록 드나들며 굶주린 짐승이 먹잇감을 삼키듯 문학, 철학, 역사 따위의 책들을 가리지 않고 어떤 황홀경 속에서 읽고 또 읽었다. 아침 일찍 도서관을 찾아 저녁 시간이 다 되어 도서관을 나오는 날들이 이어졌다. 내가 읽은 그 많은 작가들 중에서도 카프카의 몇몇 소설들은 뇌리에 압인(押印)을 찍듯이 강렬한 인상을 남겼다. 나는 카프카와 카뮈의 소설들을 읽고 또 읽었다. 그 뒤로 미시마 유키오를, 니코스 카잔차키스를, 밀란 쿤데라를, 블라디미르 나보코프를, 레이먼드 카버를, 폴 오스터를, 파스칼 키냐르를 읽었다.

 한때 나는 글 쓰는 것을 포기하려고 했었다. 재능에 깊은 회의를 품었고, 문학의 길에 아무 희망이 없다고 판단했기 때문이었다. 하지만 그때도 책읽기만은 멈출 수가 없었다. 여전히 나는 뭔가 읽을 만한 것을 찾아 헤매고 다녔다. 나는 정치도, 장사도, 임기응변의 처세술도, 배관 기술 따위도 익히지 못했다. 내가 할 수 있는 일은 오직 읽고 쓰는 것밖에 없었다. 돌이킬 수 없을 정도로 그 길로 깊이 들어와버렸던 것이다. 나는 문학책만을 읽은 것은 아니다. 내 독서 범주는 자연스럽게 철학책까지 뻗어갔다. 나는 마르틴 하이데거를, 모리스 블랑쇼를, 에마뉘엘 레비나스를, 발터 벤야민을, 롤랑 바르트를, 장 보드리야르를, 조르조 아감벤을,

밀실

미셸 푸코를, 지그문트 바우만을, 수전 손택을, 피에르 부르디외를, 엘리아스 카네티를, 자크 라캉을, 슬라보예 지젝을, 가라타니 고진을 쉬지 않고 읽었다. 작가란 쓰는 자이기 이전에 먼저 읽는 자라는 사실을 뼛속까지 깨달았기 때문이다. 또한 지속적인 독서를 통해 감각을 벼리고, 개성을 풍성하게 일구며, 단단한 감성의 근육을 만들지 못한다면, 작가가 되는 길은 한없이 멀어질 것이라 믿었다.

그렇게 위대한 작가들의 책을 읽음으로써 내 안의 자의식에 작가의식을 배양하고, 뇌의 근육을 키울 수가 있었다. 나보다 앞서간 작가들의 책을 읽는 것은 작가로 조련되기 위해 반드시 거쳐야 할 과정이었던 것이다.

입구

―

글쓰기를
시작하기 전에
알아야 할
것들

허기진 삶

작가 되기의 지난함과 외로움에 대한 얘기를 어디서부터 시작해야 할까. 미국의 소설가로 널리 사랑을 받고 있는 폴 오스터(Paul Auster, 1947~2024) 얘기부터 해야 할 것 같다. 그는 컬럼비아 대학을 다닐 무렵부터 책을 쓰고 싶은 열망에 사로잡혀 있었다. 자전적 경험에 바탕을 두고 쓴 소설 『빵굽는 타자기』에서 폴 오스터는 이렇게 고백한다. "나는 원기 왕성했고, 머리는 착상으로 가득 차서 터질 것만 같았고, 발은 어디론가 떠나고 싶어서 근질거렸다." 그 자신은 글을 쓸 준비를 모두 마쳤다고 생각했지만 곧바로 글을 쓸 수는 없었다. 대학을 졸업한 뒤였기에 생계를 해결하는 일이 우선 시급했다. 중산층 가정에서 태어나 어린 시절을 비교적 풍족하게 보냈던 그는 배를 곯아본 적도 없었고 추위에 떨어본 적도 없었다. 하지만 이제는 먹고 자는 일을 스스로 감당해야만 했다. 『빵굽는 타자기』의 가장 인상적인 첫 대목을 보자.

20대 후반과 30대 초반에 나는 손대는 일마다 실패하는 참담한 시기를 겪었다. 결혼은 이혼으로 끝났고, 글 쓰는 일은 수렁에 빠졌으며, 특히 돈 문제에 짓눌려 허덕였다. 이따금 돈이 떨어지거나 어쩌다 한번 허리띠를 졸라맬 정도가 아니라, 돈이 없어 노상 쩔쩔맸고, 거의 숨 막힐 지경이었다. 영혼까지 더럽히는 이 궁핍 때문에 나는 끝없는 공황 상태에 빠져 있었다. 누구를 탓할 수도 없었다. 모두가 내 불찰이었다. 나와 돈의 관계는 늘 삐꺽거렸고, 애매모호했고, 모순된 충동으로 가득 차 있었다. 그리고 나는 이제, 그 문제에 대해 분명한 태도를 취하지 않은 대가를 치르고 있었다. 내 꿈은 처음부터 오직 작가가 되는 것이었다. 나는 열예닐곱 살 때 이미 그것을 알았고, 글만 써서 먹고 살 수 있으리라는 허황한 생각에 빠진 적도 없었다. 의사나 정치인이 되는 것은 하나의 〈진로 결정〉이지만, 작가가 되는 것은 다르다. 그것은 선택하는 것이기보다 선택되는 것이다. 글 쓰는 것 말고는 어떤 일도 자기한테 어울리지 않는다는 사실을 받아들이면, 평생 동안 멀고도 험한 길을 걸어갈 각오를 해야 한다. 신들의 호의를 얻지 못하면(거기에만 매달려 살아가는 자들에게 재앙이 있을지언정), 글만 써서는 입에 풀칠하기도 어렵다. 비바람을 막아줄 방 한 칸 없이 떠돌다가 굶어 죽지 않으려면, 일찌감치 작가가 되기를 포기하고 다른 길을 찾아야 한다. 나는 이 모든 것을 이해했고 각오도 되어 있었으니까, 불만은 없었다. 그 점에서는 정말 운이 좋았다. 물질적으로 특별히 원하는 것도 없었고, 내 앞에 가난이 기다리고 있다는 것을 알면서도 겁먹지 않았기 때문이다. 내가 원한 것은 재능—나는 이것이 내 안에 있다고 느꼈다—을 맘껏 발휘할 수 있는 기회를 얻는 것, 그것뿐이었다.[1]

[1] 폴 오스터, 『빵굽는 타자기』, 김석희 옮김, 열린책들, 2002, 5~6쪽.

입구

폴 오스터는 몸을 누일 방 한 칸을 마련하고 주린 배를 채우기 위해 온갖 허드렛일을 하면서 글을 쓸 기회를 잡으려고 했지만 결코 쉽지 않았다. 손대는 일마다 실패했고, 항상 돈이 없어서 쩔쩔맸다. 먹고살기 위해 막노동은 물론이고, 예술 서적과 미술 도록을 번역하는 일, 일요판 신문 '서평란'에 실을 기사를 작성하는 일, 시간당 몇 달러짜리 고용인을 비롯하여 사무실의 야간 전화교환수 일도 마다하지 않고 온갖 궂은일을 닥치는 대로 했다. 그래도 돈은 자주 떨어졌고, 먹고사는 일은 힘들었다. 할 수 없이 의붓아버지에게 부탁해서 유조선에서 겨우 일자리를 얻기도 했다. 유조선 바닥을 마루 걸레로 청소하고 선원들의 침대를 정돈하는 등의 허드렛일이 끝나면 비로소 자유 시간이 주어졌다. 그는 제 방에 틀어박혀 책을 읽고 글을 썼다. 바로 그가 꿈꾸던 인생이 펼쳐질 참이었다. 그러나 그 행복한 생활도 오래가지 못했다. 불과 두 달을 넘기지 못하고 유조선에서 쫓겨났기 때문이다. 그는 다시 궁핍으로 내몰렸고, 숨 막힐 정도로 지독한 가난은 계속되었다.

날마다 너무나 많은 양을 번역해야 했고, 일할 마음이 내키든 말든 날마다 책상 앞에 앉아서 정해진 작업량을 처리했다. 차라리 프라이팬에서 햄버거를 뒤집는 편이 더 수지맞은 일이었을지 모르나, 적어도 우리는 자유로웠다. 아니, 적어도 우리는 자유롭다고 생각했다. 나는 직장을 때

려치운 것을 조금도 후회하지 않았다. 좋든 나쁘든, 이것이 내가 선택한 생활 방식이었다. 돈벌이를 위해 번역을 하고 나 자신을 위해 글을 쓰느라, 그 몇 년 동안은 책상 앞을 떠난 순간이 거의 없었다. 거의 온종일 종이에 낱말을 적으면서 하루하루를 보냈다. (……) 하지만 그래도 역시 생계를 꾸려나가는 것은 전쟁이었고, 극빈보다 조금 나은 생활수준을 유지하는 게 고작이었다.[2]

작가는 꿈만 먹고 살아야 하나

2011년, 설 연휴를 앞둔 1월 29일, 경기도 안양의 어느 월셋집에서 한 여성이 숨졌다. 경찰은 그녀가 갑상선기능항진증과 췌장염을 앓다가 며칠 동안 굶은 상태에서 치료도 못 받아 사망한 것으로 보인다고 발표했다. 사건은 한 일간지 사회면에 "'남는 밥 좀 주오.' 글 남기고 무명 영화 작가 쓸쓸한 죽음"이라는 기사로 세상에 알려졌다. 영화감독이자 시나리오 작가였던 최고은 씨의 이야기이다.

이 사건을 처음 보도한 신문에 따르면, 최고은은 '그동안 너무 도움 많이 주셔서 감사합니다. 창피하지만 며칠째 아무것도 못 먹어서 남는 밥이랑 김치가 있으면 저희 집 문 좀 두들겨주세요.'라는 쪽지를 이웃집 문 앞에 붙여두었다고 한다. 한국예술종합학교 영화과에 재학 중이던 2006년, 단편 영화 「격정 소나타」를 선보여 평단의 극찬을 받았던 이 여성 작가는 사망 당시 겨우

[2] 폴 오스터, 『빵굽는 타자기』, 김석희 옮김, 열린책들, 2002, 134쪽.

입구

32세로, 작가의 꿈을 피우기도 전에 그렇게 빨리 제 생을 끝냈다.

젊은 작가가 굶어 죽었다는 뉴스는 당시 우리 사회에 큰 파장을 일으켰는데, 내 뇌리에도 깊이 새겨져서 쉬이 지워지질 않았다. 그가 이웃집 문에 붙여두었다는 쪽지 내용이 사실이 아니라 누군가 자극적으로 각색하여 과장되게 알려진 것으로 드러났고, 죽음에 이르게 된 원인도 굶주림이 아니라 지병 때문이었음이 밝혀졌지만, 어쨌든 이 죽음은 그 충격과 반향이 커서 사회적 논쟁으로까지 번졌다. 결국 국회에서 예술인 복지법 발의를 촉발시켰고, 글쓰기를 생업으로 삼는 이들에게 훈장처럼 따라다니는 궁핍의 실상을 널리 알리는 계기도 되었다. 아울러 사람들에게 하나의 의문을 남기기도 했다. 그것은 "왜 이들은 [세상의 그 많은 직업들 중에서] 굶주리고, 거절당하고, 자괴감에 시달릴 것이 분명한 작가라는 직업을 택하느냐."[3]는 것이다. 사실 이 사건은 예술가의 세계에서는 흔한 일이어서 새로울 것도 없다. 작가—여기서 작가는 모든 형태의 글쓰기를 하는 사람들, 즉 문학 작품만이 아니라 모든 형태의 '책을 쓰는 사람'이라는 뜻이다—를 포함해서 예술의 길로 처음 들어선 이들이 겪는 궁핍은 널리 알려진 것이다.

3
메러디스 매런 편저, 『잘 쓰려고 하지 마라』, 김희숙·윤승희 옮김, 생각의길, 2013, 11쪽.

두 겹의 굶주림

위대한 작가로 손꼽히는 러시아의 소설가 표도르 도스토옙스키(Fyodor Dostoevskii, 1821~1881)조차도 젊은 시절에는 빚과 가난에 시달렸다. 일찍이 전업 작가의 길로 들어선 탓에 글 쓰는 것 외에 다른 돈벌이는 없었다. 게다가 형의 갑작스러운 죽음으로 말미암아 형이 남긴 빚과 형 가족의 생계 부양까지 떠맡은 터라, 늘 돈이 없다는 말을 입에 달고 살았다. 『노인과 바다』로 노벨 문학상까지 받은 미국의 소설가 어니스트 헤밍웨이(Ernest Hemingway, 1899~1961)도 예술가들에게 '굶주림은 좋은 훈련'이라는 말을 남겼다. "굶주림에 지나치게 연연하지 않도록 스스로를 더욱 통제할 필요가 있다. 굶주림은 좋은 훈련이다. 많은 것을 배울 수 있다. 사람들이 이 점을 이해하지 못하는 한 당신은 그들보다 앞서 있다. 그래 맞다, 지금 나는 다른 사람들보다 훨씬 더 앞서 있기 때문에 제때 끼니도 때우지 못할 형편이다. 다른 사람들과의 거리가 좀 좁혀져도 나쁠 것 같진 않다."[4]

『유혹하는 글쓰기』를 보면 스티븐 킹도 대학을 졸업한 뒤 결혼해서 아이를 둘이나 두었던 작가 초기 시절엔 시간당 1달러 60센트를 받으며 세탁소에서 일했다는 이야기가 나온다. 그는 가끔 성인 잡지에 단편소설을 팔고 받은 작은 금액의 돈으로 겨우 생활 보호 대상자 신세를 면했다. "돈을 낼 일이 생겼는데 가진 돈이 없을 때는 정말 괴로웠다. '이건 사람이 사는 게 아냐.' 그러다가 또 이런 생각도 했다. '세상 사람들의 절반이 그렇게 생각하겠지.'"[5]

[4] 어니스트 헤밍웨이, 『헤밍웨이의 글쓰기』, 이혜경 옮김, 스마트비즈니스, 2009, 96쪽.
[5] 스티븐 킹, 『유혹하는 글쓰기』, 김진준 옮김, 김영사, 2002, 85쪽.

입구

평생 글을 쓰며 사는 일은 가난이라는 처마 끝 가장자리에 살아가는 일이라고도 할 수 있다. 가난은 작가들에게 피할 수 없는 관문과도 같다. 가난을 기꺼이 받아들이려는 각오가 없다면 애초에 글쓰기를 업으로 삼을 생각을 품어서는 안 된다. 그만큼 작가의 길이란 지난한 길이다. 이 길 위에서 첫 번째로 마주치는 역경이 바로 가난, 그것도 꽤나 심각한 현실적인 장애라고 할 수 있는 '굶주림'이다.

한국 문학사에서 빛나는 별 중의 하나인 김유정은 문단의 촉망받는 작가였지만 가난과 병고라는 두 겹의 불운과 싸워야만 했다. 폐결핵에다 중증의 치질로 고생하던 김유정은 잦은 각혈과 통증으로 제 목숨이 서서히 꺼져가고 있음을 알았다. 하지만 생에의 열망까지 사그라지지는 않았다. 1937년 3월 18일, 친한 벗이자 휘문고보 동기생이었던 안회남에게 도움을 구하는 편지를 보면 알 수 있다.

형아! 나는 날로 몸이 꺼져간다. 이제는 자리에서 일어나기조차 자유롭지 못하다. 밤에는 불면증으로 하여 괴로운 시간을 원망하고 누워 있다. 그리고 맹열(猛熱)이다. 아무리 생각하여도 딱한 일이다. 이러다가는 안 되겠다. 달리 도리를 찾지 않으면 이 몸을 다시 일으키기 어렵겠다. 형아! 나는 참말로 일어나고 싶다. 지금 나는 병마와 최후의 담판이다. 홍패가 이 고비에 달려 있음을 내가 잘 안다. 나에게는 돈이 필요하다. 그 돈이 없는 것이다.

형아! 내가 돈 백 원을 만들어 볼 작정이다. 동무를 사랑하는 마음으로 네가 좀 조력하여 주기 바란다. 또다시 탐정 소설을 번역해 보고 싶다. 그 외에는 다른 길이 없는 것이다. 허니, 네가 보던 중 대중화되고 흥미 있는 걸로 두어 권 보내 주기 바란다. 그러면 내 50일 이내로 역하여 너의 손에 가게 하여주마. 하거든 네가 극력 주선하여 돈으로 바꿔 보내다오.

형아! 물론, 이것이 무리임을 잘 안다. 무리를 하면 병을 더친다. 그러나 그 병을 위하여 무리를 하지 않으면 안 되는 나의 몸이다. 그 돈이 되면 우선 닭을 한 삼십 마리 고아 먹겠다. 그리고 땅꾼을 들여 살무사 구렁이를 십여 뭇 먹어보겠다. 그래야 내가 다시 살 것이다. 형아! 나는 지금 막 다른 골목에 맞닥뜨렸다. 나로 하여금 너의 팔에 의지하여 광명을 찾게 하여 다오. 나는 요즘 가끔 울고 누워 있다. 모두가 답답한 사정이다.

반가운 소식 전해다오. 기다리마.

이 편지를 쓸 때 김유정은 29세였다. 병마와 최후 담판을 하는 이 젊은 작가에게 필요한 것은 약간의 돈이었다. 그는 벗에게 돈을 조달할 방도까지 제안하며, "나에게는 돈이 필요하다. 그 돈이 없는 것이다."라고 자신의 절박한 심정을 편지에 소상하게 적었다. 그러나 답신을 받기도 전인 3월 29일, 즉 이 편지를 쓴 지 열하루 만에 그는 세상을 떠나고 만다.

나는 작가가 처한 가난의 실상이 고스란히 드러나는 이 편지를

입구

읽을 때마다 숙연해지곤 한다. 소설가 최인호 역시 생전에 자신이 게을러질 때마다 이 편지를 책상 앞에 붙여놓고 읽었다고 고백한다. 이 편지는 나태를 막는 채찍질이었던 것이다.

작가가 되려면 굶주림과 싸워야 한다. 작가가 견뎌야 하는 굶주림은 두 겹이다. 첫 번째는 물리적 굶주림이고, 두 번째는 영혼의 굶주림이다.

굶주림은 몸이 필요로 하는 최소한도의 자양분을 얻지 못한 채 영양실조에 이르게 하고 결국은 사람을 죽게 만든다. 마찬가지로 영혼의 위장을 채우지 못하면, 그 굶주림 역시 사람을 상징적인 죽음에 이르게 한다. 위를 포만감에 이르게 하는 것은 음식물이지만 영혼의 위장을 채우는 것은 말[인식]이기 때문이다. "음식과 인식은 동일한 것이며 음식과 말은 각각 들어오고 나가는 지점, 즉 이 두 가지 기능을 하는 공동의 신체기관인 입과 이 두 가지를 표현하고 뒤섞는 도구인 혀에서 만난다."[6] 즉 부엌이 음식을 만드는 곳이라면, 서재는 영혼을 위한 요리를 만드는 곳이다. 고즈넉한 서재에서 하는 책읽기는 영혼의 위장이 말[인식]을 집어삼키고 포만감에 이르게 하는 향연인 셈이다.

작가가 되고 싶은가? 그렇다면 굶주림을 견뎌라! 그것을 딛고 넘어서야만 비로소 작가의 길이 열린다.

[6] 프란체스카 리고티, 『부엌의 철학』, 권세훈 옮김, 향연, 2003, 20쪽.

불확실성

세상에 널린 그 많은 직업들 중에서도 작가라는 직업만큼 미래가 불투명하고 가망 없는 것을 찾아보기는 어려울 것이다. 글을 쓰는 일 자체도 어렵지만, 작가로 성공할 가능성은 바늘구멍을 빠져나가는 일만큼이나 극히 희박하다. 시시때때로 영혼을 잠식하는 미래에 대한 불안은 작가 지망생들이 견뎌야 할 또 다른 고통이다.

불안이 미래의 불확실성에서 비롯한다면, 두려움은 작가적 재능에 대한 확신의 결핍에서 비롯된다. 의외로 많은 사람들이 재능에 대한 회의로 괴로워하는데, 그런 이들에게 종종 들려주는 말이 있다. 글쓰기를 향한 열정과 노력이 곧 재능이라고. 열정과 노력이 있다면, 재능에 대해 회의하지 않아도 된다고 말이다.

글을 쓰는 일은 골방에서 혼자 하는 수공업적인 작업이다. 글을 남과 상의하며 쓸 수는 없지 않은가. 미국의 농부이자 작가인 웬델 베리(Wendell Berry, 1934~)가 쓴 「시인이 되는 법」이라는 시의 첫 행은 "앉을 자리를 만들어라."이고, 두 번째 행은 "앉아라. 침묵하라."이다. 이 내용은 시인뿐만 아니라 글을 쓰는 모든 이들

입구

에게 해당된다. 글을 쓸 때 오롯한 고립과 고독은 필수 조건이다. 떠들썩한 사고 현장에서는 단 몇 줄의 글도 쓸 수 없다. 골방에서 오로지 자기의 기억과 상상력에만 의지해서 먼 바다로 나아가는 항해, 그것이 바로 글쓰기이다.

작가가 되려는 사람들은 고양이를 본받아야 한다. 고양이는 집중력이 대단히 뛰어난 동물이다. 고양이만큼 독립적인 동물을 찾기는 힘들다. 그런가하면 사냥할 때에는 아주 신중하게 먹이에게 다가간다. 작가 역시 집중력이 있어야 하고, 독립적이어야 하며, 오랜 시간을 앉은 자리에서 버틸 수 있어야 한다. 아래의 다섯 가지는 『글 잘 쓰는 기술』이라는 책에서 말하는 작가와 고양이의 닮은 점들이다.

1. 계속 집중한다.
2. 신비주의를 고수한다.
3. 조용히 사냥한다(즉 기록한다).
4. 독립적이다.
5. 가만히 말없이 오랜 시간을 버틴다.[7]

[7] 바바라 애버크롬비, 『글 잘 쓰는 기술』, 이민주 옮김, 브리즈, 2008, 102쪽.

최소한 글을 쓰는 동안만이라도 세상과 차단되어야 한다. 나와 세상 사이에 진공 상태가 생기고 나면 집중하기가 훨씬 더 쉽다. 주의를 흐트러뜨릴 수 있는 전화기 코드를 빼고, 스마트폰도

끄고, 인터넷도 꺼놓아야 한다. 글쓰기에 방해가 되는 것이라면 그 어떤 것이라도 제거한 뒤 자기만의 지하 동굴에서 글쓰기에만 전념해야 한다. 지하 동굴이란 '자기만의 방'을 뜻한다. 꼭 '자기만의 방'이 아니더라도 카페나 도서관 등 글쓰기에 집중할 수 있는 '자신만의 공간'이 있다면 그걸로 충분하다. 소설가 도리스 그룸바흐(Doris Grumbach, 1918~2022)는 다음과 같이 말한다. "오직 그 방에서만, 문이 닫혀 있고 커튼이 바깥세상의 유혹을 차단하고 있으며 전화기가 꺼져 있는 그 방에서만 적절한 것 혹은 유용한 것이 당신을 찾아올 것이다."[8]

글쓰기의 불안함

글쓰기는 기억이나 사적 경험, 감정과 상상을 세상을 향해 누설하는 일이다. 그렇기 때문에 두려움을 자아낸다. 글을 쓰는 자들은 이 세계 안에 머무를 이유를 찾는 체류자이자 비밀 누설자이고, 자기 자신과 세상에서 달아나고자 하는 이들이다. 글을 쓰기 위해 백지와 마주하는 순간, 불안과 두려움이 덮치는 것은 이상한 일이 아니다. 단편소설계의 거장이라 불린 안드레 듀버스(Andre Dubus, 1936~1999) 역시 두려움에 떨기는 마찬가지였다. "나는 글을 쓰기 전에, 내 영혼이 혼자 도약하려고 준비하고 있을 때 늘 심장과 횡격막 사이의 공간에서 두려움을 느꼈다."[9]

백지 앞에서 어찌할 바를 몰라 허둥거리거나 공황 상태에 버

[8] 바바라 애버크롬비, 『인생을 글로 치유하는 법』, 박아람 옮김, 책읽는수요일, 2013, 225쪽.
[9] 바바라 애버크롬비, 앞의 책, 68쪽.

금가는 불안 속에서 허우적거린다면, 심호흡을 한번 해보라. 마음의 불안이 쉬 가라앉지 않는다면 눈을 감고 명상에 빠져보라. 그래도 불안을 피할 수 없다면, 차라리 그 불안을 글쓰기의 동력으로 이용하는 방법을 찾는 게 좋다. 오직 글쓰기만을 불안의 분출구로 삼으며 말이다.

비유를 하자면, 작가란 마치 풍랑에 흔들리는 배를 운전하는 선장이라고 할 수 있다. 사람들이 풍랑 때문에 우왕좌왕하며 소동을 벌이는 배 위에서도 태연하게 깊은 잠에 빠져 있었다고 전해지는 어느 설화 속 사공처럼 말이다. 보통 사람이라면 삶을 뒤흔드는 풍랑 앞에 갈피를 잡기는커녕 정신을 잃을 지경이 될 것이다. 가난, 고독, 헐벗음, 쓰기 전의 불안과 압박감……, 이러한 시련과 고통은 작가가 되려는 사람이 견뎌내야 하는 또 하나의 세목이다. 그 풍랑들이 배를 흔들 때마다 사공처럼 태연자약할 수 있는가? 무명작가가 돈이 없어 쩔쩔매는 일은 일상다반사로 일어나는 일이다. 안락하게 살고 싶다면, 애초에 작가의 꿈을 꿔서는 안 된다. 작가가 되기로 마음먹었다면 가혹한 풍랑이 자신만을 피해 가는 행운을 기대해서도 안 된다. 그보다는 웬만한 풍랑에도 끄떡도 하지 않을 단단한 체력과 강인한 심장을 갖기를 바랄 일이다.

한 걸음 한 걸음 다만 나아갈 뿐

폴 오스터는 일찍이 문학이 의지나 선택의 영역에 있는 게 아니라 문학에게서 호명당하는 것이라는 사실을 알았다. 그는 문학의 부름에 문학이 필연으로 가난을 동반한다는 것을 알면서도 피의 불가결한 본성으로 문학의 길에 성큼 발을 들이밀었다. 폴 오스터는 그의 선택을 후회하진 않았을까?

> 글을 쓰는 것은 즐겁지 않다. 괴롭고 고단하며 매 순간 자신의 재능을 의심하며 좌절감을 느낀다. 그러므로 만족이나 승리의 기쁨을 맛볼 수가 없다. 문제는 글을 쓰지 않을 때가 훨씬 힘들다는 것이다. 글을 쓰지 않으면 자신이 낙오자로 느껴질 뿐만 아니라 인생에 대한 의미를 상실하기 때문이다.[10]

바위처럼 무거운 가난과 고독, 잦은 실패, 글쓰기의 괴로움, 재능에 대한 의심, 불안정한 미래는 작가의 길로 들어선 모든 사람에게 해당되는 이야기이다. 하지만 글쓰기는 마치 마약과 같아서 한 번 들어서게 되면 발을 빼기는 거의 불가능하다. 그 길이 험난한 가시밭길이라는 걸 뻔히 알면서도 그들은 꾸역꾸역 나아가 작품을 써낸다. 작가의 길로 들어선 사람은 자신이 진로를 선택했다기보다는 선택받았기 때문이다.

나 역시 스무 살 무렵 문학을 하겠다고 말했더니, 가족들이 반

[10] 프란시스 아말피, 『불멸의 작가들』, 정미화 옮김, 윌컴퍼니, 2013, 28쪽.

입구

대하며 뜯어말렸다. 아버지는 폴 오스터가 쓴 문장과 똑같은 말을 했다. "제발 그만두어라! 글만 써서는 제 입에 풀칠하기도 어렵단다!"

  젊은 시절, 나는 겨우 굶어 죽지 않을 만큼의 최소한의 벌이에 만족하면서 대부분의 시간을 도서관에서 책을 읽으며 보냈다. 수중에 돈이 없으니까 점심 따위는 예사로 건너뛰었지만, 육체의 굶주림보다 더 힘든 것은 영혼의 허기였다. 이것은 굶주림 탓에 생긴 위장을 쥐어짜는 아픔보다 더 날카롭고 견디기 힘든 고통으로, 절망에 이르게 했다. 한 치 앞의 미래도 가늠할 수 없는 불확실함과 더불어 채워지지 않는 지식, 인식에 대한 목마름들이 불러일으키는 영혼의 허기가 수시로 나를 찌르며 괴롭혔다.

  돌이켜 보면 수많은 실패와 어려움을 겪고 그것을 헤쳐 나온 시간이었다. 그 힘든 세월을 순진한 낙관주의와 냉소적인 비관주의 사이에서 용케도 잘 견디고 살아남았다. 온갖 시련과 고통을 견디고 살아남았으니, 날마다 꾸역꾸역 글을 쓸 수 있었다. 아니다. 그 반대인지도 모른다. 날마다 꾸역꾸역 글을 썼기 때문에 문학의 길에서 살아남은 것이다. 미래의 불확실성에서 비롯된 불안과 두려움을 이기고, 어쨌든 그렇게 작가의 길에 들어섰다.

실패 가능성

아무런 고통 없이 휘리릭 쓸 수 있다면 좋겠지만, 글쓰기는 그런 것이 아니다. 글쓰기란 제가 지핀 불에 스스로 몸을 태우는 다비식(茶毘式)이다. 그만큼 고통이 따른다는 얘기이다. 그것은 맨땅에 이마를 박는 것만큼이나 무모하다. 글쓰기는 경험의 재해석, 미지와의 조우, 창조의 지평선을 찾는 대모험이다. 설사 내일 지구가 멸망한다고 해도, 핵겨울이 닥쳐 인류가 사라진다고 해도 생의 마지막까지 계속되어야 한다. 몇 차례 실패했다고 글쓰기를 접는 것은 어리석은 일이다. 많은 사람들은 실패를 하면 낙심하고, 도전을 포기한다. 하지만 아무것도 하지 않는 것보다 일단 시도라도 해보고 패배하는 것이 더 좋다. 무언가를 시도하면 그만큼 어딘가에 도달할 가능성도 커지기 때문이다.

실패는 작가가 평생 안고 가야 할 숙제이다. 대다수 작가는 작가로서 입지를 구축하기 전에 수년 동안 출판사 측의 거절을 수없이 경험한다. 내가 알고 있는 작가들은 모두 종이로 실제 크기의 거대한 타지마할 모형을 만들 수 있을 정도로 잡지사와 출판사에서 많은 거절 편지를 받았다.

그러니 거절을 경험하게 되더라도 그것이 당신에게만 일어나는 문제라고 생각하지는 말라. 출판사의 거절은 글을 쓰는 사람이라면 누구나 헤쳐나가야 할 과정이다. 우체통에서 거절의 편지를 발견하거든 거부당한 대상은 당신 자신이 아니라 당신의 원고일 뿐이라는 사실을 기억하자. 그 편집자는 당신과 한 번도 만난 적이 없는데, 대체 당신이라는 사람 자체를 거부할 이유가 무엇이겠는가? 또한 출판사가 당신의 작품을 받아들였다면 그것은 당신의 원고가 적절한 시기에 원고와 잘 맞는 사람의 책상에 오른 것일 뿐 그 이상도 이하도 아님을 명심하자.[11]

출판사에 보낸 원고가 거절당해 반송되는 일은 글을 쓰는 사람이라면 누구나 겪는 문제이다. 그러니 원고가 반송되었다고 해서 낙심하지 말라. 자신의 길을 찾기까지 머뭇거리고 주춤거리는 것, 환멸과 허무를 겪는 것, 실패와 시행착오 속에서 자기를 돌아보는 것, 이런 과정은 꼭 필요하다. 실패 자체를 두려워하지 말라. 실패를 '두려워하는 마음'이 바로 실패를 낳는다. 실패를 즐기고, 실패에서 배워라. 실패나 시행착오를 겪지 않고 자신의 길을 단박에 찾아가는 사람은 드물다.

야심만만하게 내놓은 작품이 혹평을 받는 경우도 있다. 노골적인 혹평이란 글을 쓰는 자들이 종종 겪는 '내적 감옥'이다. 간혹 초보자들은 혹평을 받으면 큰 실망감과 더불어 좌절에 빠지기도 한다. 심지어 죽고 싶을 만큼 영혼이 나락으로 추락하는 경

[11] 헤더 리치·로버트 그레이엄, 『창의적인 글쓰기의 모든 것』, 윤재원 옮김, 베이직북스, 2009, 80쪽.

우도 있다.

그런 경우, 어떻게 해야 하는가? 이렇게 생각해보자. 당신이 받은 혹평은 하고많은 비평 중 하나에 지나지 않는다고. 어디에나 흔한 유리 조각보다 영롱한 다이아몬드가 훨씬 더 귀하듯이, 상찬을 하는 비평은 원래 드물다. 혹평을 한 비평가에 일일이 대거리를 하는 것은 어리석은 짓이다. 갖은 노력과 시간을 들여 비평가와 논쟁하는 것만큼 소모적인 일도 없다. 작가에겐 작가의 일이 있고, 비평가에겐 비평가의 일이 있다. 작품을 쓰는 것이 작가의 몫이라면, 비평가란 그 작품에 달라붙어 이러쿵저러쿵 떠들어대는 조금은 성가신 존재이다. 그렇게 생각하면 한결 마음이 편할 것이다.

실패하라, 더 낫게 실패하라

다시 폴 오스터의 얘기로 돌아가보자. 무명작가 시절 그는 이런저런 작품들을 썼지만 대개는 그 결과가 실망스러웠다. 장편소설에 착수했지만 이내 포기했고, 여러 편의 희곡을 썼지만 마음에 드는 게 없었다. 출판사에 보낸 원고들은 번번이 거절 편지와 함께 반송되었다. 야망은 컸지만 재능은 모자란 자신에게 실망하며 걸핏하면 좌절감에 빠졌지만 그는 번역이든 서평이든 계속해서 글을 썼다. 그러다 우연한 기회에 〈컬럼비아 데일리 스펙테이터〉지에 영화 평론과 서평을 기고하게 되고, 잡문에 대한 취

입구

향을 키울 수 있었다.

출발선이 어디인지는 중요하지 않다. 어쨌거나 어딘가에서는 출발해야 한다. 원하는 만큼 전진하지는 못했을지 모르나, 그래도 나는 조금씩 전진하고 있었다. 두 발을 딛고 일어나 앞으로 나아가고 있었다. 비틀거리며 한 걸음씩 내딛고 있었지만, 아직은 달리는 법을 알지 못했다.[12]

세상에는 두 부류의 사람들이 있다. 실패 앞에 주저앉는 사람과 실패에 주눅 들지 않는 사람. 전자는 거기까지가 제 한계임을 드러내지만 후자는 실패를 넘고 더 나아가 자신의 내적 가능성을 확장한다. 폴 오스터는 실패를 거듭했지만 그 경험을 역량을 키우는 기회로 만들었고, 결국 실패를 성공의 자산으로 삼아 날아올랐다. 만약 그가 자신의 재능에 회의를 품고 글쓰기를 중도에 그만두었다면 『달의 궁전』, 『우연의 음악』, 『뉴욕 3부작』, 『거대한 괴물』 같은 소설들은 세상의 빛을 볼 수 없었을 것이다.

인생이란 길을 걷다보면 우회하거나 옆길로 새게 되는 경우가 종종 있다. 때론 길을 잃고 헤매기도 한다. 이 모든 방황은 성숙에 이르기 위해 꼭 거쳐야 하는 과정일지도 모른다.

실패해도 괜찮다. 단, 그냥 실패하는 것이 아니라 더 잘 실패하도록 해라. 실패를 돌아보며 그 속에서 지혜를 배워라. 그다음에 실패를 도약대 삼아 더 높이 날아올라라.

---

12 폴 오스터, 『빵굽는 타자기』, 김석희 옮김, 열린책들, 2002, 47~48쪽.

'하찮은 재능'을 가진 이들이 글을 조금 쓰고 큰 보상을 바란다. '위대한 재능'을 가진 이들은 많이 쓰면서 작은 보상에도 만족한다. 글을 멈추지 말고 써야 하는 이유는 분명하다. 전설의 스토리텔러라고 불리는 독일의 소설가이자 평론가인 토마스 만(Thomas Mann, 1875~1955)은 말한다. "작가란 그 누구보다 글 쓰는 것을 가장 어려워하는 작자들이다."

당신만 어려운 게 아니다. 글쓰기는 유명 작가들조차 힘겨워한다. 글을 쓴다는 것은 실패라는 토대 위에 세우는 건축물과 같기 때문이다. 실패하고, 실패하고, 실패하는 것, 그것이 글쓰기이다. 끝내 성공한 사람들은 더 많이 실패하고 그 실패에서 열정과 영감을 이끌어낸 자들이다.

당신의 목적지가 저 멀리 있고, 더러는 거기에 도달하는 게 불가능해 보일지 모른다 해도, 멈추지 말라. 멈추지 않고 가다 보면 어느 순간 그 목적지에 도착할 때가 온다. 다만 계속 걸어가는 법을 잊지 말길 바란다.

입구

진짜 재능

뭔가를 쓴다는 것은 무엇일까? 모호한 열정에 사로잡혀서 뭔가를 썼다면 그 열정이 자기 내부에서 자연스럽게 생겨난 것인지, 아니면 외부의 자극과 독려에 의한 것인지, 그것은 중요하지 않다. 중요한 것은 '쓴다'라는 사실이다.

쓰는 사람은 쓴다는 행위 자체에서 의미를 찾는 사람이다. 사실을 말하자면 뭔가를 쓴다는 것은 다양한 동기로 이루어진다. 그것의 본질을 해명하는 일은 단순하지가 않다. "글쓰기가 무한한 헤어짐의 고백 속에서 타자를 향해 가는 자기의 찢김이 아닐 때, 글쓰기가 자기의 환희이고 글쓰기를 위한 글쓰기의 쾌락이며 예술가의 만족일 때, 글쓰기는 스스로 파괴된다."[13] 그 본질을 이해하면 왜 글을 쓰려고 하는지, 그것을 통해 도달하려는 지점이 어디인지가 보다 분명해질 것이다.

글쓰기는 언표(言表) 행위이고, 우연히, 혹은 필연적으로 자기 안의 무의식, 지각, 기억들을 노출한다. 숨은 것을 드러내 보인다는 점에서는 과시적 발가벗으로도 볼 수 있다. 즉 뭔가를 쓰고 있는 사람은 노출증 환자이다. 노출증이라는 질병에 시달리는 환

[13] 자크 데리다, 『글쓰기와 차이』, 남수인 옮김, 동문선, 2001, 124쪽.

자! 글쓰기에 몰입하면 몰입할수록 병은 점점 심해진다. 그 자발적인 노출로 인해 사람들은 당신을 보고 용기 있다고 오해할지도 모른다. 실은 세상 자체가 하나의 거대한 병동으로, 우리 모두는 거기에 입원한 환자이다. 그런데 아무도 자기가 환자라는 사실을 모른다. 영국의 실존주의 비평가 겸 작가인 콜린 윌슨(Colin Wilson, 1931~2013)은 자기가 환자라는 사실을 문득 깨달은 자, 현상의 본질을 꿰뚫어 볼 수 있는 유일한 사람을 가리켜 '아웃사이더'라고 불렀다. '다른 시각에서, 너무 많이, 너무 깊이 세상을 보는' 아웃사이더가 되는 것이야말로 인간 존재의 의의와 진실한 삶을 찾는 탐구의 시작점이라고 말이다. 글을 쓰고자 하는 사람들은 누구나 이러한 통찰력과 삶의 본질을 꿰뚫어 보는 직관력과 재능을 갖길 원하며, 자신의 재능에 의심을 품고 그것을 확인받고자 한다. 하지만 재능이란 눈에 딱히 드러나지 않는다. 그러한 재능은 과연 어떻게 알아볼 수 있을까?

쉽게 포기하지 않는 능력

재능을 가진 사람은 불안 속에서도 글쓰기라는 운명에 대한 직감을, 그 무엇으로도 제 가슴에 타오르는 글쓰기에의 열망을 꺼트리지 못할 것이란 예감을 갖는다. 그 직감과 예감이 글쓰기를 추동하는 동력이 된다면, 스스로의 재능에 대해 확신을 가져도 좋다. 하지만 입문 단계에서부터 재능에 대해 확신을 가진 사

입구

람을 나는 거의 본 적이 없다. 그런 사람은 벼락을 두 번 맞은 뒤 기적적으로 생환해서 마라톤을 완주하고 세계 최고 기록을 내는 사례만큼이나 희귀할 것이다.

그들은 문학만이 제 밋밋한 삶에 활력을 불어넣고, 메마른 삶에 의미를 가져다준다고 확신한다. 그 확신에 불을 지피고 키우는 것은 자신의 생래적인 기질, 즉 본성이다. 따라서 그것은 누가 말려서 그만둘 수 없는 일이다. 나는 지금도 젊은이가 문학을 하겠다고 말하면, 즉시 그를 연민의 눈길로 바라본다. 뻔한 비극, 뻔한 불가능의 세계 속에 몸을 던지겠다니, 어찌 그 젊음에 연민을 느끼지 않을 수 있단 말인가! 물론 나는 젊음이 무한한 가능성을 품고 있기는 하지만, 그다지 놀라운 부(富), 대단한 재능이라고 여기지는 않는다. 젊음이란 누구나 거저 얻었고 잠시 스쳐 갈 뿐인 재능일 뿐이지만, 함부로 낭비하기에는 아까운 것이다.[14]

단도직입적으로 얘기하자면, 당신이 소설가나 시인이 되기로 결심했다면 문학이라는 제단 위에 젊음을 송두리째 바칠 수 있어야 한다.(뻔한 비극, 뻔한 불가능의 세계 속에 몸을 던지겠다니!) 글을 쓰겠다는 젊은이는 제 파릇한 젊음을 가망 없는 일에 탕진하겠다고 나선 것과 마찬가지이다. 그러니 먼저 자신에게 문학에의 재능이 있는가를 진지하게 따지고 확인해야 한다.

글쓰기는 누구에게나 어렵고 힘든 일이다. 어떤 사람은 그 끝

14
프란시스 아말피,
『불멸의 작가들』,
정미화 옮김,
월컴퍼니, 2013,
200쪽.

찍함에 놀라 재빨리 도망가지만, 어떤 사람은 그 끔찍함을 참고 견뎌낸다. 고통의 한복판에서 제 에너지를 다 소진시킨 뒤에도 다시 일어나 글을 쓰려고 책상 앞에 앉는다. 마치 권투 선수가 카운터펀치를 맞고 바닥에 쓰러졌다가 다시 벌떡 일어나는 것처럼. 쓰는 자들은 실패를 두려워하지 않는 불굴의 전사이다. 그들은 패배에 꺾이기는커녕 패배를 통해 더욱 강해진다.

작가의 재능이란 글쓰기의 고통을 견뎌내는 것, 고통 속에서도 쓰기에 대한 열정이 고갈되지 않는 것이다. 그들은 살아남기 위해 쓰고, 쓰고, 또 쓴다. 사자의 심장을 갖고 도전하고, 도전하고, 다시 도전한다.

타고난 작가는 없다

글쓰기는 멜랑콜리한 감정의 배설이나 백일몽의 분출이 아니다. 글쓰기란 제가 가진 모든 자산을 걸고 벌이는 전투이다. 그것은 얼마나 힘든 일인가? 『위대한 개츠비』를 쓴 스콧 피츠제럴드(Scott Fitzgerald, 1896~1940)나 노벨 문학상과 퓰리처상을 수상한 윌리엄 포크너(William Faulkner, 1897~1962), 헤밍웨이 이후 가장 영향력 있는 소설가로 불렸던 레이먼드 카버(Raymond Carver, 1938~1988)와 같이 재능 있는 작가들이 알코올 중독자가 되었다는 것은 창작이 얼마나 극한의 고통인가를 말해주는 증거라 할 수 있다. 그들은 글쓰기의 고통과 압박에서 살아남으려고 알코

입구

올의 환각적 기쁨에 의존하다가 중독자가 된 것이다. 글쓰기의 결과물들은 그 전쟁과 전투가 남긴 전리품이거나 '조촐한 죽음'이다. 오직 살아남은 자들만이 제 작품이 어떤 영예를 누리는지 알 수가 있다. 부단히 많이 쓰고 살아남는 것, 바로 그것이 재능의 핵심이다. 헤밍웨이 역시 살아남는 것의 중요함, 어떤 압력에도 굴복하지 않고 쓰는 일의 중요함에 대하여 다음과 같은 글을 남겼다.

> 먼저 재능이 있어야만 한다. 그것도 많이. 키플링의 재능 같은 것이 필요하다. 그다음에는 훈련이다. 플로베르가 했던 것처럼 부단히 훈련을 해야 한다. 그다음에는 파리에서 사용하는 미터 기준처럼 변하지 않는 절대 양심과 작가란 무엇인가에 대한 명확한 인식이 필요하다. 가짜를 방지하기 위해서다. 또한 작가는 지적이고 이해관계를 초월한 공평무사한 마음이 있어야 한다. 그리고 무엇보다 살아남아야 한다. 한 사람의 작가 안에 있는 이 모든 자질을 끌어내어 그를 압박하는 모든 세력을 통과하게 하라. 작가에게 가장 어려운 점은 살아남아 자신의 글을 끝내는 것이다. 주어진 시간이 너무 짧다.[15]

15
어니스트
헤밍웨이,
『헤밍웨이의
글쓰기』,
이혜경 옮김,
스마트비즈니스,
2009, 16~17쪽.

기본적으로 작가가 되려는 사람에게는 재능과 훈련이 필요하다. 흔히 문학을 향한 열정이 크면 클수록 재능이 더 많다고 하지만 그것은 모호한 개념이기도 하다. 열정을 표현하는 방식을 훈련하고, 끝까지 포기하지 않고 쓰는 자가 재능을 가진 사람이라고 하는 것이 자연스러울지 모른다.

  작가가 되려는 사람이라면, 반드시 다음의 두 가지를 실천해야 한다. 많이 읽고, 많이 쓰는 것. 이 두 가지가 글쓰기의 가장 좋은 훈련 방식이자 재능의 증명이다. 그런 훈련을 거듭하면서 글쓰기에 필요한 뇌의 근육 역시 키워야 한다. 뇌의 근육이란 어떤 절망에도 포기하지 않는 것, 열 번 쓰러지고도 열한 번 일어서는 불굴의 의지로 단련된 직관을 뜻한다. 뇌의 근육을 키운 사람만이 영감이 고갈되거나 바짝 메말라버려도 도중에 포기하는 법이 없다. 이게 바로 글쓰기의 진짜 재능이다.

  어떤 사람들은 작가는 타고나는 것이라고 믿지만, 작가로서의 유전자를 갖고 태어나는 사람은 아주 드물다. 작가로 태어나는 게 아니라 작가로 키워진다는 말이 더 적절하다. 다시 말해, 작가가 되기 위해서는 그침 없는 훈련과 학습이 필요하다. 2010년 노벨 문학상을 수상한 페루의 작가 마리오 바르가스 요사(Mario Vargas Llosa, 1936~2025)는 『젊은 소설가에게 보내는 편지』에서 다음과 같이 말한다.

> 저는 우리 인간의 운명이 모태(母胎)에서 결정된다고 생각하지 않습니다. 인간의 운명은 우연의 장난이 아닙니다. 변덕스러운 신이 우리 인간을 재능 있거나 무능하게, 의욕이 넘치거나 부족하게 만드는 것도 아

입구

닙니다. 지금은 그렇지 않지만 저도 젊었을 때에는 프랑스 실존주의자들—그 누구보다 사르트르의 영향이 컸습니다—의 자기의지라는 영향 때문에 이런 신념을 갖게 되었습니다. 직업도 일종의 '선택'이다, 우리 인간의 미래를 결정하는 것은 각 개인의 자유로운 선택이다. 저는 작가들은 운명적으로 타고난 사람, 즉 작가로서의 유전자를 갖고 태어난 사람으로 보지 않습니다. 저는 훈련과 불굴의 의지가 때로 천재 작가를 만들어낼 수 있다고 생각하는 사람입니다. 그러나 저도 인정합니다. 작가는 자유로운 선택에 의해 결정된다. 이것은 충분한 설명이 될 수 없습니다. 선택은 필수 불가결한 요소일지 모릅니다. 그러나 제 생각으로는, 선택은 두 번째 단계에서 필요한 요소일 뿐입니다. 우리는 유년기나 사춘기 시절 주관적인 생각으로 나는 작가로서 타고난 사람이다, 작가가 될 수밖에 없다, 라는 생각을 품게 될 수 있습니다. 그리고 합리적인 선택이 그 생각을 강화할 수 있습니다. 그러나 선택을 했다고 해서 머리끝에서 발끝까지 완벽한 작가로 태어날 수는 없습니다.[16]

글을 쓰지 못하는 사람은 쓸 수 없는 100가지의 이유를 대지만 쓰는 사람은 변명하지 않는다. 오직 묵묵히 쓸 뿐이다. 글을 쓰기로 마음먹었다면 모든 것은 글을 통해 말하라. 그리고 학습과 훈련을 게을리하지 말라. 많은 사람이 이 과정에서 학습과 훈련을 견디지 못하고 탈락하지만 그것은 재능이 없기 때문이 아니라 열정과 의지가 부족한 탓이다. 끊임없는 훈련과 불굴의 의

16
마리오 바르가스 요사, 『젊은 소설가에게 보내는 편지』, 김현철 옮김, 새물결, 2005, 11~12쪽.

지 없이 작가가 되는 것은 불가능하다. 만약 훈련과 불굴의 의지 없이도 작가가 된 사람이 있다면 정말이지 내 재산의 반을 떼어 줄 용의가 있다.

  작가가 되는 일은 천부적 재능의 결과가 아니라 자기 의지에 따른 선택의 결과이다. 타고난 작가는 없다. 천부적 재능의 신화는 낭만주의가 만들어 유포한 거짓이다. 분명하게 말하건대 그런 것은 없다. 오직 갈고 닦은 수련의 결과로 한 작가가 탄생하는 것이다.

입구

독창성과 창의성

자, '첫 문장을 쓰기 전에' 당신에게 글쓰기를 평생의 업으로 선택하는 일에 내재된 위험과 어려움에 대해서는 충분히 경고를 했다. 그래도 미심쩍으니, 다시 한 번 경종을 울리는 뜻으로 스페인 작가 마누엘 바스케스 몬탈반(Manuel Vazquez Montalban, 1939~2003)의 문장을 소개하겠다. "작가들이란 지나치게 일찍, 혹은 잘못된 시대에 태어난 저주받은 동물들이다."[17]

간혹 글쓰기가 천형이라고 털어놓는 작가들이 있다. 작가의 삶이란 그처럼 언제 부서지고 깨질지 모를 불안이 잠재된 삶이다. 그럼에도 그 '저주받은' 운명을 기꺼이 받아들이겠다는 마음이 흔들리지 않는 당신에게, 나는 이제 글을 쓰는 데 필요한 재능 이외의 것들에 대해 말해주겠다.

글을 쓰기 위해서는 세상을 '순진한 눈'으로 바라보는 게 중요하다. 사람과 사물, 자연을 낯설고 눈부신 것으로 바라볼 줄 알아야 한다. 아무리 익숙한 것이라 할지라도 마치 세상에 태어나 처음 본 것처럼 말이다. 세계를 구성하는 모든 요소들을 익숙한 것으로 바라보면 그것이 숨기고 있는 본질을 볼 수가 없다. 그냥 스

17
프란시스
아말피,『불멸의
작가들』, 정미화
옮김, 윌컴퍼니,
2013, 472쪽.

쳐 지나고 마는 익숙함을 낯섦의 지평 속으로 끌어내야 비로소 그것들의 새로움이 나타날 것이다.

독일 철학자 니콜라이 하르트만(Nicolai Hartmann, 1882~1950)의 주장처럼 천재의 독창성은 본질적으로 '보는 방식'에 나타난다. 사물이건 경험이건 새롭게 보아야 새롭게 인지된다. 가장 가까이 있는 사람부터 낯선 시선으로 한번 바라보라! 그럼, 안 보이던 게 보인다. '순진'과 '사랑'을 담고 바라보면 모든 게 사랑할 만하다. 바라보는 대상이 더 소중해지고 그를 아끼게 된다. 이처럼 쓰려고 하는 대상에 대해 오래 관심을 갖고 지켜봐야만 한 편의 글이 나온다.

글을 쓴다는 것은 자아를 세상에 드러내는 일인 동시에 자아로부터 벗어나는 일이기도 하다. 글쓰기, 특히 문학은 어떤 식으로든 타자와 교감을 나누고 공감으로 연대하는 일이기 때문이다. 글을 못 쓰는 사람일수록 자기중심적이고 자기 안에 갇혀 있는 경우가 많다. 글을 잘 쓰고 싶다면, 편향이나 왜곡 없이 대상을 순정한 눈으로 바라보고 품고 사랑하라! 세상을 향한 애정이 충만할수록 글도 거침없이 쓸 수 있다.

작가들의 미덕은 그들(선배 작가들)을 모방하는 사람들이 너무나 비굴하게 저지르는 짓을 절대 하지 않는 데 있다. 그들은 세상을 자기만의 눈으로 바라보면서 자신의 눈에 비친 세상을 글로 옮겨놓는다. 그들의 작품

입구

이 솔직하고 활기가 넘치는 이유는 그 어떤 편향이나 왜곡 없이 개성을 있는 그대로 드러내기 때문이다.[18]

서로 다른 사물을 조합하는 능력

글을 쓰는 사람에게 가장 중요한 덕목은 창의성이다. 현실을 있는 그대로 가감 없이 쓰는 것도 하나의 방법이겠지만, 거기서 멈춰서는 안 된다. 익숙한 현실을 낯설고 신기한 곳으로 생생하게 그려내라. 어린 시절 늘 보던 하늘을 물구나무 선 채로 바라보면 아주 낯설게 보인다. 가장 나쁜 것은 관습적 사고에 기대는 것이다. 관습적 사고에 기댄 채 안주하는 사람은 구태의연한 발상과 상투적 언어들을 쏟아낸다.

사물이나 대상을 관습적으로 받아들이는 것에서 벗어나 다르게 보기, 엉뚱하게 보기, 낯설게 보기에서 독창성이 발현된다는 사실을 기억하라. 그러려면 먼저 다양한 책읽기와 여러 겹의 경험을 통한 폭넓은 정보의 감각 입력이 전제되어야 한다. 그렇지 않으면 발상과 인식은 절대 바뀌지 않는다. 뇌과학자들은 몰입이 뇌를 창의적으로 변화시킨다고 말한다. 몰입이란 "자아실현 단계에서 자신의 능력을 최대로 발휘하는 최고의 경험(peak experience)에 해당하며 영적인 감정을 수반"[19]하는 상태를 뜻한다. 몰입은 선(禪) 수행자들이 이르는 삼매경과 같다. 그것은 오직 하나의 대상에만 정신을 집중하는 경지로, 그 상태에 있는 동

18
도러시아 브랜디,
『작가 수업』,
강미경 옮김,
공존, 2010,
141쪽.
19
황농문, 『몰입』,
랜덤하우스
코리아, 2007,
150쪽.

안 새로운 착상, 영감, 깨달음들이 예기치 않게 두뇌 피질로 내려 앉는다고 한다.

놀라운 것은 독창성이 몸 전체에서 나온다는 사실이다. 창의성과 마찬가지로 독창성도 뇌의 피질에서 발현되는 것은 맞지만, 또한 몸 전체에서 일어나는 작용이기도 하다. 뇌과학 연구자인 박문호 박사가 쓴 『뇌, 생각의 출현』에 따르면, 느낌 이전은 본성과 유전자에 의해 작동되는 자동적 항상성 시스템이 관장한다고 한다. 느낌은 비자동적인 확장된 항상성 시스템에서 형성되는 심적 상태로, 몸 전체가 느낌의 상태가 되면 다양한 감각 입력을 통합시키는 능력이 발휘되는데, 그 기반에서 독창성이 발현된다는 것이다. 즉 독창성이란 "느낌에서 가능해진 의식 상태"이고 "강력한 뇌의 능력"이다. 그런 능력이 생겨나는 이유는 무엇일까? 박문호 박사는 이렇게 답한다. "불확실성에 대처하기 위해서입니다. 불확실한 입력 정보에 대처하기 위해서 느낌이 진화되어 온 거죠. 다시 한 번 강조하면, 왜 그렇게 느낌이 중요하냐. 불확실하고 예측 불가능한 돌발적인 환경 입력에 대처할 수 있는 인지적 능력 때문입니다."[20]

창의성이란 '새로운 것을 생각해내는 특성'으로, 인류의 진화 과정 속에서 생겨났다. 창의성은 주체가 돌발적인 환경이나 상황에 대처하기 위해 번뜩이며 나타나는 인지 능력이다. 이것은 저절로 길러지지 않는다. 정보의 양과 창의성의 질은 대칭으로

20 박문호, 『뇌 생각의 출현』, 휴머니스트, 2008, 399쪽.

맞물려 있다. 학습을 통해 더 많은 인지적 정보를 습득하고, 이것이 쌓여 임계치를 넘어설 때 비로소 정보는 질적 전환을 이루고 이 지점에서 양질의 창의성이 솟구친다. 그렇다면 창의성을 기르기 위해서는 어떤 학습과 어떤 정보가 필요할까? 『창의적인 글쓰기의 모든 것』을 보면 참고할 만한 유용한 조언이 나온다. "창의적인 사람은 자기 자신의 마음에 아름다운 예술, 색깔, 음악의 양식을 베풀고, 새로운 아이디어, 새로운 사실, 시, 시사, 생생한 풍경, 이상하고 흥미로운 경험에 자신을 노출시킨다."[21]

창의성은 풍부한 예술 경험과 지적인 자극이 쌓이는 가운데 키워지는 능력이다. 더 많은 것들을 보고 겪는 몰입 속에서 놀라운 창의성이 발현된다는 것을 기억하자.

21
헤더 리치·
로버트 그레이엄,
『창의적인
글쓰기의 모든
것』, 윤재원 옮김,
베이직북스,
2009, 85쪽.

경험, 그 발견되고 해명된 삶

강철은 어떻게 단련되는가? 강철은 벌겋게 달궈진 쇠를 차가운 물에 식히고 다시 망치질을 하는 일련의 과정을 통해 더욱 단단한 강도를 얻게 된다. 글쓰기도 마찬가지이다. 오랜 담금질을 거쳐야 단단한 글이 나온다. 글쓰기의 1차 재료는 작가 자신의 경험이다. 특히 실패와 시련의 경험이야말로 스스로를 담금질하는 데 좋은 도구가 된다. 삶의 경험들에서 나오는 내밀한 목소리와 뜻밖의 직관, 찰나의 번쩍임에 주의를 기울여보라. 그것들은 의지나 결심을 앞질러 우리의 직관을 자극하고 무언가를 쓰도록 한다.

루츠 폰 베르더·바바라 슐테-슈타이니케가 쓴 『즐거운 글쓰기』를 보면 이에 관한 유용한 가르침이 나온다. "당신이 기억하는 최초의 육체적 경험은 무엇인가? 가장 처음 느꼈던 육체의 경험에 대해 짧은 글을 지어보라. 죽음에 대한 경험을 예로 들어보자. 자신이 죽는다는 것을 언제 알았는가? 어릴 때 또는 청소년기? 혹시 어른이 되어서 이런 생각을 했는가? 이처럼 첫 인식에 대해서 글을 쓰고 이것을 어떻게 받아들였는지 써보라."[22]

꼭 죽음이 아니라도 좋다. 기억 속 장면 하나를 끄집어내어 떠

[22] 루츠 폰 베르더·바바라 슐테-슈타이니케, 『즐거운 글쓰기』, 김동희 옮김, 들녘, 2004, 171쪽.

입구

오르는대로 써도 좋다. 처음으로 누군가 나에게 상처를 남긴 말들, 처음으로 밀가루 반죽을 만졌을 때의 촉감, 처음으로 이성과 키스를 했던 순간, 처음으로 겪은 가까운 사람의 죽음, 처음으로 낯선 곳에서 자고 깨어났을 때의 느낌……. 이러한 구체적인 경험들이 축적되고 그것을 바탕으로 글을 쓸 때 글은 훨씬 더 생생해진다. 글쓰기란 자기 경험에 대한 새로운 발견이고 해명이기 때문이다.

나는 쓴다, 고로 나는 존재한다

누구나 살면서 많은 일들, 관계들, 사건들을 겪는다. 일반적으로 어떤 상황에서 겪은 일이나 사건을 '경험'이라고 하는데, 이것은 경험일반을 포괄하는 개념이다. 반면, 글쓰기에서 경험이란 "자기 자신에게 일어난 일이 아니라 그것에 관여하는 것"까지 포함한다.

『잃어버린 시간을 찾아서』를 쓴 마르셀 프루스트(Marcel Proust, 1871~1922)는 '경험이 삶이고, 삶이 곧 문학'이라고 말한 바 있다. "진정한 삶, 마침내 '발견되고 해명된' 삶, 따라서 실제로 체험된 유일하게 진정한 삶, 그것은 문학이다." 아니 에르노 역시 이 말에 동의하며, 이렇게 덧붙인다. "말, 여행, 광경 등, 그 어떤 수단으로도 발견할 수 없는 것을 글로 쓰면서 발견하는 것. 숙고 또한 홀로는 그 수단이 될 수 없습니다. 글쓰기 이전에는 현장에 없던 것을 발견하는 것, 바로 거기에 글쓰기의 희열이 있습니다."[23]

아니 에르노는 자신의 경험에 주의를 기울이고 그것을 기반으로 쓰라고 이른다. 아울러 자신의 글쓰기처럼 살라고 충고한다. 그의 말을 빌리면, 그것은 '거짓말하지 않는' 글쓰기이다. 거짓말에 현혹되지 않고 실제 삶에서 울려나오는 목소리에 귀를 기울이는 것. 『단순한 열정』이나 『탐닉』은 바로 그 바탕 위에서 태어났다고 할 수 있다.

> 자신의 삶을 글로 옮기는 일과 글 쓰는 과정을 사는 것 사이의 그 영원한 빗나감과 역설적인 만남은, 엘렌 식수의 표현을 빌리자면 '거짓말하지 않는' 글쓰기의 내재적 특성이라고 할 수 있지 않을까요? 글 쓰는 사람의 입장에서 볼 때, 그런 진실한 글쓰기야말로 '실제' 삶과 오직 글쓰기만을 통해 도달할 수 있는 삶 사이에 삼투 현상이 일어날 수 있게 하는 것이 아닐까요?[24]

아니 에르노의 1인칭 고백 소설들은 자신의 삶과 체험에 잇댄 진실, 겪었던 장소와 사람들의 이야기에서 길어낸 진실과의 투쟁 속에서 나온 것이다.

실제 삶과 글쓰기 사이에는 투쟁이 있다. 그 둘은 서로를 끌어당기기도 하지만, 어떤 경우에는 격렬하게 밀어내고 배제하기도 한다. 이 상호 작용으로 압력과 긴장이 파생되는 것이다. 작가라

---

23 아니 에르노, 『칼 같은 글쓰기』, 최애영 옮김, 문학동네, 2005, 200쪽.
24 아니 에르노, 앞의 책, 156쪽.

입구

면 그것에 휘둘리지 않고 글쓰기를 즐길 줄 알아야 한다. 글쓰기는 경험의 시공과 그 직접성에서 한 걸음 물러난 자리에서 '웃으면서 하는 전쟁'이다. 주체와 현실 사이에서 치르는 피와 종이와의 전쟁. 그 전쟁이란 곧 작가로서 관습적인 상상력과 사유에서 벗어나 자기만의 진실과 독창성을 얻기 위한 투쟁이라고 말할 수 있다.

최후의 일전을 치르러 가는 이들에게 당부하고 싶은 말이 있다면, 추상과 관념들을 무작정 따라가지 말라는 것이다. 그보다는 구체적 경험에 귀를 기울여라. 경험이 만들어내는 삶의 이야기, 경험의 깊은 데서 길어낸 지혜의 말들, 풍부한 독서를 통한 다양한 간접 경험. 이런 것들이 글쓰기의 아주 중요한 자산이다.

이런 목소리를 어찌 외면할 수 있으랴

엄밀한 의미에서 문장과 단어들에 대한 작업은 느낌, 흔히 말하는 필링(feeling)에 따른 것입니다. '그거야' 혹은 '그게 아냐' 하는 식으로 느껴지는 거죠. 난 글을 쓸 때 내가 단어가 아닌, 사물을 본다고 생각합니다. 순식간에 사라져버리는 추상적일 수 있는 감정, 혹은 그와 반대로 기억에 떠오르는 장면이나 이미지처럼 구체적일 수 있는 것들과 만난다는 말이죠. 단어들은 내가 찾지 않아도 내게 오거나, 아니면 반대로 노력이 아닌 어떤 극도의 긴장을, 정신적 표상에 정확히 부합하기 위한 긴장을 요구합니다. 문장의 리듬에 관해 말하자면, 난 의도적으로 작업하지는 않습니다. 내 내면의 귀로 듣고, 옮겨 적을 뿐이지요.[25]

25
아니 에르노, 앞의 책, 178쪽.

작가들은 단순히 멋진 말과 좋은 문장을 찾는 게 아니다. 그들은 사물, 이미지, 경험들이 자신들에게 들려주는 내밀한 목소리에 언제나 귀를 기울인다. 그리고 그것들을 옮겨 적을 뿐이다. 물론 그것들은 쉽사리 겉으로 드러나지 않지만, 그 내밀한 것들을 밖으로 끄집어내는 일이 바로 글쓰기이다. 힘든 작업에도 불구하고 글쓰기에는 다른 무엇으로 대체할 수 없는 불가사의한 매혹과 행복이 있다. 그 글이 마음에 흡족할 때 작가들은 행복감을 느낀다. 이 '고통의 황홀경'을 한 번이라도 경험한 사람은 그것을 잊을 수 없다. 그래서 글쓰기의 고통 속으로 자신을 계속 밀어 넣는다. 그 열락을 다시 맛보기 위해…….

글쓰기는 무지와 맹목에서 나와 자기 삶의 지평과 그 속에서 찾아낸 진실의 길로 뚜벅뚜벅 걸어가게 만든다. 누구나 제 삶의 경험으로 이야기를 만들 수 있다. 이 이야기 속에서 '공감'을 찾고, 다양한 인생 항로들에 대한 놀라운 '예지'를 발견할 수 있다. 그것은 이야기가 시대와 세대를 넘어서서 공통적인 감정 기반을 갖고 있기 때문에 가능한 일이다.

세계는 이야기의 날줄과 씨줄로 짠 피륙이다. 인류는 이야기들 속에서 하나의 세계를 만들고 서로 간에 연결되어 있다. 인류 사회란 하나의 이야기 공동체이다. 이야기와 세계는 상호 반영하며, 메아리로써 상호 반향한다.

입구

백지의 공포

글을 쓰는 자들은 망망대해와 같은 '백지'라는 바다에 투신한다. 글쓰기는 막막한 바다로의 하염없는 투신이다. 투신은 곧 주체의 소진이자 죽음이다. 쓰는 자는 매 순간 죽음을 맞이한다. 뭔가를 쓰는 것은 현실로부터 도피하는 것이고, 본질적으로 죽음과도 맞물린다. 쓴다는 것은 제 안의 무엇인가를 밖으로 내보내는 행위이다. 한 몸으로 존재했던 것들이 쓰는 순간 분리가 이루어진다. 제 몸에서 나온 똥, 그것이 바로 글이다. 글쓰기는 '배설'이라는 넓은 환유 속에서 설득력을 얻는다.

거의 모든 사람들이 백지 앞에서 공포를 느낀다. 백지란 자기 투신의 현장이자 순수한 모험의 장이다. 백지를 극복하는 자만이 비로소 작가라는 면류관을 쓸 수가 있다.

백지를 앞에 두고 글을 쓰려고 하면 누구나 알 수 없는 막막함에 부딪히게 된다. 아무것도 쓸 수 없을 것 같다는 공포감이 밀려든다. 이 공포의 실체는 "무에서 유를 창조해야 한다는 압박감"이다. 이 공포감에서 벗어나려면 어떻게 해야 하는가?『창의적인 글쓰기의 모든 것』이라는 책을 보면 이런 구절이 나온다. "당신의 무의식이 하루 1,000자(사실 분량이야 어느 정도이든 큰 상관은 없다) 쓰기에 익숙해지면 백지의 공포는 크게 수그러들 것이다. 규칙적인 글쓰기는 무에서 무언가를 생산해내지 않아도 된다는 것을 의미한다. 적어도 첫날이 지난 후에는 말이다."[26]

아무것도 쓰여 있지 않은 텅 빈 노트란 "에고가 끊임없이 싸우고 있음을 보여주는 또 다른 모습"[27]이다. 누구에게나 시작은 어렵다. 이 어려움을 넘어서야만 쓸 수 있게 된다. 우선 몸을 편안하게 이완시키고 마음을 열어보라. 가장 먼저 떠오른 생각들을 적어나가는 거다. 마음속에 번쩍 떠오른 생각을 붙잡아 그저 표현하면 된다. 인과관계가 명확하지 않고, 맥락이 이어지지 않더라도 상관이 없다. 오직 쓰는 것 자체에만 집중하는 게 중요하다. "말할 때는 오로지 말 속으로 들어가라, 걸을 때는 걷는 그 자체가 되어라, 죽을 때는 죽음이 되어라."라고 얘기한 어느 작가의 표현처럼 말이다.

처음으로 떠오른 무의식적인 착상에는 우리가 자각하지 못하는 에너지가 들어 있다. 그 에너지를 글쓰기의 동력으로 자연스럽게 바꾸어야 한다. 글을 처음 쓰는 사람은 자신의 감정과 에너지의 돌연한 분출에 놀랄 수도 있다. 그것이 매우 낯선 경험이기 때문이다. 그러나 한시도 글 쓰는 손을 멈추지 말라. 글을 쓰는 손을 멈추는 순간 글쓰기를 향해 흘러가던 에너지까지 멈출 수 있다.

20여 년 동안 수강생들을 글쓰기라는 낯선 세계로 이끈 경험

---

26 헤더 리치·로버트 그레이엄, 『창의적인 글쓰기의 모든 것』, 윤재원 옮김, 베이직북스, 2009, 78쪽.

27 나탈리 골드버그, 『뼛속까지 내려가서 써라』, 권진욱 옮김, 한문화, 2000, 55쪽.

에 비춰보자면, 글쓰기에 막 입문한 사람일수록 계속 멈칫거리고, 중도에 쉽게 포기한다. 글쓰기에 대한 자기 확신이 부족하기 때문이다. 그들은 글을 쓰면서도 계속해서, '내가 제대로 쓰고 있는가?'라고 자문한다. 그러다 온갖 회의와 자기 불신에 사로잡혀 집중력을 상실한다. 자신을 믿어라. 자기 내면에서 울려 나오는 목소리에 귀를 기울이고 그것을 계속 적어나가라. 글이 형편없고 엉망이라고 생각될 때조차 계속해서 써나가라. 멈추지 않고 계속 써나가기, 이게 백지의 공포를 넘어서는 방법이다.

글쓰기의 잠재력을 끌어내는 법

미국에 새로운 글쓰기 붐을 일으킨 나탈리 골드버그(Natalie Goldberg, 1948~)는 『뼛속까지 내려가서 써라』에서 "손을 멈추어서는 안 된다. 당신은 당신 인생의 모든 면모를 기록하고 심장부로 뚫고 들어가도록 손을 계속 움직여야 한다."라고 말한다. 골드버그가 제안하는 글쓰기 연습의 지침은 다음과 같다.

1. 손을 계속 움직여라.
2. 마음 닿는 대로 써라.
3. 보다 구체적으로 써라.
4. 지나치게 생각하지 말라.
5. 구두점과 문법은 나중에 걱정하라.

6. 당신은 최악의 쓰레기라도 쓸 자유가 있다.

7. 급소를 찔러라.

백지의 공포를 넘어서는 좋은 방법은 날마다 정해진 시간에 글을 쓰는 것이다. 이것이 습관이 되면 백지 앞에서 아무것도 생각나지 않아 쩔쩔매는 일은 사라진다. 날마다 써라! 그러면 백지 앞에서 머뭇거리거나 공포를 느끼지 않고 바로 글쓰기로 통하는 무의식의 통로가 열릴 것이다.

백지의 공포를 넘어서서 글을 쓰게 되더라도 어느 순간 창의력이 고갈된 채 단 한 줄의 문장도 쓸 수 없는 위기가 찾아올 때가 있다. 작가들조차도 단 한 줄의 문장도 쓸 수 없는 상태에 이르기도 한다. 이것을 라이터스 블록(writers block)라고 한다. 글을 쓰려고 책상 앞에 앉을 때마다 불안과 함께 머리가 깨지는 듯한 두통을 느낄 수도 있다. 혹은 주의가 산만해지고 집중이 전혀 되지 않을 수도 있다. 이른바 글 쓰는 일에 슬럼프가 찾아온 것이다. 그럴 때는 어떻게 해야 하나? 『즐거운 글쓰기』에서는 다음과 같이 조언한다.

"한동안 글쓰기를 중단하라. 그리고 내면에 집중하라. 많이 먹고, 충분히 자고, 산책하고, 자연을 접하고, 육체노동도 하라. 즉 일상으로 돌아가라."[28]

글쓰기가 잘 안 될 때는 당황하거나 초조해하지 말고 기다리

[28] 루츠폰 베르더·바바라 슐테-슈타이니케, 『즐거운 글쓰기』, 김동희 옮김, 들녘, 2004, 280쪽.

는 게 좋다. 한동안 글쓰기를 미뤄둔 채 다른 일을 하다 보면 어느 순간 글을 쓰고 싶다는 내면의 욕구와 충동이 자연스럽게 가득 차오를 것이다.

  쓰고 싶은 욕구가 목구멍까지 가득 차올라도 한 줄의 글도 쓰지 못하는 사람들이 있다. 어떻게 시작해야 할지를 아예 모르는 것이다. 그런 사람들은 당연히 글 쓰는 방법을 배워야 한다. 글쓰기에 관해 가르쳐주는 책들이 얼마나 많은가. 내가 읽은 글쓰기 책만 해도 어림잡아 100권이 넘는다. 글쓰기에 첫발을 내디딘 초보자가 그것들을 다 읽고 소화해내기란 거의 불가능하다. 무턱대고 그 책들을 읽는다고 해서 글쓰기가 갑자기 좋아지지도 않는다. 더군다나 책에서 알려주는 글쓰기 방법도 천차만별이라서 책에 나온 방법들을 이것저것 다 따라하다 보면 미로에 빠지기 십상이다. 중요한 것은 헤매지 않고 그 길을 건너는 법이다. 방대한 정보를 요령 있게 정리해주면서 무엇이 글쓰기에 이로운 일인지를 가르쳐주는 나침반 같은 책, 그것이 이 책을 쓴 이유이다.

고독과 칩거

스무 살 이후 50년 동안 시, 소설, 평론을 쓰고, 인문학책들을 썼다. 날마다 뭔가를 읽고 쓰는 일을 쉰 적이 없다. 무엇이 나를 끌쓰기에 전념하게 만들었을까? 내 경험에 비추어 말한다면, 그것은 기꺼이 고독과 칩거를 감수할 수 있는 용기이다.

일찍이 어느 시인은 말했다. "인간은 누구나 그 마음의 밑바닥에서는 고독하다. 태어날 때, 우리는 울부짖는다. 그 부르짖음은 고독의 절규다."[29] 인간 본질의 한 측면인 이 고독을 모른다면, 그리고 고립에 처하지 않고서는 단 한 줄의 문장도 쓸 수가 없다. 글을 쓰고자 한다면 고독 속에서 우주를 느끼고 받아들이는 감수성을 연마하고 인식의 지평을 넓혀야 한다. "영혼이 고독할 때만이 우주의 불가사의한 힘이 그 속을 흐를 수 있고,"[30] 그 순간에 정신적 충만감을 느낄 수 있다.

먹고 마시고 노느라 분주한 사람은 고독과 친해질 수 없다. 친구들과 어울려 노는 걸 즐긴다면 글쓰기를 지속하기 어렵다. 다양한 활동과 친목을 나누는 자리를 정말 좋아한다 하더라도 절제할 수 있어야 한다. 자기 내면으로 칩거하고 고독과 친해져서

29
존 쿠퍼 포우어스,
『고독의 철학』,
이윤기 옮김,
까치, 1984, 42쪽.
30
존 쿠퍼 포우어스,
앞의 책, 54쪽.

입구

그것을 향유할 수 있어야만 한다. 글쓰기는 고독과 칩거라는 도약대를 딛고 공중으로 도약하는 일이다. 글쓰기에는 왕도가 없다. 뭔가를 써야만 한다면, 그것을 쓰면 된다. 머릿속에서 아무리 많은 글들을 썼다 지워도 결과물을 내지 못하다면 아무런 소용이 없다. 쓰지 않고 피해 갈 길은 없다. 누가 대신할 수도 없다. 무조건 앉아서 백지에 무언가를 써야 한다. 글쓰기를 시작하는 단계에서 먼저 플롯을 짜거나 이야기의 절정과 파국을 머릿속에서 그려보지 말라. 머뭇거리지 말고 바로 첫 문장을 써라. 그래야 경직된 마음이 풀리고, 굳은 어깨와 옥죄던 가슴도 편안해진다. 글쓰기는 일차적으로 자기만족을 위해, 삶의 충만감을 위한 것이다. 글쓰기가 주는 보상은 무엇인가? 그 보상은 자기 치유와 자기 성찰이다. 아울러 다른 무엇과도 비교할 수 없는 즐거움과 행복과 위안을 준다.

나는 이렇게 고독을 만들었다

프랑스 현대 문학의 대표적인 여성 작가 마르그리트 뒤라스(Marguerite Duras, 1914~1996)는 글쓰기가 삶을 충만하게 하고, 자신을 매혹시키는 유일한 경험이었다고 말한다. 그 충만과 매혹이 글쓰기를 계속하도록 부추긴 동력이었다고. 그래서 "글쓰기는 나의 뇌리에서 결코 떠나지 않았다."[31]라고 자신 있게 말할 수 있었을 것이다. 뒤라스는 50여 년의 창작 기간 중 수많은 작품을

31
마르그리트 뒤라스, 『고독한 글쓰기』, 이용주 옮김, 창작시대사, 1997, 15쪽.

남겼는데, 그 힘은 어디에서 나왔을까? 한 분야에 평생을 바칠 수 있었던 그 원동력 말이다. 뒤라스는 그 힘을 혼자 떨어져 있음, 즉 '고독'에서 찾아낸다. "육체의 실제적인 고독은 침범할 수 없는, 쓰기의 고독이다. 나는 그것에 관해 어느 누구에게도 말한 적이 없다. 고독을 느끼던 그 시기에 내가 해야만 하는 일은 바로 글을 쓰는 것임을 나는 이미 알고 있었다."[32]

작가의 고독은 두 겹이다. 하나는 작가 자신을 둘러싼 고독이고, 또 다른 하나는 글쓰기 자체에 내장된 고독이다. 작가란 그 두 겹의 고독에 둘러싸여 글을 쓰는 존재이다. 나 역시 한 권의 책을 쓸 때 익숙한 것들과의 단절을 시도한다. 익숙한 것들이 주는 안주를 거부하고 그 세계에서 멀어질수록 고독은 훨씬 더 오롯한 것이 된다. 고독 속에 있을 때 사물과 현상에 감응하는 정신과 감성은 더 예민해진다. 내 경험에 비추어 말하자면 익숙한 장소, 익숙한 사람, 익숙한 사물들에게서 멀어질 때 집중이 더 잘되는 것 같다. 그렇다. 글을 쓰려면 침묵과 고독 속에 유폐되어야만 한다. 그래야 자기 자신에게 더 잘 집중하고 몰입할 수 있다. 즉 고독과 칩거는 글쓰기를 부양하는 가장 기초적인 자양분이라 할 수 있다.

밀려드는 고독을 두려워하거나 홀로 내던져진 듯한 외로움을 힘들어하는 사람은 좋은 글을 쓸 수 없다. 고독과 외로움을 기피하지 말고 오히려 글쓰기를 위한 자양분으로 되돌릴 줄 알아야

[32] 마르그리트 뒤라스, 『고독한 글쓰기』, 이용주 옮김, 창작시대사, 1997, 14~15쪽.

입구

한다. 글쓰기가 유일한 구원이라도 되듯이 모든 것을 제쳐놓고 고독에 몰입하여 오직 글쓰기에만 매달려야 한다.

뒤라스는 고독과 마주하고 있는 주체에 대하여 이렇게 말한다. "엄청난 공허. 불확실한 책. 무(無)에 직면해서, 뛰어넘기 아주 어려운 글쓰기와 같은 생생하고 꾸밈이 없는 글쓰기에 직면해서 글 쓰는 사람은 책에 대한 이념도 없고, 빈손이고, 머리도 비어 있다고 생각한다. 그런 사람은 책의 운명에 대해 미래도 없고 멀리 반향도 없는, 근본적으로 중요한 여러 가지 규칙, 말하자면 철자나 의미를 갖는, 무미건조하고 꾸밈이 없는 글쓰기만을 인식하고 있을 뿐이라고 생각된다."[33]

실재의 사막으로 가는 길

작가들은 자발적으로 자신을 사막에 가둔다. 메마른 불모의 땅이자 주위에 아무것도 없는 고독과 유폐의 공간 말이다. "문학의 존재 근거는 글쓰기 자체에 있다"고 본 프랑스의 소설가이자 평론가인 모리스 블랑쇼(Maurice Blanchot, 1907~2003)는 『도래할 책』에서 사막에 대해 이렇게 말한다. "그것은 장소를 가지지 않는 공간이며 아무것도 생성하지 않는 시간이다. 거기서 사람은 단지 방황할 수 있을 뿐이다. 지나가는 시간은 자신의 뒤에 아무것도 남기지 않는다. 그것은 과거를 가지지 않는 시간이며 현전을 가지지 않는 시간이고 어떤 약속의 시간이다. 그리고 그 약속

33
마르그리트 뒤라스, 앞의 책, 21~22쪽.

은 하늘의 공허와, 사람이 결코 그곳에 있지 않고 언제나 바깥에 있는 어떤 벌거벗은 땅의 불모성 안에서만 현실적인 약속인 것이다."[34]

사막은 현실 속의 현실이고, 현실의 바깥이다. 작가는 그 바깥에서 헐벗은 시간들을 견디며 현실을 본다. 사막에는 삶이 없다. 삶 대신에 서성거림, 방황과 모색만이 있을 뿐이다. 사막에서 견디는 시간은 약속의 시간이다. 그것은 블랑쇼의 말처럼 사막의 불모성 안에서만 작동하는 약속의 시간이다. 사막의 말들은 모두 예언의 말들이다. 그 말들은 한없이 무거울 수밖에 없다. "예언적 말은 바깥에서 부과되는 것이며, 바깥 그 자체이고, 바깥의 무게와 고통"[35]을 담는 것이기 때문이다. 작가는 저 바깥의 시간 속에 제 삶을 방기한 채 재앙과 비참, 도래하는 것들을 예언하는 자들이다. 작가를 꿈꾸는 사람들 중에서는 그 소명의 무거움 때문에 도망을 가다 끝내 예언자가 되지 못하는 경우도 많다.

한 권의 책은 메마른 고독을 견디고, 공허와 불확실함에 맞서 싸워서 얻은 전리품이다. 축제 따위는 잊어라. 은둔하고, 칩거하라. 고독과 마주하라. 고독에 초연한 채 오로지 자기 안에서 오롯하라. 작가가 되고자 하는 사람은 수도자와 같은 금욕 상태를 유지하면서 자신을 채찍질해 사막을 건너야 한다.

좋은 작품, 좋은 책들은 거저 얻어지는 것이 아니다. 글쓰기는 몰입하고, 모든 시간과 땀을 다 바쳐 헌신하고, 죽을 듯이 매달

[34] 모리스 블랑쇼, 『도래할 책』, 심세광 옮김, 그린비, 2011, 157~158쪽.
[35] 모리스 블랑쇼, 앞의 책, 161쪽.

려야만 열리는 문이다. 글쓰기뿐만 아니라 모든 창조 활동이 그렇다. 절제와 극기는 무언가를 꾸준히 하며 의미 있는 결과물을 내는데 반드시 필요한 자질이다. 미국의 조각가 앤 트루트(Ann Trud, 1921~2004)가 남긴 다음의 말에 귀를 기울여 보라. "예술가로서 평생을 사는 것의 가장 힘든 부분은 자기 자신의 가장 사적인 감수성에 의거해서 꾸준히 작업하도록 자기 자신을 채찍질해야 하는 엄격한 자제력에 있다." 잊지 마라, 꾸준함을. 그리고 자기 자신을 채찍질 해야 하는 엄격한 자제력을!

미로

글쓰기에서 마주치는 문제들

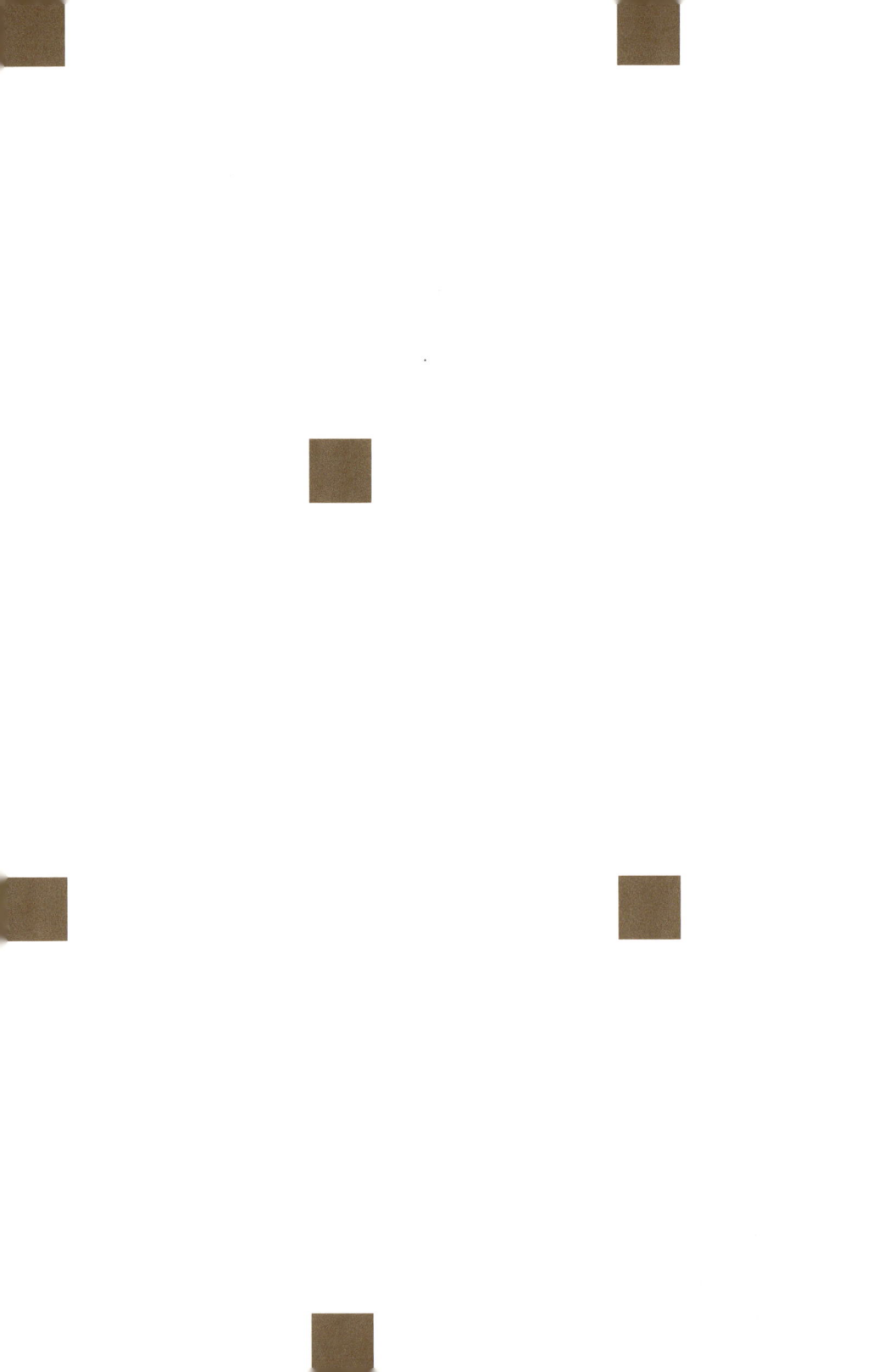

작가의 연장통

목수가 아니더라도 집집마다 연장통이 있을 것이다. 연장통은 갖가지 공구들을 보관하는 여러 개의 단으로 이루어져 있다. 연장통 안에는 못, 망치, 펜치, 대패, 줄자, 드라이버, 톱, 드릴, 송곳 따위가 뒤죽박죽으로 섞여 있거나 가지런히 놓여있다. 이 공구들은 집 안에서 무엇을 만들거나 고장 난 물건을 수리할 때 요긴하게 쓰인다.

글을 쓸 때에도 연장통이 꼭 필요하다. 이 연장통에는 명사, 동사, 부사, 형용사, 의성어, 의태어, 물음표, 느낌표, 구두점 등이 들어 있다. 그리고 사전과 종이와 펜이라는 공구도 들어 있다. 특히 사전은 글을 쓸 때 항상 곁에 두어야 하는 필수품이다. 이 연장통 안에는 세상의 온갖 신비와 비밀, 수수께끼까지도 담을 수 있다. 시들어버린 꽃, 말라버린 강, 빈민의 탄식, 억울한 죽음, 패배의 씁쓸함, 낡아서 사라지는 물건들, 지평선과 수평선, 날개가 꺾여 날지 못하는 새, 노래하는 맹인, 곰팡이가 슨 빵, 멸망한 나라들…… 따위와 같이 갖가지 소재도 넣을 수 있다.

즉 글쓰기 연장통에는 어휘들, 문법, 수사법, 다양한 전고(典故)

들뿐만 아니라 신화, 전설, 민담, 설화와 같이 상상 또는 직관과 영감을 불러일으키는 재료들을 담을 수 있다.

쉬운 글과 풍부한 표현 사이

스티븐 킹은 글을 잘 쓰려면 연장을 골고루 갖추는 게 중요하다고 강조한다. 그는 연장통 맨 위 칸에 어휘를 넣으라고 강조하는데, 이는 어휘가 글쓰기에서 가장 기본적인 도구이기 때문이다.

글을 쓸 때 흔히 직면하는 어려움 중 하나가 가용 어휘의 부족이다. 문장과 단락들은 어휘로 이루어진다. 따라서 어휘력이 부족하면 당연히 글쓰기가 수월치 않을 것이다. 글쓰기는 어휘를 선택하는 것에서부터 시작한다. 기본적인 원칙은 가장 먼저 떠오른 낱말을 쓰는 것이다. 물론 그 문장 속 다른 어휘들과 호응하고, 아울러 생생하고 상황에 적합한 것이어야 함은 두말할 필요가 없다.

그렇다고 해서 특별한 어휘를 일부러 골라 쓰지는 마라. 글에는 남들이 평소에 잘 사용하지 않는 언어를 써야 한다는 고정관념도 버려라. 초보자들은 일상생활에서 쓰는 평이하고 잘 다듬어진 어휘 대신에 '어렵고 특별한' 어휘를 고안하느라 머리를 싸맨다. 이를테면 '값싸다'라는 어휘 대신에 '저렴하다'라는 말을 쓰고 '평발' 대신에 '편평족'이라는 어휘를 쓰는 식이다. '되도록이면' 대신에 '가급적이면'이라고 쓰고, '똥을 누다'라는 말 대신

에 굳이 '대변을 보다'라고 쓴다. 왜 굳이 이렇게 어려운 말을 쓰는 걸까? 스티븐 킹은 쉬운 말을 두고 어려운 말을 골라 쓰는 태도를 "애완동물에게 야회복을 입히는 것"과 같다고 말한다. 자연스럽지 않고 우스꽝스러운 짓이라는 얘기이다.

꾸미지 말고 느낀 대로 쓰면 된다. 당신의 내면 깊은 곳, 무의식에서 우글거리는 언어들을 끌어내라. 충분히 시간을 두고 기다려 두꺼운 껍질을 뚫고 싹을 내미는 최초의 언어, 이미지, 목소리들을 붙잡아라. 그 언어들에 직관과 영감을 불어넣어라. 언어들 스스로 말을 하게 만들고, 모순으로 파열하며, 제 안에서 밀려나오는 에너지로 웃음을 터뜨리게 하라. 언어들이 생생한 기운을 띠고 살아나도록 배열하라. 언어가 삶의 구체적인 세목으로 존재토록 하라. 그리고 감정, 기억, 상상들이 화학적으로 섞이고 발효될 때까지 기다려라.

문법이라는 질서

문장을 어렵게 써서는 안 된다. 꼬아서도 안 된다. 어렴풋하게 써서도 안 된다. 단도직입적으로 사실들을 투명하게 드러내야 한다. 에두르지 말고 하고 싶은 얘기를 다 풀어놓아야 한다.

문장은 기본적으로 명사와 동사로 이루어진다. 이 두 요소가 조합되어 하나의 문장이 만들어지는데, 무엇보다 각각의 낱말들이 잘 조합되어야 한다. 그 조합의 규칙들을 문법이라고 한다. 이

규칙을 깨뜨리면 문장은 혼란스럽고 괴상망측해진다. 문법은 낱말들을 문장으로 빚는데 필요한 질서이다. 그 질서가 잘 지켜질 때 정확하고 아름다운 문장이 만들어진다.

"잘 쓸 자신이 없다면 문법의 규칙만이라도 잘 따르라." 실제 영어를 가르치는 선생이기도 했던 스티븐 킹은 자신의 창작론에 대해 얘기할 때 문법의 중요성을 빠트리지 않는다. 그는 관용구, 수동태, 부사의 남발이 글쓰기를 망쳐버리는 요소들이라고 지적하며, 다음과 같은 예를 들었다. "소심한 작가들이 '회의는 7시에 개최될 예정입니다(The meeting will be held at seven o'clock)'라고 쓰는 것은 '이렇게 써놓으면 다들 내가 정말 알고 하는 말이라고 믿겠지'라는 생각 때문이다. 그런 어처구니없는 생각은 던져버려라! 말도 안 된다! 어깨를 쫙 펴고 턱을 내밀고 그 회의를 당당히 선포하라! '회의 시간은 7시입니다(The meeting's at seven)'라고 써라! 자, 어떤가! 이제야 속이 후련하지 않은가?"[1]

스티븐 킹은 수동태야말로 가장 나약하고 우회적인 수사법이니 피하라고 말한다. 뿐만 아니라 "'하루가 끝날 저녁 무렵에' 따위의 관용구를 쓰는 사람은 저녁을 굶겨라.", "지옥으로 가는 길은 부사로 뒤덮여 있다." 처럼 귀담아들을 만한 충고를 전한다. 부사나 관용구를 남발하는 것은 독자들이 제대로 이해하지 못할까봐 덧붙이는 잉여에 지나지 않는다. 이런 쓸데없는 근심이 "형편없는 산문의 근원"이라고 경고한다.

[1] 스티븐 킹, 『유혹하는 글쓰기』, 김진준 옮김, 김영사, 2002, 148~149쪽.

미로

문장에서 형용사나 부사를 피하라! 접속사도 빼버려라! 그것들은 마음에 쓸데없는 근심과 허위의식이 있음을 드러내는 일일 뿐이다. 생략해도 문장의 의미가 달라지지 않는 것들은 굳이 없어도 그만인 잉여이다. 군더더기를 피하고 확실하고 간결하게 표현하라. 그것이 독자를 사로잡는 글쓰기의 제1원칙이다.

언제든 졸작을 쓸 수 있는 용기

글쓰기가 늘 순조로운 것은 아니다. 내면의 고갈로 인해 한 줄도 쓸 수 없는 막막한 순간이 닥치거나 알 수 없는 장애를 만나 글쓰기가 중단되는 사태가 생기기도 한다. 왜 그런지 이유는 알 수 없다. 에너지가 다 방전되어 버렸기 때문일 수도 있고 혹은 피로가 누적된 탓인지도 모른다.

작가 나탈리 골드버그는 그 곤혹스러운 순간을 이렇게 회고한다. "펜을 들기 직전에는 항상 당신이 얼마나 많이 쓰려고 하든 그 욕망의 한가운데서 반발의 공이 생겨나 실 꾸러미처럼 점점 커진다. 반발의 공은 '멈춰, 안 돼, 나는 못해!'라고 쓰인 빨간 깃발을 들어올린다."[2]

무조건 버티는 것만이 능사는 아니다. 그러다 재능을 탕진해 버리면 정말 한 줄도 못 쓰는 최악의 상황까지 끌고 갈 수 있다. 글이 잘 안 풀린다 싶으면 차라리 책상 앞에서 일어나라. 당장에 바깥으로 나가 신선한 공기를 들이마셔라. 한 시간이고 두 시간이고 글쓰기와 무관한 산책을 하라. 서점에 나가 책들을 뒤적이거나, 극장에 가서 영화를 보라. 시장에 가서 북적이는 사람들 틈

2
나탈리 골드버그,
『인생을 쓰는 법』, 한진영 옮김,
페가수스, 2013,
306쪽.

미로

에 끼여 이것저것 구경해보는 것도 좋다. 글쓰기 외의 일들에 몰두하면서 쓰는 것에서 자유로워지도록 하라. 그러다보면 어느새 기분이 좋아질 뿐 아니라, 글을 쓰고 싶은 의욕도 다시 생긴다.

왠지 모르게 마음이 끌리는 글

글쓰기는 벽돌을 한 장 한 장 쌓아 올리듯이 문장을 만들어 쌓는 것이다. 벽돌이란 곧 생각의 조각들이다. 이 생각의 질서와 배열을 통해 하나의 문장이 탄생한다. 매혹적인 문장은 구조화가 잘된 생각이 매끄러운 언어로 표현될 때 나온다. 즉 문장을 이루는 언어의 선택과 배열에 한 치의 오차도 없는 질서가 있어야 한다. 그 완벽한 질서는 바로 창조적 영감을 흐트리지 않는 명확한 사고에서 나온다.

우리 시대의 빼어난 문장가로 손꼽히는 고종석은 인상적인 문장의 예로 마르크스와 엥겔스가 함께 쓴 『공산당 선언』 속 한 부분을 들고 있다.

공산주의자는 자신의 견해와 의도를 숨기는 것을 경멸한다. 공산주의자는, 종래의 사회질서 전체를 강력한 힘에 의해 전복하지 않고는 그들의 목적이 달성되지 않는다는 것을 공공연히 언명한다. 지배계급으로 하여금 공산주의 혁명 앞에 전율케 하라! 프롤레타리아가 이 혁명으로 잃을 것은 쇠사슬뿐이며 얻을 것은 전 세계다.

이런 문장에 구현된 엄격한 질서는 정확할 뿐만 아니라 너무나 아름다워서 숨이 확 막힌다. 의미가 명료하고 생각도 또렷한 문장은 어디 한 군데도 모호함이 없기 때문에 읽는 이의 머릿속으로 쏙쏙 들어온다. 그건 바로 글 쓰는 이의 섬광같이 번뜩이는 아이디어와 생각이 충분히 발효되고 숙성되었기 때문이다. 명석한 문장이 나오는데는 충분한 시간이 필요한 법이다. 반대로 나쁜 문장이란 덜 숙성된 생각의 결과물이고, 불완전한 사고가 저지르는 실수의 집적이다. 여기에 예외는 없다.

글은 내면의 동기가 강력할수록 술술 잘 풀린다. 대개의 글쓰기는 자기 생각을 분출하는 것이다. 즉 독자적이고 자유롭게 이루어지는 행위일 때 더 성취감이 크고 보람도 더 크다. 또 자기 생각을 통제하지 않으면 여러 상상과 영감이 밀려 들어온다. 글쓰기가 완전한 몰입에서 이루어질 때 마치 최면에 걸린 듯 몽롱해지면서 무의식까지 활짝 열린다. 그 순간 멈추지 말고 계속해서 글쓰기를 밀고 나가는 것이 중요하다. 자기 내면에서 흘러나오는 에너지를 백지 위에 거침없이 쏟아내는 거다. 단, 그 무엇도 글쓰기를 방해하거나 멈추지 못하도록 하라. 이미 쓴 것들을 읽고 싶더라도 참아라. 쓰는 걸 멈추는 순간 집중이 흐트러지고, 글쓰기의 리듬 역시 깨져버리기 십상이기 때문이다.

미로

내 안의 상처받은 용

글을 쓰고자 하는 사람에게 필요한 것은 졸작이라도 '쓸 수 있는 용기'이다. 졸작은 누구나 쓸 수 있지 않은가. 그러니 써라, 느끼는 대로 솔직하게! 누구에게 보이기 위한 글을 쓰지는 마라. 칭찬받기 위해서도 쓰지 마라. 오직 피 흘리기 위해 써라. 자신의 치부, 결점, 상처, 결코 드러내고 싶지 않은 이야기……, 당신에게 치명적인 바로 그것을 써라. 당신이 모르는 당신을 드러내 보도록 하라. 무의식 속에 웅크리고 있는 자아, 당신의 내면 깊은 곳에 숨은 '상처받은 용'을 바깥으로 끌어내라. 그 짐승은 용틀임하며 크게 분노해 당신을 할퀴려 들 것이다. 그렇기 때문에 힘들고 아플지도 모른다. 하지만 '상처받은 용'을 세상 밖으로 드러낼 줄 알아야 한다. 그래야만 내면의 상처를 응시할 수 있으며 그 상처를 치유하고 고통에서 벗어날 수가 있다.

글쓰기가 좋은 첫 번째 효능은 자기 치유와 자기 정화에서 실감할 수 있다. 글쓰기는 내면 깊숙이 숨은 '상처받은 용'을 들여다보게 하고 자신의 내면을 더욱 단단해지게 할 수 있도록 도와준다. 즉 내면을 성장시키고 삶을 바로잡을 수 있게 해준다. 또한 인생을 어떻게 살아가야 할지 그 답을 보여준다. 작가가 된다는 꿈은 사치요, 지적 허영일지도 모른다. 하지만 인생을 끌어나가는 것은 우리 안의 동경과 정제되지 않은 에너지일지도 모른다.

자, 다시 용기를 내자. 글쓰기는 더도 덜도 아닌 문장을 쓰는 것이다. 문장은 뭐 그리 대단한 것을 만드는 일이 아니다. 그저 자기가 느끼고 말하고 싶은 것을 정확하게 쓰는 것으로 충분하다. 자기 안에 숨은 사람에게 '나는 쓸 수 있어, 나는 진실과 대면할 수 있는 사람이야!' 라고 용기를 북돋워주자.

문장은 군더더기를 배제할 때 명료해지고 좋아진다. 거기에 '힘'을 불어넣으면 문장에 생동감과 활력이 넘친다. 그런 문장을 만드는 '힘'은 진실에서 나온다. 진실만이 세상을 감화시키며 필요한 변화를 이끌어낸다. 내면에서 들리는 진실의 소리에 귀를 기울이고, 진정한 나를 찾아가도록 도와주는 글쓰기. 진실이야말로 글쓰기의 유일한 동력이고, 세상을 바꾸는 힘이다.

말의 소리와 리듬

글쓰기의 1차 도구는 언어이다. 언어 없이 글을 쓰는 것은 불가능하다. 따라서 글을 쓰는 사람들은 먼저 언어를 알아야 하고, 잘 다룰 줄도 알아야 한다. 철자법이나 문법 따위와 더불어 다양한 어휘들을 알아야 하며, 언어 전반에 대한 해박한 지식도 있어야 한다. 거기에 더해 좋은 언어적 감성 또한 갖춰야 한다. 다양한 언어를 능란하게 골라 쓸 수 있다면 좋은 글을 쓰기 위한 기본적 토대를 갖추었다고 할 수 있다.

아울러 언어가 갖고 있는 소리나 울림, 즉 청각적 요소에 민감해야 한다. 언어가 내는 소리에 리듬을 실어서 구사하는 능력이 중요하다. 좋은 문장들은 리듬이 살아 있어서 소리 내서 읽으면 마치 음악을 듣는 것과 같이 즐겁다. 작은 문장 하나라도 리듬을 살려 표현하면 좋은 글이 된다.

SF·환상 문학의 거장인 어슐러 K. 르 귄은 수백여 편의 소설과 산문, 시, 평론집 등을 집필하면서 쌓은 글쓰기 노하우를 『글쓰기의 항해술』이라는 책에 담아냈다. 그는 "아이와 같은 방식으로 언어의 소리를 사랑하라."라고 말한다. 반복, 감미로운 말소리,

아삭거리고 미끈거리는 의성어에 흠뻑 빠져 뒹구는 아이들처럼 청각적인 감각에 기대어 쓰라고 말한다.

눈으로만 글을 읽는 게 아니라 언어의 소리 그 자체를 즐기는 게 중요하다. 언어란 메시지를 전달하는 수단이 아니라 언어 자체가 메시지이다. 언어는 소리를 갖춤으로써 완전해진다. 운문뿐 아니라 산문에서도 말의 소리와 리듬은 중요하다. 하지만 많은 사람들이 언어가 내는 소리와 리듬은 별로 중요하게 여기지 않고 메시지에 더 큰 주의를 기울인다. 이는 잘못된 생각이다. 말의 소리는 생각보다 훨씬 더 중요하다. 언어는 의미와 소리가 결합된 것이기 때문이다. 음악성이나 의미는 홀로 고립될 수 없다. 즉 두 요소가 결합되었을 때 비로소 좋은 문장이 만들어진다. 언어가 갖고 있는 청각적인 매력에 주의를 기울이지 않는다면, 좋은 문장을 쓰는데 어떤 한계에 직면할지도 모른다. 말소리에 귀를 기울이고, 그것을 사랑하라. 리듬 있는 글쓰기를 고민하는 사람들에게 르 귄은 "자기 글에서 어떤 소리가 나는지를 의식할 줄 아는 기술"을 연마하라고 조언한다. 좋은 작가들은 쓰면서 들을 수 있도록 자신의 글을 듣는 마음의 귀를 훈련한다고 말한다.

말은 의미와 함께 소리를 전달한다. 좋은 문장은 음악과 의미를 품은 말의 결합이다. 말들이 내는 "생생하고, 가지런하고, 유려하고, 강인하고, 아름다운 소리들"은 문장을 훨씬 더 윤택하게 만든다. 더 좋은 문장, 더 생동하고 살아 있는 글을 쓰려면, 자신

이 쓴 글을 듣는 "마음의 귀"를 먼저 훈련하라. 말을 잘 다루는 법은 글을 쓰기 위해 연마해야 할 중요한 기술이다. 글자를 눈으로 읽는 것에 그치지 말고 소리 내어 읽어보라.

좋은 글은 리듬을 타고 온다

또 하나 유의해야 할 것은, 문장뿐만 아니라 각 문단 간에도 리듬이 필요하다는 사실이다. 문단은 문장들의 한 묶음이다. 그것은 생각의 흐름을 이루는 단락이고 작은 주제를 아우르는 단위이다. 글의 흐름이 달라지는 곳에서는 꼭 문단을 나누어야 한다. 문단 나누기는 왜 필요할까? 바로 독자에게 휴식과 사유의 여백을 만들어주기 위함이다. 독자는 문단이 바뀔 때마다 잠깐씩 쉬면서 앞의 내용들을 되새김질할 수 있는 여유를 갖는다. 문단 나누기가 안 되어 있는 글은 보기에 답답하고, 독자들은 그 글의 흐름을 따라가기가 벅차다고 느낄 것이다. 반대로 너무 자주 문단을 바꾸어도 글의 맥락이 끊겨서 독자가 사유하는 데 방해받을 수 있다. 글의 흐름과 문맥을 염두에 두고 적당한 간격으로 문단을 바꿔주는 것은 독자가 보다 편하게 읽도록 하기 위함이다. 스티븐 킹 역시 글을 쓸 때 문단을 중요하게 여기는데, 그것이 작가의 의도를 보여주는 지도와 같기 때문이라고 말한다.

형식과 문체라는 기본적인 요소들에서 더 나아가기 전에, 우리는 문단에 대해서도 잠시 생각해볼 필요가 있다. 문단은 문장 다음에 오는 구성의 한 형식이다. 이 문제를 이해하려면 지금 여러분의 책장에서 소설책 한 권을—되도록 아직 안 읽은 책을—꺼내보라(물론 산문이라면 어떤 책이든 내 말뜻을 이해하는 데는 지장이 없겠지만, 나는 소설가이므로 글쓰기에 대해 이야기할 때마다 대개는 소설을 떠올리기 때문이다). 그리고 책의 중간쯤을 아무렇게나 펼쳐놓고 양쪽 페이지를 훑어보라. 그 책에서 정해진 양식을 확인하라는 것인데, 거기 줄줄이 찍혀 있는 활자들과 상하 좌우의 여백, 특히 각각의 문단이 시작되거나 끝나는 자리에 남아 있는 하얀 공간들을 눈여겨보라. 여러분은 그 책을 읽지 않고도 그것이 읽기 쉬운 책인지 어려운 책인지 짐작할 수 있지 않은가? 쉬운 책에는 짧은 문단도 많고—그중에는 한두 단어의 대화문으로 끝나는 문단도 더러 있고—하얀 공간도 많다. 그런 책은 소프트 아이스크림처럼 연하고 가볍다. 반면에 어려운 책은 수많은 생각과 서술과 묘사를 담고 있어 얼른 보기에도 견고하다. '꽉 찬' 느낌이 든다. 이렇게 문단이란 그 내용에 못지않게 생김새도 중요하다. 문단은 작가의 의도를 보여주는 지도이기 때문이다.[3]

한 권의 책이 완성되려면 여러 문장들과 문단들이 필요하다. 한 권의 책이란 문장과 문단이 형식과 문체를 통해 구조화된 것이다. 문장이나 문단을 배열하는 형식은 작가마다 다르다. 문장들이 어떻게 배열되고 문단은 어떻게 나누어지는지, 또 작가들마다 어떤 리듬을 가지고 있는지 다양한 책작가들의 책을 섭렵

[3] 스티븐 킹, 『유혹하는 글쓰기』, 김진준 옮김, 김영사, 2002, 157~158쪽.

미로

하며 주의 깊이 비교하고 살펴보라. 마치 경험 많은 의사가 내시경으로 몸의 안 보이는 곳들을 들여다보며 진찰하듯이 작품 속에 담긴 진실, 체험의 내밀함을 섬세하게 파헤치며 리듬을 따라가며 깊이 파고들어가라.

글쓰기란, 문장의 예술이자 기술이며 제작이다. 누구나 훈련을 쌓고 연습을 하면 좋은 문장 쓰는 법을 익힐 수 있다. 단, 그것을 배우는 데는 일생이 걸릴지도 모른다. 그렇다 할지라도 지레 포기하지 마라. 글쓰기는 우리 삶의 진실을 알아가는 공부요, 평생 배우고 익힐 만한 가치가 충분히 있는 일이다.

어쩌다 전업 작가가 되어

세상에는 무수한 직업이 있다. 회사원, 요리사, 농사꾼, 재단사, 교사, 학자, 서기관, 장사꾼, 여행가, 발명가, 무당, 보석 감정사, 통역사, 가구 제작자, 공방 주인……. 내 직업은 문장 노동자이다. 시를 쓰고, 소설을 쓰고, 에세이를 쓰고, 평론을 쓴다. 마흔 살 이후 글쓰기를 통해서 얻은 소득만으로 생계를 꾸려왔다. '작가'는 자신의 시간을 글쓰기와 관련된 것으로 채우는 사람이고, 그 활동을 통해 얻는 수입으로 살아가는 사람이다. 그런 사람은 아주 떳떳하게 자신의 직업이 '작가'라고 할 수 있으리라.

작가 활동에서 얻는 소득은 원고료, 인세, 강의나 강연 수입 따위가 주를 이룬다. 작가로서 덜 알려진 무명 시절에는 활동이 미미하고 소득도 변변치 못해, 생계를 유지해 나가는 데 어려움을 겪은 수 있다. 그럴 때는 부득이 부업을 구하거나 직장에 매인 채 일하고 글쓰기를 위한 시간을 틈틈이 따로 내야 한다.

사실 '작가'라는 직업은 안정된 삶을 위한 토대가 되기에는 여러 가지 부족한 점이 많다. 그럼에도 많은 사람들이 '작가'라는 직업에 환상을 품고 다양한 상상을 한다. 사람들은 작가가 되는

미로

것을 "비밀스러운 집단의 일원"이 되는, 혹은 그 안으로 들어갈 수 있는 통행권을 얻는 것이라고 믿는다. 그 비밀스러운 집단에만 들어가면 아이디어가 떠오르고 문장들이 줄줄 흘러나온다고 상상한다. 또 글을 쓰기만 하면 부와 유명세가 뒤따를 것이라고 확신한다. 하지만 이것은 현실에서는 이루어질 수 없는 낭만적 공상에 지나지 않는다. 현실은 상상과 많이 다르다.

쓰는 것만 빼면 꽤 괜찮은 직업

글 쓰는 일은 중노동이다. 책상 앞에 앉아 종일 컴퓨터의 자판을 두드려 글을 쓴다고 상상해보자. 한 작가는 그 일을 이렇게 말한다. "호기심과 두려움이 섞인 채 종이나 화면 앞에 앉아 있는 것이다. 단어는 차례로 등장한다. 그중에 몇 단어는 지우고, 때로는 이미 써놓은 단어를 쳐다보기도 하면서 한 줄 한 줄 써나간다. 작가는 되는 것이 아니라 하는 것이다."[4]

작가란 날마다 뭔가를 써야 한다. 쓰고, 지우고, 다시 써야 한다. 한 번 쓴 것은 다시는 들여다보고 싶지 않을 만큼 진절머리가 나지만 그걸 억누르며 다시 들여다봐야 한다. 그걸 끝없이 반복해야 한다. 그래야만 작가라 할 수 있다. 이것은 매우 메마르고 지루한 일의 반복이라 인내심이 필요하다. 어떤 작가는 우스갯소리로 이렇게 말하기도 한다. "작가란 꽤 괜찮은 직업이다. 단, 쓰는 것만 빼놓는다면!" 그만큼 쓴다는 것은 고통스러운 작업이다.

[4] 헤더 리치·로버트 그레이엄, 『창의적인 글쓰기의 모든 것』, 윤재원 옮김, 베이직북스, 2009, 361쪽.

나는 오래전부터 다양한 글을 써왔는데, 삶과 예술의 내적 결합이나 뭐 그런 숭고한 이유 때문은 아니었다. 그것은 피의 불가결한 기질에서 연유한 '운명'이었다. 내적인 것의 자연스러운 분출, 이윽고 직업으로 고착된 무엇이었다.

열세 살 때 시[5]를 썼고 열다섯 살 때 첫 소설[6]을 완성했다. 그 나이에 글을 쓴다는 게 뭔지 어떻게 알 수 있었겠는가. 글을 쓴다는 것이 자신의 본성과 축적된 경험의 실을 한 가닥씩 풀어내는 일임을. 사실 풀리는 것은 실이 아니라 내 육신이라는 것을 그때는 정말 몰랐다. 내 몸—'살'일 뿐만 아니라 '피'일지도 모른다—에서 자아낸 실로 다른 스웨터[다른 '몸']를 짤 수 있다는 것도.

글을 쓰는 것과 스웨터를 짜는 것은 여러 면에서 닮아 있다. 스웨터를 만들 때 씨줄과 날줄로 직조하듯이, 글을 쓸 때도 경험을 깊이 들여다보고 거기에서 길어낸 착상이란 실들을 정교하게 짜서 만들어야 한다. 이때 내 몸[운명]을 이루는 실을 풀어서 그 실이 감당하는 만큼만 다른 스웨터를 짤 수 있다. 문장을 쓴다는 것은 자신을 둘러싼 세계와의 호응 속에서 발효된 경험들을 받아서 글로 빚는 것이다. 그런 까닭에 자기가 살아온 만큼만 쓸 수가 있다. 그 이상은 불가능하다. 글쓰기는 자기 피를 찍어 한 자 한 자 적어나가며 완성하는 일이다.

[5] 이 시의 제목은 「겨울」로 이 시는 학생 잡지〈학원〉에 게재되었다. 그때 선자(選者)가 고은 시인이었다. 그 뒤로 같은 잡지에 여러 편의 시를 잇달아 발표했는데, 이듬해 학원문학상에 「바위」라는 시가 "절차탁마의 역작"이라는 평과 함께 우수작에 당선되었다. 이때도 선자는 고은 시인이었다.
[6] 첫 소설의 제목은 「기러기」로, 30매 분량의 단편이었다. 이 소설도 〈학원〉에 게재되었다. 이때 선자는 소설가 임옥인 선생이었다.

기다림은 역시 힘이 세다

작가의 삶은 흔히 '기다림'의 연속이라고 한다. 무언가를 쓰는 것에 앞서 기다려야 하기 때문이다. 우선 독서와 발견의 시간을 통해 본질을 통찰하는 힘을 길러야 한다. 한 알의 씨앗이 발아되기 위해 기다려야 하듯이. 하나의 문장, 하나의 아이디어가 착상되길 기다려야 한다. 문장은 부재(不在)의 숲에서 싹을 틔우는 어린 나무와 같다.

그다음은 착란의 시간이 필요하다. 불행과 농담이 뒤섞이고, 추억과 망각이 삼투하면서 화학 작용을 일으키는 그 어지럽고 어수선한 시간들을 견뎌야 한다. 뭔가를 쓰고자 한다면 공백과 기다림의 시간을 견뎌야 한다. 아무 보상도 없는 어리석은 기다림 같이 보이지만 부재의 씨앗들이 여기저기에 흩뿌려져서 흙속의 캄캄한 어둠을 견딘 끝에 싹을 틔운다. 자신이라는 고독에 유폐된 채로 기다림의 시간을 견뎌낸 자만이 '작가'라는 이름을 얻게 되는 것이다.

무언가를 쓴다는 것은 작가 한계라는 지옥을 벗어나 빛 속을 뚫고 나가는 일과도 같다. 삶에의 의욕과 글쓰기에의 욕망은 하나이다. 글쓰기는 자신의 존재를 증명하는 일이다. 하루라도 아무것도 쓰지 않고 흘려보내는 것은 변명의 여지가 없는 나태요, 헌신한 직무 유기이다. 그러니 날마다 써야 한다. 그것이 무엇이든, 잘 쓰든 못 쓰든, 몇 줄의 문장, 하다못해 단어 몇 개라도 쓰는 일을 멈춰서는 안 된다. 그게 작가로서 사는 법이다.

　내게 글을 쓰는 이유를 묻지 마라. 그것은 강물에게 왜 흐르느냐고 묻는 것과 같다. 나는 쓴다. 고로 나는 존재한다.

날마다 글을 쓴다는 의미

글 쓰는 사람에게 책상이 반드시 필요할까? 흔히들 책상을 필기구, 노트, 컴퓨터 따위와 함께 글쓰기의 필수품이라고 생각하지만 꼭 그렇지만도 않다. 스티븐 킹은 소설가로 성공하기 전, 세탁소 직원으로 일하며 아동용 책상에 앉아서 첫 작품을 썼다. 자신의 침대에 엎드려 쓰는 것을 좋아하는 이가 있는가 하면, 혼잡한 카페의 구석 자리에서 쓰는 것을 좋아하는 이도 있다. 영국인들이 사랑하는 작가 제인 오스틴(Jane Austen, 1775~1817)은 부엌 식탁에서 작품을 썼다고 전해진다. 글을 쓰는데 꼭 번듯한 책상이나 공간이 필요한 건 아니다. 그저 글쓰기에 좋은 안락한 곳만 있으면 된다.

내 경험에 비추어볼 때 책상이 있는 편이 더 좋은 것 같다. 특히 글쓰기를 직업으로 삼고자 한다면 인체 공학적으로 잘 설계된 책상과 의자가 있어야 한다. 그래야만 장기간의 작업에도 무리가 없고 효율적으로 일할 수 있다. 책상은 사전과 참고 도서들, 자료들을 늘어놓을 수 있을 정도로 널따란 게 좋다.

글 쓰는 사람에게 책상은 가구 그 이상의 의미를 갖는다. 책상은 글쓰기를 위해 육체와 영혼을 바치는 성소와 같은 곳이다. 어부에게는 바다가, 농부에게는 들판이, 지휘자에게는 연단이, 천문학자에게는 천문대가 그렇듯이. 책상은 글 쓰는 자들이 제 몸을 제물로 바치는 제단이다.

신기하게도 날마다 일정한 시각에 책상 앞에 앉는 것 자체만으로 글쓰기의 내적 동기가 만들어질 수 있다. 시간을 정해놓고, 정해진 시각에 앉아서 글쓰기를 시작해보라. 하루에 얼마나 쓸 것인지, 분량을 정해 쓰는 거다. 작가들은 이것을 날마다 반복한다. 반복 자체는 대단히 중요하다. 반복된 작업이 몸과 정신을 글쓰기에 최적화된 상태에 도달하도록 이끈다. 성공한 작가들은 작업 시간을 정해 놓고 그것을 지키려고 노력한다.

프란츠 카프카(Franz Kafka, 1883~1924)의 단편 「판결」에 보면 이런 주석이 달려 있다. "밤에…… 10시에 쓰기 시작하여 다음 날 아침 6시까지 쉬지 않고 단숨에 「판결」을 써나갔다."[7] 규칙적인 글쓰기 습관으로 유명한 무라카미 하루키 역시 새벽에 일어나서 정해놓은 시간까지는 책상 앞에 앉아 대여섯 시간을 쓴다고 한다. 저명한 비평가 겸 편집자인 도러시아 브랜디는 『작가 수업』에서 이렇게 말한다. "4시에 글을 쓰기로 마음먹었으면 4시에 글을 꼭 써야 한다! 4시에 대화에 깊이 빠져 있다면 양해를 구하고 자신과의 약속을 지켜야 한다."[8]

[7] 프란츠 카프카, 『꿈』, 배수아 옮김, 워크룸프레스, 2014, 19쪽.
[8] 도러시아 브랜디, 『작가 수업』, 강미경 옮김, 공존, 2010, 86쪽.

미로

작가는 글로 스스로를 증명한다

글쓰기는 책상 앞에 앉아서 하는 작업이다. 또한 글쓰기는 삶의 거친 바다에 뛰어드는 모험이요, 육체의 수고가 동반되는 가차 없는 노동이다. 생의 핵심을 꿰뚫으며 직격(直擊)하는 노동에의 헌신과 용기 없이는 작가로서 성공하기란 불가능하다.

대부분의 사람들은 글을 쓸 때 머리를 써야 한다고 생각하지만 나는 그 생각을 바로잡아준다. 머리가 아니라 몸을 쓰라고! 글쓰기는 몸을 써서 하는 육체노동이다! 그 노동으로 비루한 문장들을 빚어내는 것이다.

글 쓰는 일에서 법적 노동 시간을 따지는 것은 무의미하다. 애초부터 글쓰기는 법적 보호라는 울타리 바깥에 존재하는 잉여의 노동이다. 물론 초과 시간 노동에 대한 비용 또한 따로 지불되지 않는다. 글쓰기의 세계에서는 무노동 무임금의 원칙만큼은 철저하게 지켜진다. 그것은 농업 노동이나 산업화와 같이 인류 문명의 건설과도 무관한 잉여의 일이다. 빵을 굽거나 담을 쌓는 생산적인 일과도 다르다. 이 일에 종사한 많은 사람들이 글을 쓰는 일을 '그림자들의 일'이라고 여기고, 종종 '부끄러움의 세계'로 빠져드는 것은 노동과 생산 사이의 심각한 불균형 때문이다. 글쓰기는 본디 행복과 기쁨을 구하는 사람의 일이 되지 못한다. 글쓰기는 제가 겪은 불행을 질료 삼아서 또다른 형태의 불행을   는 일이다. 이것은 글 쓰는 자에겐 하나의 지복(至福)이다. 과연 그게 무슨 뜻일까?

깊은 어둠에 든 자의 동공이 가장 크게 열리고, 굶주린 자가 사냥을 가장 잘 잡는 법이다. 아무 결핍도 없고, 한 줌의 불행도 없는 자가 좋은 글을 쓰기는 어렵다. 이 세상 어디에나 널려 있는 불행이야말로 인생에 대한 깊은 성찰의 계기를 주고, 사유에 풍부한 감미로움이 깃들게 한다. 불행은 곧 글쓰기의 심연이고 원천이다. 그런 까닭에 진정한 작가는 제 발밑에 드리워진 불행의 그림자 따위를 두려워하지 않는다. 오라, 불행이여! 그들은 불행이라는 젖을 빨며 그것에서 파생하는 비통함과 슬픔을 상상의 도약대로 삼는다.

글쓰기의 출발은 규칙

책을 쓴다는 것은 꿈의 시간을 사는 것이다. 작가는 여기가 아니라 저기, 현실이 아니라 꿈을 바라보고 걸어간다. 즉 발은 현실을 내딛고 있지만, 머리는 구름 속에 떠 있다. 삶의 근원을 향한 집요한 탐색으로 유명한 작가 파스칼 키냐르는 이런 말을 남겼다. "인류라는 종은 꿈꾼 대로 되지 않았으며, 연습한 대로 되지 않았다." 그런 까닭에 글쓰기라는 처방이 고안된 것은 아닐까. 그렇기 때문에 글을 쓰는 일은 쉬운 일이 아니다.

무엇인가를 쓰는 사람은 꿈의 시간을 살며, 아직 살아보지 못한 미래 속으로 진입한다. 그들은 글쓰기라는 제단에 자신을 바

친 사람들이다. 그런 까닭에 어떤 이유로도 결코 그 일을 미루지 않는다.

만일 작가로서 살기로 결심했다면 반드시 자신과 약속한 시각에 책상 앞에 앉아라! 오늘 정한 시각에 다른 일이 생겨 글 쓰는 일을 다음 날로 미룬다면, 다음 날도 그 시각에 글을 쓴다는 보장이 없다. 다음 날로 미뤄야 할 이유가 생기면, 또 그다음 날도 핑계가 생기기 마련이다.

정해진 시간에 정해진 분량을 써내는 것, 그것이 현실과 이상 속에서 본연의 실체를 파고들면 가시적 성과를 내는 힘이다.

일기, 나와 대면하는 연습

　일기는 글쓰기에 도움이 된다. 글쓰기를 처음 시작하려면 막막하기 마련이다. 하지만 일기를 쓰는 건 불가능한 미션이 아니다. 글쓰기에 견주자면 한결 수월한 일이다.

　일기란 그날 있었던 일을 서술하는 글로 시간과 함께 사라지는 것들을 기록으로 고정시키는 일이다. 매일 일기를 쓰다보면 마음과 욕구가 이동한 자취를 추적해볼 수 있고 내 안의 나와 소통할 수 있다.

　막상 쓰려고 하면 결코 쉽지만은 않은 게 일기쓰기이다. 날마다 조금씩, 노트 한 쪽 정도의 분량만 써보자. 단, 큰일이나 사건 위주로 쓰지 말고, 가장 하찮은 것, 아무도 기억하지 못할 일들, 찰나에 스쳐지나가 채 의미가 되지 못한 것들에 대해 써보는 거다. 솔잎 사이로 비껴 들어와 땅에 떨어진 햇빛이라든가 휘리릭 떨어져 발밑에 구르는 단풍잎, 또는 구상나무 아래에 줄지어 기어가는 개미들 같은 소재 말이다. 하찮아 보이지만 모든 사물들은 그 안에 자기 얘기를 꽁꽁 숨기고 있다. 그 얘기를 물고 늘어져 풀어내보라.

미로

혹은 간밤의 꿈에 대해 써도 좋다. 프로이트나 융 같은 정신분석학자들은 꿈을 무의식으로 가는 지름길이라고 했다. 그렇다면 무의식이란 무엇인가. 무의식은 예로부터 많은 유명한 작품에 비옥한 자양분으로 쓰이는 소재로 그 중요성은 여러 책에서 언급된 적이 있다. "천재의 뿌리는 의식이 아니라 무의식 안에 있다. 의식적인 노력을 통해 천재를 갈고닦는다고 해서 위대한 예술 작품이 탄생하는 것은 아니다. 재능은 구체적인 형태로 나타나며, 의식의 영역 바깥에 기원을 두고 있다."⁹

무의식은 상상력이 날개를 펼치는 동력이다. 그리고 꿈은 우리 안에 있는 무의식의 흐름을 명징하게 보여준다. 꿈을 해석하지 말고 있는 그대로 써보자. 모호한 꿈. 단절적인 사건들. 징조와 느낌들. 이런 무의식이 잠든 상상력을 깨우고 창조의 밑거름이 된다. 일기를 쓸 때 의식의 표피 아래 도사린 무의식을 심연 속에서 끄집어내라.

세상을 바꾸는 삶의 기록

일기는 특별히 정해진 형식이 없는 글쓰기이다. 그저 자유롭게 쓰면 된다. 독백의 형식으로 써도 되고, 가상의 인물과의 대화 형식으로 써도 괜찮다. 자기가 편한 형식으로 써나가면 된다.

자기 신변에 일어난 일들을 중심으로 적는 일기는 사적인 영역의 비중이 클 수밖에 없다. 그렇다고 공적인 영역을 완전히 배

9
도러시아 브랜디,
『작가 수업』,
강미경 옮김,
공존, 2010,
174쪽.

제할 필요도 없다. 이 세계에 일어난 공적 사건들 역시 개인의 삶을 둘러싸고 있는 커다란 테두리로서 기능하며, 개인의 삶에도 영향을 끼치기 때문이다. 자연스럽게 공적인 영역이 일기의 한 부분을 이룰 수도 있다. 그 대표적인 예가 미국의 문화 비평가 겸 작가인 수전 손택(Susan Sontag, 1933~2004)의 일기이다.

수전 손택이 죽고 난 뒤 그의 서재에서 100여 권의 일기장이 쏟아져 나왔다. 출판을 전혀 염두에 두지 않고 쓴 내밀한 일기였다. 일기 안에는 그의 강렬한 지적 욕구, 광범위한 책읽기, 명석한 사유, 다양한 인간관계들에 대한 성찰, 섹슈얼리티에 대한 자각과 탐닉 등이 고스란히 담겨 있었다. 그의 아들 데이비드 리프는 그 방대한 기록물을 세 권의 책으로 엮었다. 그 첫 권인 『다시 태어나다』는 1947년에서 1963년에 걸친 일기들로 위대한 지성이 탄생하는 과정을 면밀히 보여준다. 일기들을 읽고 난 뒤 나는 한 인간이 보여주는 지적 탐구의 노력에 대해 경의를 표하지 않을 수 없었다. 고은 시인의 『바람의 사상』도 마찬가지이다. 1973년에서 1977년의 일기를 담은 이 책에는 한 개인의 내밀한 감정의 풍경뿐만 아니라 외적 삶들, 이를테면 문단의 교유 행태, 집필 방식, 음주 습관, 당대의 정치 흐름이 잘 나타나 있다.

시영과 시내로 나왔다. 명동 입구에서 헤어졌다. 혼자 명동을 거닐었다. 지난날 늘 떠돌던 곳인데 이제 낯설다. 내 어깨를 툭 치는 사람이 있었

미로

다. 문일영(文一英). 명동을 끝까지 지키는 50년대 사람이다. 그는 전문 영문 번역가이다. 통신사 외신부의 실력파였다. 그가 나를 남산동 입구로 끌고 갔다. 맥주 서너 병. 장국밥. 또 그가 나를 명동 성당 밑 여관으로 끌고 갔다. 2년 동안 그가 투숙하는 하숙이다. 엽연초 한 대를 얻어 피웠다. 그가 번역한 책 몇 권을 받았다.[10]

    1975년 4월 13일에 쓴 일기의 일부이다. 그의 일기는 어떤 날씨 속에서 무엇을 먹었는지, 혹은 어떤 옷을 입었는지, 어디서 누구와 만나고, 무슨 일을 하며 소일했는지 등을 잘 보여준다. 어느 날은 무미건조했고, 또 종일 비가 내린 다른 날은 꼼짝없이 비에 갇혀 지루함 속에서 비가 그치기를 바라기도 했다. 이렇듯 일기는 하루의 날씨나 기후의 변화, 사소한 소동들, 욕망들의 맥동, 우연과 필연으로 짜인 사고와 사건들, 사회의 기류들을 기록한다. 그리하여 일기는 내면의 편력과 함께 한 개인의 의식 단면을 통해 역사를 동시에 보여준다. 일기가 하루 치의 자서전이라면 나날의 일기들이 모인 일기장은 한 사람의 역사로 기억되는 어엿한 기록물이 될 테다.

    일기를 씀으로써 자기가 누구이고 어떤 존재인가를 더 잘 알 수 있다. 사람은 완결된 존재가 아니라 완결을 향하여 나가는 존재이다. 방향 없이 내닫는 나날들 같지만 하루하루는 자기 자신에게로 이르는 길이다. 헤르만 헤세는 이에 대해 소설 속 화자의

10
고은, 『바람의 사상』, 한길사, 2012, 444쪽.

입을 빌려 이렇게 서술하고 있다.

> 한 사람 한 사람의 삶은 자기 자신에게로 이르는 길이다. 길의 추구, 오솔길의 암시다. 일찍이 그 어떤 사람도 완전히 자기 자신이 되어본 적은 없었다. 그럼에도 누구나 자기 자신이 되려고 노력한다. 어떤 사람은 모호하게 어떤 사람은 보다 투명하게, 누구나 그 나름대로 힘껏 노력한다. 누구든 출생의 잔재, 시원(始原)의 점액과 알 껍질을 임종까지 지니고 간다. 더러는 결코 사람이 되지 못한 채, 개구리에 그치고 말며, 도마뱀에, 개미에 그치고 만다. 그리고 더러는 위는 사람이고 아래는 물고기인 채로 남는 경우도 있다. 그러나 모두가 인간이 되라고 기원하며 자연이 던진 돌인 것이다.[11]

나 혼자만을 위한 진짜 일기쓰기

직접 경험한 것만 글로 쓰는 작가로 잘 알려진 아니 에르노 역시 오랫동안 일기를 쓰며 내면적 글쓰기를 병행해왔다. 그는 "어쨌든 나는 자신을 위해, 나 자신을 은밀한 감정들로부터 해방시키기 위해, 미적 판단의 무관심을 바탕에 깔고, 타인의 시선에 대한 거부의 방식으로 일기를 썼다"고 고백한다. 과연 그의 일기에는 살갗이 벗겨지고 피가 뚝뚝 떨어지는 듯한 날것 그대로의 가족사와 연애담이 생생하고 뜨겁게 잘 드러난다. 독자를 염두에 두거나 출판을 목적으로 하지 않고 써내려간 내면 일기는 분명

[11] 헤르만 헤세, 『데미안』, 전영애 옮김, 민음사, 2000, 9쪽.

미로

소설을 쓰는 데에도 보탬이 되었을 것이다.

일기는 아무런 억압 없이 내밀한 생각을 털어놓는 의례이자 자신과 소통하는 최초의 글쓰기이다. 특히 작가에게 일기는 글쓰기에 더욱 집중할 수 있도록 돕는 자기 수련의 장이다. 글을 잘 쓰고 싶다면 자기 내면의 목소리를 따라가는 일기를 꾸준히 써라. 예컨대 이런 기록 말이다. 오늘의 날씨와 그것이 기분과 감정에 어떤 영향을 미쳤는지를. 비가 왔는지, 해가 떴는지, 그때 나는 무엇을 하고 있었는지, 햇빛 속에서 빗속에서 무슨 생각이 떠올랐는지를 써보라. 오늘 만난 사람의 인상은 어땠는지, 그와 나눈 이야기 중에서 특별히 마음에 남은 것은 무엇인지 그것들을 기록해보는 거다. 또는 오늘 나를 기쁘게 만들었던 세 가지 일들이나, 오늘 스쳤던 여러 장소들 중에서 인상적인 곳을 선택해서 그에 대해 써보는 것도 좋다. 그 자체만으로 훌륭한 습작이자 글쓰기 훈련이 될 것이다.

에세이 쓰기

 에세이 작가가 되어 사는 것은 타로 점으로 미래의 운명을 예측하거나 음양오행에 기초한 명리학으로 남의 사주나 풀며 사는 일과는 다르다. 아울러 그것은 청과물 경매사로 일하는 것이나 방송국 기상 캐스터로 사는 것, 혹은 땡볕 아래서 도로를 아스콘으로 포장하거나 택배 트럭으로 물건을 배달하는 일과도 다르다. 에세이는 사적인 경험을 통찰하고 그것을 제 문장으로 써내는 장르다. 경험이란 일어난 일, 우연한 사고, 나에게서 파생되는 사건의 파편 따위를 가리킨다. 자기 경험에서 길어낸 이야기들은 그 안에 비밀과 수수께끼를 머금고 있다. 비밀과 수수께끼는 이야기라는 열매가 중심에 품은 씨앗이다. 글쓰기는 열매의 중심, 즉 이야기의 세부, '사적인 것'이 은폐하는 비밀과 수수께끼를 밝히고 드러내는 과정이다. 글쓰기는 이야기의 펼침이고, 압축이며, 비약이다. 당신의 에세이가 올해의 가장 좋은 에세이가 되려면 당신이 쓴 문장에 설득과 공감의 장력이 함축되어야만 한다. 에세이 쓰기는 제 경험과 시절의 느낌을 자기 목소리로 전달하는 일이고, 체험을 반추하며 자연스럽게 자기를 추체험하는 행위다.

미로

진정성 있는 '고백의 내러티브'

에세이는 누구나 쓸 수 있다. 그렇다고 누구나 좋은 에세이를 쓸 수 있는 것은 아니다. 에세이는 세상을 향한 자기 삶의 표현이라는 점에서 실존 사건으로서의 자기 경험을 세상에 공표하는 일이다. "그냥 첨벙 뛰어들었는데 인생이었다."[12] "복숭아씨처럼 튀어나가지 못하고 살구씨처럼 문을 잠근 채 토라진 그것"[13]이 인생이다. 에세이는 그냥 잊힐 수도 있는 그 작고 하찮은 이야기들을 다룬다. 첨벙 뛰어든 인생에 대한 글쓰기. 알려지지 않은 나, 아직 무명인 존재의 비밀 누설하기, 그게 에세이다. 자기의 내밀한 경험을 쓴다는 점에서 에세이는 고백의 내러티브라고 할 수 있다.

에세이가 '자기를 세상에 공표하기', 또는 '자기 경험을 세상에 드러내기'라는 점에서 그것은 자서전의 변주라고 말할 수 있다. 자기가 누구인가를 드러내는 글쓰기. 하지만 누구의 아들이나 딸로 어디에서 태어나고, 어느 대학에서 무엇을 전공하고, 어느 회사에서 무슨 일을 하는지에 대하여 쓰는 것, 즉 객관적 정보를 늘어놓는 것으로는 독자의 눈길을 끌 수가 없다. 경험 일반을 밋밋하게 서술하는 에세이는 개성도 없고 매혹도 없다. 이야기를 특별한 것으로 빚어내는 것은 글 쓰는 주체의 독특한 상상력, 낯선 시각과 인식이다. 당신의 경험과 이야기를 구체적이고 세밀하게 드러내되, 존재를 쇄신하는 지각, 새로운 깨달음이 더해

12
이기철 시집,
『영원 아래서 잠시』, 민음사, 69쪽.
13
이기철 시집, 앞의 책, 69쪽.

져야 한다. 당신이 경험한 것이기 때문에 당신은 관련된 사실들을 장악할 수가 있지만 경험 사실을 나열하는 것은 무미하다. 경험 사실에 대한 주체의 기분과 느낌을 더해 내용이 풍성해지고, 거기에 더해 생각과 신념, 경험과 이야기를 꿰뚫는 진정성이 또렷하게 드러나야 한다.

문장에 나만의 목소리를 담아내자

이야기를 전달하는 문장에 목소리가 있어야 한다. 당신이 쓴 내용이 급진적인 사상이든 모호한 감정이든 상관이 없다. 자기 목소리를 내는 게 중요하다. 사람은 누구나 다른 목소리를 갖고 있다. 목소리란 가공되지 않은 저자/필자의 육성, 문장으로 구현된 목소리다. 목소리는 문장으로 바뀐 인생, 자기 경험과 상상의 복합체다. 목소리는 이야기와 이야기 사이의 다양한 울림들, 억양과 파장, 들숨과 날숨의 간격, 침묵과 휴지부를 포괄한다. "글이 피를 잃으면 쓴 사람마저 그것을 알아보지 못한다."[14] 글에서 목소리는 작가의 피와 같다. 문장에 자기 피가 섞여 있지 않다면 그것을 쓴 사람마저 그게 자기가 쓴 것일 줄 모를 테다.

일기, 회고록, 자서전을 쓸 때 그렇듯이 에세이를 쓸 때도 당신의 목소리를 내라! 당신의 내면을 뚫고 나오는 목소리에 몰입하고 경청하라. 이 내면 목소리를 문학이론에서는 '내포 작가'라고 하는데, 이는 우리 안에 사는 또 하나의 작가를 가리킨다. 다시

14 마르그리트 뒤라스, 『마르그리트 뒤라스의 글』, 윤진 옮김, 민음사, 11쪽.

미로

말해 현실에 없는 작가, 즉 텍스트 안에만 사는 작가다. 내포 작가는 작품 안에서 우리를 대신해서 이야기에 깊이 관여하며 그것을 풀어낸다. 내포 작가가 이야기에 관여한다는 것은 이야기 속에 삼투한다는 뜻이다. 당신은 이야기와 포개지며 당신이 쓰는 이야기 그 자체로 변한다.

소설에서 주인공은 작가가 고안해낸 허구의 인물이고, 작가는 주인공에 빙의된 목소리를 낸다. 반면 에세이는 항상 자기 목소리로 자기의 이야기를 전달한다. 작가는 자기 목소리를 낼 때 본능의 신탁에 의존한다. 내가 쓰는 것은 항상 나다워야 한다. '나'라고 부를 수 있는 것을 총체적으로 가동시키는 것. 목소리란 단순한 수사학을 넘어선다. 수사학이란 가변적이고 임의적인 것에 속할 뿐이다. 목소리는 타자의 틈입이 일체 허용되지 않는 글쓰기 주체의 비밀스러운 영역에서 울려 나온다. 즉 자기만의 지각, 생생한 체험의 결, 감정과 연민, 정치와 태도들, 욕망과 의지가 밀어내는 개성적인 표현의 리듬으로 빛난다. 에세이 쓰기에서 자기만의 독자적인 목소리를 낼 때 비소로 자기 스타일이 확립되었다고 말할 수 있다.

책을 관통하면서 이야기를 이끌어가는 것은 하나의 목소리다. 이 목소리에는 소리가 없고, 작가만이 들을 수 있는 침묵의 소리만 있다. 작가는 이 목소리에 귀 기울여야 한다. 글 쓰는 사람은 저마다 개별적인 목소리를 내지만 이 목소리는 고립된 자의 것이 아니라 동시대의 목소리여야 한다. 동시대의 목소리를 대변하는 개별적인 목소리. 바닷가의 무수한 모래알로 존재하되 동시에 하나의 커다란 덩어리로 존재하는 것. 당신의 목소리를 낸다는 것은 당신이 경험 사실이나 이야기의 방관자가 아니라는 증거다. 당신은 이미 그것들에 깊이 들어가 이야기에 섞여들고 이야기의 흐름에 관여한다. 좋은 에세이 작가가 되고 싶다면 당신이 일인칭 화자가 되어 경험 사실이나 이야기의 주인공이 되는 게 좋다.

회고적 글쓰기에서 불가피하게 자기 성찰의 태도를 취하더라도 정형화된 생각이나 예상되는 결론은 피하자. 그것은 낯선 고장에서 마지막 기차를 놓친 이야기이거나 집안의 길흉사일 수도 있고, 지갑 없이 대중교통편을 이용하려다가 낭패를 당한 이야기, 즉흥 이야기, 혹은 우연히 만난 길고양이가 나뭇가지에 앉은 참새를 노려보며 사냥하는 이야기일 수도 있다. 고양이가 나뭇가지 위에서 참을성 있게 앉아 있다가 어느 순간 스프링처럼 튀어 올라 날아오르는 참새를 순식간에 낚아챈다. 고양이는 참새를 입에 물고 길 저편으로 유유히 사라진다. 당신은 길고양이가 사냥하는 행태를 목격하고, 그것을 에세이에 녹여 쓸 수 있다. 좋은 문장이 되려면 먼저 소재(이야기)에 대한 숙고가 필요하고, 숙고에서 길어낸 슬픔의 양감, 덧없음과 쓸쓸함을, 한 줄의 돌연한 깨달음과 지혜를 문장에 녹여내야 한다.

미로

떠나고 싶은 날의 글쓰기

문득 여행을 떠나고 싶은 날이 있다. 이국의 낯선 도시, 처음 와보는 장소, 낯선 사람들 속에서 그전에 보지 못한 것들을 발견하며 영혼을 풍성하게 채우고 싶은 그런 순간. 여행은 감각의 열림이고, 경이를 통해 얻는 기쁨이며, 장소에 대한 숭고한 경험이다. 프랑스의 작가 미셸 르 브리(Michel Le Bris, 1944~2021)는 다음과 같이 말한다. "왜 우리는 먼 바다로 떠나는가? 우리가 어느 날 문득 떠나는 것은 시선이 사고의 한계를 넘어설 수 있다고 믿고 싶어서다. 또는 저쪽에서 갈매기가 너무 크게 울어서, 아니면 그저 지겨워서일 수도……"[15]

프랑스가 낳은 걸출한 상징주의 시인 아르튀르 랭보(Arthur Rimbaud, 1854~1891)의 시구를 빌려 말하자면, 여행자란 '바람 구두'를 신고 세계를 이리저리 돌아다니는 사람이다. 돌아다니는 만큼 삶의 지평은 확장된다. 또 다른 프랑스 시인인 폴 발레리(Paul Valery, 1871~1945)는 이렇게 썼다. "여행은 도시와 시간을 이어주는 일이다. 그러나 내게 가장 아름답고 철학적인 여행은 그렇게 머무는 사이 생겨나는 틈에 있다."[16]

---

[15] 장 피에르 나디르·도미니크 외드, 『여행 정신』, 이소영 옮김, 책세상, 2013, 119쪽.

[16] 장 피에르 나디르·도미니크 외드, 앞의 책, 314쪽.

여행은 도시와 도시 사이, 시간과 시간 사이를 이어주는데, 그 사이가 바로 프랑스 철학자 자크 데리다(Jacques Derrida, 1930~2004)가 말한 "정의되지 않는 방향 전환의 거처"라고 불렀던 곳일 게다. '사이'의 여행이야말로 우리를 흥분시키고 영혼을 한껏 고양시키는 여행의 백미라고 할 수 있다. 사람들은 그 사이를 통과하며 아름답고 철학적인 여행을 한다. 익숙한 곳에서 다른 현실로 나아가면서 '이곳'에서 '저곳'을 사유하도록 이끄는 것이다.

여행을 떠나라! '이곳'이 아니라면 어디라도 좋다. 떠나보면 알게 된다. 여행이 곧 글쓰기임을. 우리가 여행에서 언제, 어떻게, 도착지에 닿게 될지 알 수 없듯이 글쓰기도 언제, 어떻게, 그곳[책]에 이르게 될지 아무도 모른다. 여행과 글쓰기는 어디서 출발하는지는 분명히 알 수 있지만, 어디에 도착할지는 가봐야 알 수 있다는 점에서 닮았다. 다음의 문장을 읽어보면 왜 여행이 곧 글쓰기라고 말하는지를 알게 될 것이다.

> 우리 눈앞에 보이는 것과 우리 머릿속에 떠오르는 생각 사이에는 기묘하다고 말할 수 있는 상관관계가 있다. 때때로 큰 생각은 큰 광경을 요구하고, 새로운 생각은 새로운 장소를 요구한다. 다른 경우라면 멈칫거리기 일쑤인 내적인 사유도 흘러가는 풍경의 도움을 얻으면 술술 진행되어나간다.[17]

[17] 알랭 드 보통, 『여행의 기술』, 정영목 옮김, 청미래, 2011, 46쪽.

미로

　작가 알랭 드 보통의 말을 옮기자면, "여행은 생각의 산파"이다. 이상하게도 여행을 떠나면 감았던 눈이 떠지고, 꽉 막혔던 머리가 열린다. 아무 노력도 하지 않았는데 창의적인 생각들이 마구 떠오른다. 아마도 관성의 세계에서 몸과 마음이 떨어져 나온 효과일 것이다. 다른 세계, 다른 장소에서 흘러들어온 여행자는 제 앞에 놓인 현실을 의심하고 새로운 눈으로 바라볼 수밖에 없다. 여행자는 본질적으로 이방인이다.

　길 위에 서 있는 사람은 세상의 질서에서, 삶을 위한 투쟁에서 잠시 이탈한 자유로운 영혼이다. 그들은 더러는 '이방인'이라고 불린다. 이들은 자신을 자발적으로 낯선 고장에 유배시킨다. 떠나지 않고 머무는 자들에 견주어볼 때 이들은 확실히 용기가 있다. 현실을 넘어선다는 의미에서 완벽하기조차 한 사람들이다. 12세기의 수도사인 위그 드 생-빅토르는 다음과 같이 말한다. "조국에 애정을 느끼는 사람은 향락주의자이다. 온 대지가 조국인 사람은 이미 용기 있는 사람이다. 하지만 온 세계가 유배지인 사람은 완벽한 사람이다."

　온 세계를 여행하는 사람은 바로 그 세계를 자신의 유배지로 만드는 사람이다. 불편과 위험을 기꺼이 감수하면서 지중해를 건너고 사하라 사막을 가로지르고 오로라가 펼쳐진 북극의 밤하늘 아래 잠자리를 가져본 사람들은 안다. 이 지구상에 사는 누구나 우주의 창백하고 푸른 별에서 온 시간 여행자들이라는 것을.

이 행성 위에서도 우리는 끊임없이 이 길에서 저 길을 거쳐 어디론가 여행을 해야 한다는 사실을. 일찍이 『길 위에서』의 작가 잭 케루악(Jack Kerouac, 1922~1969)은 이렇게 말했다. "그러나 어쩌겠는가! 길이야말로 삶인 것을."

여행을 하면 얻게 되는 것들

낯선 세계와 만나기 위해서는 길을 잃는 모험을 감수해야 한다. 익숙한 것은 관습화되어서 제대로 인지되지 않는다. 낯선 것일수록 더욱 선명하게 인지되고 낯선 사람들 속에서 '나' 자신에 대해 더 잘 돌아볼 수 있다. 몽테뉴의 말처럼 "자신의 생각을 타인의 두뇌에 문질러 다듬기" 때문일까?

길을 잃고 낯선 세계 속으로 들어가보라. 여행의 소득은 습관화된 삶의 양식에서 벗어날 수 있다는 점이다. 그 낯섦 때문에 영감이라는 불꽃이 빛을 뿌리며 타오를 것이다. 더불어 익숙한 관습적 이해와 사유에서 벗어나 독창적인 사고나 아이디어를 떠올릴 수 있다. 길 잃기를 두려워하지 마라. 길을 잃었다면, 오히려 그것을 세계의 또 다른 측면을 경험할 수 있는 기회로 삼아라. 현명한 여행자는 모든 사물을 마치 세상을 처음 만난 아이의 눈으로 바라본다. 아이의 눈에 비친 세상이 온통 경이로운 것투성이 이듯이 현명한 여행자는 여행지의 풍경, 그 속에 가득 찬 빛과 소리를 통해 인지적 지평과 감성을 한껏 넓힌다.

미로

머뭇거리고 익숙함에 안주하기보다는 당장에 어디론가 떠나 보라. 내가 어느 길 위에 서 있는가를 알면 내가 누구인지를 알 수 있다. 내가 서 있는 길은 종종 내 선택과 운명을 알려주는 신호이기 때문이다. 내가 가는 이 길이 이미 누군가 갔던 길일 수도 있고 아무도 가지 않은 길일 수도 있다. 혹은 내딛는 발걸음에 따라 새로운 길을 만들 수도 있다. 그게 어떤 길이든 위험을 회피하지 말고 그 한가운데를 유유히 뚫고 지나가라.

여행은 세계라는 책을 펼쳐서 읽는 것이다. 즉 책읽기란, '떠나지 않고 하는 여행'이다. 세계가 한 권의 책이라는 이야기는 전혀 새로운 것이 아니다. 프랑스 작가 빅토르 위고(Victor-Marie Hugo, 1802~1885)는 "독서가 여행이고, 여행이 독서다."라고 말한다. 책이 하나의 세계라면 독서란 여기와 저기, 장소와 장소들을 잇는 무수한 길들을 여행하는 것이다. 여행자가 낯선 풍물의 세계에서 만나는 발견의 황홀함은 책 읽는 사람이 책 속에 몰입한 끝에 만나는 인식의 황홀경과 닮았다. 아울러 글쓰기와 여행 역시 일란성 쌍둥이처럼 닮아 있다. "글쓰기와 여행은 언제나 서로를 잡는다. 이 둘은 모두 상상 세계를 향해 떠날 준비를 마쳤거나 모든 가능한 세계를 이미 탐험한 이들, 그러니까 '다른 곳을 열망한 이들'의 부름에 대한 대답인 것이다."[18]

여행과 책읽기, 글쓰기 모두 결국에는 자기 자신을 만나게 된다는 점에서 같다. 그런 까닭에 이 모든 행위는 그 여정이 어떻

18
장 피에르 나디르·도미니크 외드, 『여행 정신』, 이소영 옮김, 책세상, 112쪽.

든 간에 궁극적으로는 자신의 내면을 향하게 된다. 즉 책읽기와 글쓰기 그리고 여행은 모두 자기 안에 숨어 있는 내면과 마주치기 위한 여정이다.

무엇인가를 쓰고 싶다면 망설이지 말고 떠나라. 이 세계에 더 깊숙이 파고들고 그 속에서 '나'를 찾아라. 낯선 세계의 길들이 당신의 감각을 문지르며 신선한 자극을 주고 권태의 바닥에서 당신을 일으켜 세우고 새로운 영감을 보태줄 것이니!

출구

작가의 길

문체란 무엇인가

쓰다 보면 안다, 무엇이 부족한가를. 부족한 것을 알면 그걸 채우면 된다. 부족한 것을 알려면 먼저 써야 한다. 백 마디 말을 해봤자 쓰지 않으면 말짱 헛일이다. 백날을 생각만 해봤자 기록하지 않으면 남는 게 없다. 쓴 뒤에 생각해도 늦지 않는다. 쓰고 나면 기필코 보완해야 할 게 눈에 보인다.

멋진 문장을 쓰려고 온갖 미사여구를 동원하는 것은 어리석은 짓이다. "진실 되지 못한 글을 아름답게 하기 위해 현란한 수사로 치장을 하게 되면, 그것은 고운 헝겊을 누덕누덕 기워 만든 보자기로 오물을 싸놓은 것처럼 흉한 냄새를 풍기게 된다."[1] 대개 현란한 수사는 사실의 전모를 흐릿하게 만들고, 진실을 장막으로 가린다. 불필요한 장식들은 독자의 반감을 부른다. 그러니 아무런 꾸밈없이 평이한 문장으로 시작하는 게 좋다. 늘 평이한 어휘들로 쉽고 간결하게 쓰는 버릇을 들이라. 간결하고 함축적일 때 문장은 힘차고 읽을 만한 것이 된다. 옛 책에서도 "평이하고 간단해야 천하의 이치를 얻을 수 있다."(『역경』)라고 했다. 자, 여기 평이하고 간단하여 천하의 이치를 얻은 글이 있다. 좋은 문장으로

[1] 한승원, 『한승원의 글쓰기 비법 108가지』, 푸르메, 2008, 93쪽.

이루어진 글이 어떤가를 감상해보자.

목멱산 아래 어리석은 사람 하나가 살았다. 말씨는 어눌하고, 성품은 졸렬하고 게을러 세상 일을 알지 못하였으며, 바둑이나 장기 같은 잡기는 더더욱 알지 못하였다. 남들이 욕을 하여도 변명하지 않았고, 칭찬을 하여도 잘난 척하지 않았으며, 오직 책 보는 일만을 즐거움으로 삼았기에 춥거나 덥거나 배고프거나 병드는 것에도 전혀 아랑곳하지 않았다.

어릴 때부터 스물한 살이 될 때까지 하루도 선인들의 책을 손에서 놓은 적이 없었다. 그의 방은 매우 작았지만 그래도 동, 서, 남쪽 삼면에 창이 있어, 동에서 서쪽으로 해 가는 방향을 따라 빛을 받아가며 책을 읽었다. 행여 지금까지 보지 못했던 책을 대하게 되면 번번이 기뻐서 웃고는 했기에, 집안사람들 누구나 그가 웃는 모습을 보면 기이한 책을 얻은 줄 알았다. 특히 두보의 오언율시를 좋아하던 그는 골똘히 시를 생각할 때면 앓는 사람처럼 읊조리기도 하였다. 그러다가 심오한 뜻을 깨치기라도 하면 매우 기뻐하며 일어나 이리저리 왔다 갔다 하기도 하였는데, 그 소리가 마치 갈가마귀 우짖는 듯하였다. 때로는 조용히 아무 소리 없이 눈을 휘둥그레 뜨고는 뚫어지게 바라보기만 하다가, 때로는 꿈꾸는 사람처럼 혼자 중얼거리기도 하였다. 이에 사람들이 그를 가리켜 '책에 미친 바보[看書痴]'라고 불렀지만 그 또한 기쁘게 받아들였다. 다른 사람들이 그의 전기를 지어주는 이가 없기에 붓을 들어 그 일을 쓰고는 「간서치전」이라 하였다. 그의 이름과 성은 기록하지 않는다.

이것은 '책에 미친 바보'를 자처했던 이덕무의 글로, 1761년에 지은 자전(自傳) 중 일부이다. 이덕무는 엄청난 독서가로 유명한 사람인데 "하루도 선인들의 책을 손에서 놓은 적이 없을" 정도였다. 경서(經書)는 물론이고, 제자백가, 역사, 문물제도, 음운학, 문자학, 역대 문집, 의서와 농서, 그리고 명물도수지학(名物度數之學)에 이르기까지 읽지 않은 책이 없었다고 전해진다. 책이 좋아 평생 가난한 살림 따위는 돌보지 않은 채 책만 끼고 산 사람이다. 그의 성정은 군더더기 하나 없는 이 깔끔한 문장에 잘 드러난다. 일생을 책을 끼고 살다보니 보니 어디 한 군데 눌리고 일그러진 데 없이 매끄러운 문장을 쓰는 경지에 오른 것이다.

문체와 나

글은 삶을 문자로 나타낸 것이요, 글쓰기는 운명이다. 사나우면서도 아름다운 운명! 생각지도 못한 많은 우연들이 뭉쳐서 운명을 만든다. 당신은 덧없는 그 운명에 호명을 받은 자이다. 당신은 쓰는 자로 당신의 피에 녹아 있는 불가결한 기질과 정체성이 문체 속에서 나타난다.

모든 글씨에는 필적(筆跡)이 남듯이 당신이 쓴 문장에는 문체라는 내면의 흔적이 남는다. 똑같은 필적이 없듯이 똑같은 문체란 없다. 물론 필적을 위조하듯이 남의 문체를 흉내 낼 수는 있다. 그것은 위조에 지나지 않는다. 위조된 문체로 글을 쓰는 자들은 온몸에 돼지 피를 묻히고 자기 피라고 우기는 것과 마찬가지로 어리석은 자들이다.

 문체, 그것은 당신의 존재 증명이자 당신이 어떤 사람인가를 드러내는 물증이며, 당신의 현존(現存)과 정체성을 알려주는 패스포트이다. 문체는 피의 불가피한 기질, 삶의 현존을 반영한다. 문체는 선택의 소산이 아니라 저절로 드러나는 자기만의 형질이다. 문체란 자기만의 어조, 자기만의 리듬, 자기만의 스타일이 드러나는 문장의 특색이다. 그것은 문법적 요소들의 조합이 아니라 작가의 기질과 개성의 표현이다. 문체에는 불가피하게 쓴 사람의 타고난 본성과 취향, 인격과 스타일이 드러날 수밖에 없다. 거기에 덧붙여 작가의 언어와 사상과 세계관이 융합되어 나타난다. 따라서 문체란 타인이 흉내낼 수 없는 작가마다 다른 피요, 숨결이자 말의 무늬이다. 천 명의 작가에게 천 가지 문체가 가능한 까닭이 거기에 있다.

 문체를 이야기하자면, 그것은 피나 본능의 신비와 연관된 어둡고 아무도 모르는 부분, 격렬한 심연, 이미지의 농밀함, 우리의 육체나 욕망, 우리 자신에 대해서도 닫혀진 우리의 숨겨진 시간 등 여러 취향이 맹목적으로 이야기하고 있는 고독한 언어활동(langage)일 것이다. 작가는 자신의 언어 체계를 선택하지 않는 것과 마찬가지로 자신의 문체를 고르지 않는다. 문체는 체액이 강요하는 필연이며, 자신 안에 있는 분노이고, 그

출구

의 격정이나 경련이며, 자기 자신과의 내밀한 관계로부터 생겨나는 완만함과 신속함이어서, 그는 이러한 것들에 대해서 거의 아무것도 알지 못한다. 그리고 이것들은 그의 언어활동에 이를테면 그의 모습을 식별하게 해주는 그의 독특한 자태와 마찬가지로 일종의 독특한 어투를 부여하고 있는 것이다.[2]

모리스 블랑쇼는 문체가 피의 신비로움이나 본능에 연결된 불가피한 기질, 체액이 만드는 필연, 제 내면에서 본성으로 작동하는 분노, 자기 자신과의 은밀한 가까움에서 유래하는 속도 같은 것이라고 말한다. 저마다 타고난 본성과 기질이 다르니 문체 역시 백인백색이다. 작가라면 자신만의 문체를 찾는 일이 그 무엇보다 중요하고 필요하다. 아울러 글쓰기 스타일에서 가장 중요한 덕목을 이루는 게 바로 이 문체다. 문제는 이 문체를 어떻게 찾아내느냐 하는 것이다.

대가들도 알고 보면 이렇게 배웠다

자신만의 문체를 찾으려면 먼저 좋은 작가들의 작품들을 열심히 읽어야 한다. 어니스트 헤밍웨이는 노르웨이 소설가 크누트 함순(Knut Hamsun, 1859~1951)과 러시아 소설가 이반 투르게네프(Ivan Sergeevich Turgenev, 1818~1883)의 소설을 열심히 읽었고, 소설가 랠프 엘리슨(Ralph Ellison, 1914~1994)은 헤밍웨이와 미

2
모리스 블랑쇼,
『도래할 책』,
심세광 옮김,
그린비, 2011,
388쪽.

국 소설가 거트루드 스타인(Gertrude Stein, 1874~1946)의 책을 탐독하며 배웠다. 윌리엄 포크너 역시 미국 소설가인 셔우드 앤더슨(Sherwood Anderson, 1876~1941)과 아일랜드의 소설가이자 시인인 제임스 조이스(James Joyce, 1882~1941)의 책들을 탐독하며 작가의 덕목들을 익혔다. 또한 독일의 철학자인 니체(Nietzsche, 1844~1900)는 고대 로마 시대의 역사가 살루스티우스와 시인 호라티우스에게서 저 유명한 경구적 문체를 배웠다. 도러시아 브랜디 역시 『작가 수업』에서 다른 작가들의 책을 읽는 게 왜 중요한지 다음과 같이 언급하고 있다. "자신의 문체를 보완해주는 작가를 골라 훈련한다면 문장 형태와 운율에 대해 아주 많은 것을 배울 수 있다."[3]

  좋은 글을 찾아보라. 좋은 글은 글쓴이의 의도가 명쾌하게 드러난 문장으로 이루어진다. 좋은 글들을 찾아 읽고 정확한 낱말과 문법에 맞는 문장을 쓰는 연습을 하라. 당신의 좋아하는 작가의 책을 구하고 그 문장들을 따라 써보라! 좋은 텍스트를 옮겨 쓰다 보면 문장을 이루는 개별 요소들과 테크닉이 더 자세하게 보인다. 많은 작가들이 습작 시절에 그런 훈련을 해왔다. 오래 훈련해서 이치에 들어맞는 문장을 능숙하게 쓸 수 있을 때 비로소 힘찬 문장, 날렵한 문장, 우아한 문장, 장중한 문장, 감미로운 문장, 세련된 문장을 구사할 수 있다. 굳이 멀리서 찾을 필요는 없다. 가까운 데서 그 예를 찾아보자. 자, 여기에 한국 문단에서 주목을

[3] 도러시아 브랜디, 『작가 수업』, 강미경 옮김, 공존, 2010, 124쪽.

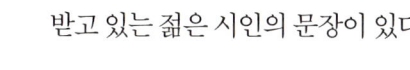

받고 있는 젊은 시인의 문장이 있다.

만약 달팽이를 실제로 한 번도 본 적이 없는 아이에게 달팽이관을 설명하는 일과 달팽이관을 실제로 한 번도 자신의 귀에서 느껴본 적이 없는 사람에게 달팽이의 귀를 설명하는 일 중 무엇이 더 힘든 일일까 묻는다면 당신은 어떻게 대답하겠는가. 달팽이가 계단 층계 참에서 천천히 물을 흘리며 기어가는 것을 본 오후에 당신이 한 일과 어떤 음악을 들으면 달팽이 한 마리가 귀에서 흘러나오는 꿈을 꾸며 천천히 잠든다는데 그때 귀에서 흘러나온 그 달팽이는 어디로 가는 것일까. 고기가 너무 먹고 싶어서 너무나 배가 고파서 손가락으로 매끄러운 달팽이를 집어 꿀꺽 삼켜본 경험과 밟혀 죽은 달팽이의 몸에서 조금씩 흘러나오는 희미한 물을 개미들이 고개를 박고 핥아 먹는 풍경을 어떻게 이름 불렀는가. 달팽이의 연한 아랫배를 만지며 그처럼 부드럽고 축축한 방을 꿈꾸던 이 명의 기억과 어머니의 무릎을 베고 누워 있으면 달팽이관을 건드리던 면봉의 아스라한 솜털은 어디로 날아갔는가. 얼마 전 경비원인 아버지는 새벽에 경비를 돌다가 갑자기 달팽이관 두 쪽이 어긋나 어지러움으로 쓰러지셨다는데 아버지의 귓속에 살고 있는 그 달팽이를 다시 구하는 방법은 없는 것일까를 생각하다가 진물을 흘리며 잠든다. 달팽이 '관'이 옮겨진다.[4]

[4] 김경주, 『밀어』, 문학동네, 2012, 111쪽.

김경주의 산문집 『밀어』에 수록된 「달팽이관」이라는 제목의 글이다. 이 문장의 특징은 기상(奇像)과 가상(假像)을 자유자재로 오간다는 점이다. 그는 '몸'의 생리나 그 기능들에 대한 실체적 탐사가 아니라 그 울퉁불퉁한 표면들이 불러일으키는 몽상과 백일몽을 따라간다. 자신의 몽상에서 뺨, 무릎, 눈동자, 눈망울, 목선, 핏줄, 쇄골, 입술, 보조개, 목젖, 혀, 어깨, 종아리, 젖무덤, 아랫배, 배꼽, 머리카락, 항문, 불알, 관자놀이, 속눈썹, 콧망울, 발가락, 복사뼈, 등, 눈물샘…… 따위를 자유자재로 불러내 갖가지 상들을 빚는다. 육체에 대한 몽상적 탐문의 결과로 음화(陰畵)나 엑스레이 필름처럼 남겨진 글들이 남았다. 문장은 모호하거나 난삽하고, 신체의 한 부위에 따른 기술이 길게 늘어날수록 독자는 파촉문자(巴蜀文字)와 같이 해독 불가능의 상태에 직면한다. 그게 개성이 돌올한 시인의 문체이다. 그는 자신의 문장을 일부러 해독 불가능으로 몰아가거나 난삽하게 빚어서 독자와의 사이에 거리를 두는데, 그 거리를 '시차(時差)'라고 명명한다. 대상과 독자 사이에 긴 해자(垓字)를 파듯이 '시차'를 만들어 그 안에 형형한 언어와 이미지 더미를 부려놓는다. 왜 그래야만 할까? 언어를 해석하는 도구로 쓰는 것이 아니라 언어 그 자체로 놓아두기 위함으로 보인다. 언어는 몸의 양상들에서 분리되어 "외계의 낯선 지형지물"과 같은 그 자체의 심연, 혹은 기호와 추상의 덩어리로 확실한 존재감을 드러낸다. 개성을 섬기고 찬미하는 시인이라면 평범한 언어의 조합을 혐오해야 마땅하다. 시인의 문체는 현기

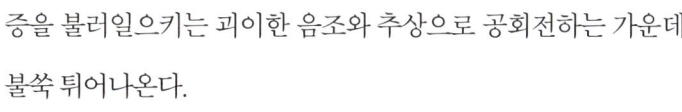

증을 불러일으키는 괴이한 음조와 추상으로 공회전하는 가운데 불쑥 튀어나온다.

텍스트를 지배하는 원칙

좋은 문체는 사유와 감각을 명료하게 전언하는 정확한 문장에서 비롯된다. 그 전제 조건은 언어에 대한 깊은 이해, 섬세한 언어 감수성이다. 문장의 적재적소에 단어를 배치할 수 있으려면 가용 언어의 범주도 넓어야만 한다. 글을 쓸 때 항상 사전을 적극적으로 활용하라. 사전은 말들의 보고(寶庫)이다. 우리가 알아야 할 모든 어휘들이 그 속에 다 있다. 문장을 쓸 때 사전의 도움을 받지 않을 이유가 없다. 항상 곁에 사전을 두고 의심쩍은 낱말들이 나올 때마다 찾아서 확인하라. 낱말의 유사어나 파생어, 활용의 예들을 눈여겨보라. 그리고 가능하면 그것들을 노트에 옮겨 적어 자기만의 사전을 만들어보는 것이 좋다. 그러면 문장을 쓸 때 무미함과 단조로움을 피할 수 있고, 훨씬 더 다양한 어휘들, 생동감 넘치는 어휘들을 쓸 수 있다. 이런 연습이 이루어진 뒤 비로소 당신만의 스타일을 찾아낼 수 있다.

자, 이제 눈치챘을 테다. 모든 형태의 문장에서 스타일은 텍스트를 지배하는 심미적인 원칙이자 윤리적인 원칙이라는 것을.

스타일이 내용과 대립되는 형식이라는 오해들을 한다. 그것은 사실과 어긋난다. 내용이 형식을 구속하고 형식이 내용을 제

약하는 한에서 내용과 형식은 분리할 수 없는 하나라고 할 수 있다. 내용과 형식은 분리가 불가능한 관계를 이룬다. 스타일은 내용도 아니고 형식도 아니다. 스타일이란 내용과 형식을 아우르는 전체, 글의 구성 원리가 하나로 녹아 있는 복합물이다. 더 쉽게 말하자면 스타일이란 자기 완결적인 '생겨먹은 꼴'이다. 사람마다 다른 '꼴'이 타고난 본성과 반복된 습관들의 융합으로 만들어지듯이 글쓰기 스타일 역시 글쓴이의 표면과 심연이 융합하고 유기적으로 연결되어 나오는 결과이다. 스타일이란 자기만의 색깔과 문장에 드러난 혈흔이요, 그 피에 숨은 DNA이다. 아울러 그것은 어휘, 문장, 단락, 문체, 구성, 배열, 주제의 선택 등을 결정하는 원칙이고 규범이다.

일찍이 수전 손택은 다음과 같은 말을 남겼다. "스타일은 예술 작품 안의 결정 원칙이요, 예술가가 자필로 서명한 의지이다. 그리고, 인간의 의지가 취할 수 있는 태도는 무한정하므로 예술 작품의 스타일도 무한정하다."[5] 스타일의 본질, 스타일은 예술 작품 안의 불가피한 결정 원칙이다!

당신만의 스타일로 쓰고 싶다면 먼저 위대한 작가들의 책을 읽으며 그들의 어휘, 문장 구성법, 문체의 차이를 주의깊이 살펴보고 익혀라! 그들의 작품을 '스타일'의 관점에서 보고 배우며 저기 것으로 소화해내는 게 무엇보다 필요하다.

[5] 수전 손택, 『해석에 반대한다』, 이민아 옮김, 이후, 2002, 62쪽.

무의식, 나도 모르는 나

인류 최초의 글쓰기가 언제 어떻게 이루어졌는지 그 기원을 정확히 알 수는 없다. 아마도 원시시대에 한 사냥꾼이 전날 낮에 숲에서 사냥한 사슴이 몇 마리인지, 그 사슴을 사냥하다가 다친 이가 누구인지 등을 이상한 표의문자(表意文字)로 동굴 벽에 기록한 것에서 시작되었을지도 모른다. 왜 그것을 기록했을까? 다른 날과 뭔가 달랐기 때문이 아닐까. 아마도 그 다름을 잊지 않기 위해서 동굴 벽에 그 사실을 기록했을 것이다. 과학적 추론에 따르자면, 뭔가를 쓴다는 것은 기억의 부실함에 대한 보완이며, 잊혀짐과 덧없음, 곧 사라지는 것에 대한 처절한 항거이다. 원시 인류가 동굴에 남긴 기호들과 그림들은 망각의 덧없음에 대한 저항의 한 형식이었을 것이다.

누가 내게 글 쓰는 법을 가르쳐줄까? 한 독자가 궁금해했다. 지면과 지면이, 그 끝없는 공백이 (시간의 낙서를 권리로, 글 쓰는 이의 대담무쌍함을 필연성으로 확인하면서) 그가 천천히 메워나가는 영원함의 공백이 그것을 가르쳐준다. 망치면서도 그의 자유와 행동할 권리를 주장하고, 건드리는 모든 것을 망치지만 그럼에도 불구하고 행동하는 것이 그냥 불투명하게 여기 존재하는 것보다는 더 낫기 때문에 건드린다는 것을 확인하면서, 그가 무뚝뚝하게 메워나가는 지면이 그것을 가르쳐준다. 그의 끈기라는 까다로운 실마리로 천천히 메워나가는 지면이 그것을 가르쳐준다. 그가 온 힘을 다해 끌어 모을 수 있는 불완전한 장점들로 맞서보는 그의 죽음의 지면이 그것을 가르쳐준다. 그 지면이 그에게 글 쓰는 것을 가르쳐줄 것이다.[6]

글을 쓰면 주체의 내면이 균열하며 변화가 생기고, 주체가 달라지면 세상이 달라진다. 나는 훌륭한 사람인가? 말과 행동이 항상 일치하는가? 세상에 완전한 사람은 존재하지 않는다. 그런 까닭에 사람은 끊임없이 배우고 스스로를 더 좋은 인격체로 변화시켜야 할 의무가 있다. 자신을 한번 돌아보라. 말과 행동 사이에 얼마나 많은 불일치가 있는가. 뭔가를 쓴다는 행위는 자신을 돌아보고 더 나은 사람으로 변화하기 위한 수행의 한 방식이다. 모든 수행이 그렇듯이 글쓰기에 왕도란 없다. 쓴다는 것은 수련이고 수행이자 제 안의 결핍을 글쓰기라는 노동으로 채워나가는 일이다.

왜 사람들은 쓰질 못하는 걸까? 그건 다른 사람이 저를 대단한 사람, 유식한 사람, 좋은 사람, 혹은 뭔가 있어 보이는 사람으로 알아주기를 바라는 기대를 깨고 싶지 않기 때문일 것이다. 사람 사는 게 다 거기서 거기인데, 뭐 그렇게 대단한 게 있겠는가? 없

6
애니 딜러드,
『창조적 글쓰기』,
이미선 옮김, 공존,
2008, 89~90쪽.

"
촉구

는데 있는 척하고 살려니 인생이 무겁고 힘들어지는 거다. 그게 심하면 병도 난다. 그 겉치레 병, 남을 속이고, 위장하는 병, 그게 깨져야 '뭔가 새로운 사람'으로 나아갈 수 있다. 그동안 얼마나 힘들었는가? 안은 텅 빈 채 껍데기만 있는데 누군가 자기를 대단한 사람으로 알아주기를 기대하며 산다는 것은 힘든 일이다. 그건 뻔뻔하고 기만적인 삶이다. 그걸 가차 없이 깨고 자기 폭로를 할 수 있는 사람만이 좋은 글을 쓸 기회를 얻는다. 쓰는 자가 진짜 용기 있는 사람이다. 글을 쓸 때 있는 체해도 아는 체해도 안 된다. 감정을 조작하지 말고, 보고 듣고 느낀 바대로 담백하게 쓸 줄 알아야 한다. 정직하게 공들여 쓰는 것이 바로 재능이다. 자, 다음 소설의 문장들을 찬찬히 음미해보라. 한국 소설사에서 빛나는 걸작으로 평가되는 김승옥의 초기 단편소설 「염소는 힘이 세다」 중에서 고른 문장이다.

염소는 힘이 세다. 그러나 염소는 오늘 아침에 죽었다. 이제 우리 집에는 힘센 것은 하나도 없다. 나는 때때로 홍수의 꿈을 꾼다. 오늘 아침에도 나는 홍수의 꿈을 꾸었다. 황톳빛 강물이 부글부글 끓듯이 거품을 일으키고 무서운 소리를 내며 빠르게 흐르고 있었다. 나는 강변에 있는 마을의 폐허 위에 서 있었다. 간밤의 폭우 때문에 집들은 더러운 판자 더미가 되어 있었고, 강물이 흐르며 내는 소리—그 무겁고 한순간도 휴지(休止)가 없는, 쭈욱 이어서 들리는, 그래서 그 소리에 귀를 기울이고 있는

사람은 처음엔 그 소리가 끝날 때를 기다리지만 차츰 그 소리가 음악이
나 사람의 울음소리와는 달라서 결코 언젠가 끝날 수 있는 소리가 아니
라는 것을 확신하게 되고, 그러자 그것이 생명과 의지를 가진 괴물처럼
생각되어 온몸에 식은땀이 흐르는 그러한 강물 소리가 울려서인지, 그
비에 젖어 시꺼멓게 괸 판자 더미는 덜덜덜 떨리고 있었다. 나는 그 소리
로부터 도망치려고 몸을 돌렸다. 그때 판자 더미 속에서 '매애애―' 하
는 염소의 울음소리가 약하게 들려왔다. 나는 판자 더미를 헤쳤다. 하얀
털을 가진 염소 새끼 한 마리가 그 속에 있었다. 나는 그놈을 가슴에 안
았다. 새끼 염소에 정신이 팔려 있는 동안은 내 귀에 들리지 않던 무서운
강물 소리가 내가 그놈을 가슴에 안고, 어디서 이놈의 임자가 나타나지
않을까, 하고 사방을 두리번거리는 동안에 다시, 나를 휩쓸고 갈 듯이 달
려들었다. 나는 새끼 염소를 안은 채 도망쳤다. 그 무서운 강물 소리, 그
것은 소리라기보다는 소리의 메아리라고나 하는 편이 좋을 만큼 귀신같
은 데가 있는데, 그 웅웅거림이 끝없이 나를 쫓아오고 있었고 그리고 내
가슴에 안긴 새끼 염소는 나의 달음박질을 독려하듯이 쉬임 없이 그 곱
게 떨리는 소리로 울고 있었다. 나는 잠이 깨었고 눈을 떴다. 그것은 내
가 우리 집의 염소를 처음 얻던 때의 바로 그 사정인 꿈이었다.[7]

뛰어난 미학적 성취를 보여주었다고 평가를 받는 이 단편소설
의 문장들이 쉽고 평이하다는 점에서 놀랄 수도 있다. 우선 눈에
띄는 것은 문장을 이루는 어휘들이 쉽다는 점이다. 작가는 언어

[7] 김승옥, 『생명연습』, 문학동네, 2014, 418쪽.

의 연금술사답게 누구나 다 아는 쉬운 어휘들만 가지고 이 명작을 써냈다. 일견 평범해 보이는 어휘들을 조합해 비범한 이야기를 빚는 도구로 바꿔놓은 것이다.

「염소는 힘이 세다」는 어느 가난한 집 소년의 눈에 비친 세상에 대한 보고이다. 소년의 집엔 할머니와 시내 어디선가 꽃을 파는 어머니와 열일곱 살 난 누나가 있다. 우연히 집에 들어온 새끼 염소를 이웃인 생사탕 집 주인이 때려죽이자 할머니는 그 염소를 잡아 술을 팔고 음식을 판다. 누나는 자기를 겁탈한 사내의 주선으로 합승 버스의 차장으로 취직을 하는데, 자기를 겁탈한 사내와 사이좋게 걸으며 웃는 누나를 바라보는 소년은 혼란스럽기만 하다. '염소는 힘이 세다'라는 문장이 여러 번에 걸쳐 반복 서술되는 것은 아버지가 부재하는, 그래서 폭력적인 힘의 위계가 엄연한 이 물신적 욕망의 세계 속에서 소년이 처한 왜소하고 무기력한 상황을 상징적으로 보여주기 위함이다. 불순한 욕망과 힘의 위계가 엄연한 험한 세상 속에서 나약한 실존을 이어가는 가족을 바라보는 소년의 시선에 비친 세상은 일그러져 있고 혼란스러우며 무섭기조차 하다. 소년은 이 거칠고 무자비한 힘이 판치는 정글 같은 세상에서 자라나 어른이 될 것이다.

천재의 뿌리

20대 무렵, 김승옥의 글들을 읽으며 작가의 천재성에 감탄을 하곤 했다. 작가들이란 언어와 이야기를 자유자재로 다루는 면에서 천재들이다. 그 천재의 뿌리는 무엇일까? 앞서도 얘기했지만 그것은 바로 무의식이다. 좋은 작가들은 무의식을 자유자재로 이용한다. "작가의 근본 문제는 자신감, 자존감, 자유의 문제다. 그런 점에서 작가의 수호 정령은 무의식 속의 이런저런 유령들에게 붙잡혀 있다고 해도 과언이 아니다."[8] 김승옥은 본능적으로 무의식에 있는 심상들을 끄집어내 이야기로 엮어내는 데 천부적인 재능을 보인 작가이다. 그는 누구보다도 글쓰기의 수로를 통해 무의식이 자연스럽게 흘러가도록 만드는 재능이 있다. 글쓰기에 필요한 무의식이란 무엇일까?

 무의식은 추상적이고 형체도 없는 그 무엇이 아니다. 그것은 본성에 내재된 무서운 힘이다. 의식과 무의식은 분리된 채 다른 층위에 있는 것이 아니라 하나의 사유 활동 자체 가운데서 공존한다. 무의식의 바다에서 의식이 출현하는데, 이때 의식은 또 다른 심연의 입구이다. 그 입구를 들어서면, 그 안에 어마어마한 심연이 웅크리고 있다. 그 바닥을 알 수 없는 깜깜한 심연의 어딘가에는 욕망, 진실, 상처, 잠재적인 기억과 이미지들이 살아 숨 쉬고 있다.

 정신분석학의 창시자인 프로이트는 무의식에 대해 우리 안에 깊숙이 숨어 있는 일종의 광주리 같은 것이라고 말한다. 무의식은 인간의 자유 의지로 인식할 수 없고 의지로 통제되지 않는 영역이다. 이 무의식을 이용해 글쓰기를 잘해낼 수 있는 방법은 다

[8] 도러시아 브랜더, 『작가 수업』, 강미경 옮김, 공존, 2010, 8쪽.

음과 같다. "무의식이 제시하는 자료가 감당 못할 정도로 넘쳐나지 않도록 늘 올바른 방향을 잡아주고 통제해야 한다. 하지만 글을 잘 쓰려면 당면한 지식의 문지방 뒤에 자리하는 우리 본성이 거대하고 강력한 이 부분과 타협해야 한다." 즉 무의식으로 하여금 쓰게 하고, 의식으로 하여금 고치게 하는 것이다. 글을 쓸 때는 이성의 간섭에 짓눌리지 말고 '무의식이 보내는 신호'에 집중해서 글을 쓰는 것이 좋다. 우리가 재능이라고 간주하는 것의 뿌리는 의식이 아니라 무의식 안에 있다.

무의식 깊숙이 숨어 있는 욕망

작가의 과업을 '쓰다'라는 동사보다 더 잘 드러내는 말을 찾기는 어렵다. '쓰다'라는 동사는 작가들이 따라야 할 궁극의 도(道)이다. 내 경험에 비추어 말하자면 뻔뻔스러울 정도로 자신을 드러낼 수 있는 용기, 진실과 피하지 않고 정면으로 맞설 수 있는 용기, 쓰고야 말겠다는 용기를 가진 사람만이 글을 쓴다. 저를 드러내지 못한 채 전전긍긍하며 진실을 감추는 자는 영원히 글을 쓸 수가 없다. 가장 쓰기 어려운 것이야말로 정말 써야 될 것이다. 정말 써야 될 것은 가슴 밑바닥에 숨어 있다. 이걸 찾아내 기어코 글로 발화하는 것, 내면 깊숙이 웅크린 채 숨어 있는 자아를 만날 기회이다. 무의식의 피를 찍어 한 자 한 자 적어나가는 것, 이게 바로 무의식의 글쓰기이다.

9
도러시안 브랜디,
『작가 수업』,
강미경 옮김,
공존, 176쪽.

글쓰기와 집짓기

한 편의 글을 쓰는 것과 집을 짓는 과정은 닮아 있다. 집을 지을 때 가장 먼저 어떤 집을 지을까를 머릿속에 그려본 다음 집의 내부 구조, 창과 문의 위치 등 집의 모양을 구체화시킨 설계도가 필요하듯이 글을 쓸 때도 마찬가지이다. 가장 먼저 무엇을 어떻게 써야 할지 떠올린 뒤 개요부터 짜야 사상누각이 되지 않는다. 좋은 설계도가 좋은 집을 만든다면 좋은 설계도(개요)를 그려내는 조건은 무엇일까?

먼저 집에 살 사람들의 취향, 꿈과 갈망들에 대해 잘 알아야 한다. 이것을 충분히 반영해 정밀한 설계도를 만들어야 한다. 글짓기와 집짓기는 하나다. 글쓰는 사람은 무엇보다도 열린 마음으로 만물을 품을 줄 알아야 한다. 열린 마음에서 풍부한 상상력이 배양되는 법이다. 상상력은 밋밋한 사유에 강렬함을 접목시켜 최초의 착상들을 입체화시키고 더 큰 사유로 이끌어준다. 아울러 상상력은 남과 다른 독창적인 아이디어를 낳는 기반이 된다. 이렇게 현실에 뿌리를 둔 열린 의식과 풍부한 상상력을 배제하고는 좋은 건축도, 좋은 글도 나올 수 없다.

출구

좋은 집은 구조적으로 안정을 이루고, 기능적으로 편리하면서도 조화와 균형을 이뤄야 한다. 건물의 내부 공간과 외부 공간이 충돌 없이 조화를 이루며 최적화된 구조와 디자인으로 구성해야 한다. 글쓰기도 탄탄한 뼈대와 이치에 맞는 전개가 중요하다. 또 건축물의 디테일을 이루는 벽, 창, 문, 화장실, 복도 등의 요소가 그렇듯 그 미학적, 혹은 윤리적인 중심을 감싸는 재료, 소재, 이야기, 인물들이 유기적인 구성 속에서 하나의 구조로 낱낱의 요소들이 조화롭게 녹아들어야 한다. 글에도 중심부와 그것을 감싸는 주변부가 존재하는데, 그것들이 어우러져 조화와 균형을 이루며 하나의 세계, 하나의 우주를 구축한다. 그 중심부에 대해서 노벨 문학상을 수상한 튀르키예 작가 오르한 파묵은 하버드 대학 강연에서 다음과 같이 말했다. "중심부는 삶에 관한 심오한 관점, 일종의 통찰"이자 "깊은 곳에 있는 실재 또는 상상의 신비로운 어떤 지점"이라고.

글쓰기로 건축하는 법

글쓰기와 집짓기는 얼마나 닮아 있는가? 목수의 망치, 광부의 곡괭이, 나무 판에 각(刻)하는 이의 손에 들린 끌은 집짓는데 필요한 기본 도구들이다. 그렇다면 글쓰기에 필요한 도구들은 무엇인가? 그것은 문장을 만드는데 필요한 단어들이다. 단어를 조합해 문장을 짓고, 문장을 조합에 글이란 집을 짓는다. 집을 지을 때 설계에 따라 시공을 하다가도 마음에 들지 않으면 바꿀 수 있 듯이 글쓰기도 중도에 방향을 틀어 주제를 바꿀 수 있다. 글을 써 나가는 과정에서 의도나 주제가 바뀌는 일은 흔한 일이다. 뿐만 아니라 문장들과 단락들, 플롯, 글 자체의 형식도 바뀔 수 있다.

심혈을 기울여 완성된 작품이라도 마음에 들지 않으면 전부 삭제해버리는 참사도 일어난다. 작가는 작품이 드러내는 적나라한 진실 앞에서, 혹은 완성된 작품의 보잘것없음 앞에서 절망한다. 완성된 집이 마음에 들지 않는다면 어떻게 하는가? 건물 벽이나 지붕의 하중을 떠받치는 뼈대를 부수고 새로 지어야 한다. 설계와 다르거나 설계와 맞더라도 제 기능을 하지 못하는 벽들은 헐어내야 한다. 글쓰기도 마찬가지이다. 작품을 버리고 다시 시작해야 한다. "글 쓰는 이는 작품을 부수고 다시 시작해야 한다. 부서진 건물 사이에서 벽돌 몇 개를 건지듯이 몇 개의 문장은 건질 수 있다. 그 자체로 아무리 뛰어나고 아무리 어렵게 얻은 문단이라 해도, 몇 개의 문단이라도 건질 수 있다면 그것은 기적이다. 작품을 부술까 고민하면서 일 년을 허비할 수도 있고 그 즉시 해치워 버릴 수도 있다."[10] 퓰리처상 수상 작가인 애니 딜러드의 글쓰기에 관한 조언에 귀를 기울이시라. 어설프게 타협을 한 뒤 마음에 차지 않는 작품을 세상에 내놓고 평생 후회할 수도 있다.

실패했다는 판정을 내린 작품 중에서 최초 착상의 일부, 몇 문장이라도 건질 수 있다면 그나마 다행이다. 작가들은 자기 결과

10
애니 딜러드,
『창조적 글쓰기』,
이미선 옮김, 공존,
2008, 13쪽.

출구

물에 항상 만족하지 못한다. 늘 최고의 작품을 꿈꾸는 작가들에게 쓰고, 또 쓰고, 앞에 쓴 것들을 지우고 다시 고쳐 쓰는 일은 형벌과도 같다. 그들은 썼다 지우고 다시 썼다 지우는 일을 두려워하지 않는다. 그들은 언제나 다시 시도한다. 잘 쓰기 위해서가 아니라 위대한 실패를 하기 위해서. 무수한 실패를 반복한 끝에 마침내 문득 최고의 순간이 온다. 고된 과정을 다 견뎌낸 뒤 책의 마지막 장, 마지막 문장을 쓰고 마침표를 찍게 되는 그 순의 황홀경을 맛본다. 스티븐 킹은 그 지난한 작업 과정을 다음과 같이 이야기한다.

> 나는 일단 어떤 작품을 시작하면 부득이한 경우를 제외하고는 도중에 멈추거나 속도를 늦추는 일이 없다. 날마다 꼬박꼬박 쓰지 않으면 마음속에서 등장인물들이 생기를 잃기 시작한다. 진짜 사람들이 아니라 등장인물처럼 느껴지는 것이다. 서술도 예리함을 잃어 둔해지고 이야기의 플롯이나 전개 속도에 대한 감각도 점점 흐려진다. 무엇보다 심각한 것은 뭔가 새로운 이야기를 만들어낼 때의 흥분이 사라지기 시작한다는 사실이다. 그러면 집필 작업이 '노동'처럼 느껴지는데, 대부분의 작가들에게 그것은 죽음의 입맞춤과도 같다. 가장 바람직한 글쓰기는 영감이 가득한 일종의 놀이이다. 어쩔 수 없는 경우에는 나도 냉정한 태도로 글을 쓰는 것이 가능하기는 하다. 그러나 내가 좋아하는 방법은 도저히 손댈 수 없을 만큼 뜨겁고 싱싱할 때 얼른 써버리는 것이다.[11]

11
스티븐 킹,『유혹하는 글쓰기』, 김진준 옮김, 김영사, 2002, 186쪽.

다시 망치와 끌을 잡고

모든 글쓰기가 "영감이 가득한 놀이"라면 얼마나 좋을까? 이는 불가능한 꿈이다. 작가에게 집필은 노동이다. 대부분의 글쓰기는 고되고 메마른 노동이다. 이 노동은 중간에 멈춰버리면 돌연 재미와 흥미를 잃은 채 심드렁해진다. 그런 겨우 글쓰기는 흥분이나 긴장감이 사라진 채 진부한 노동으로 전락하고 만다. 그나마 진척이라도 있으면 좋으련만 좀처럼 앞으로 나아가지 않는다. 날마다 쉬지 않고 써나가도 진도가 나아가지 않을 때 작가들은 권태에 빠지고 자기 재능에 대한 지독한 회의에 빠진다. 한 번 썼다고 끝나는 게 아니다. 그 뒤 지난한 수정 작업이 뒤따라야 한다. 고치고, 고치고, 또 고쳐야 한다. 더 많이 고칠수록 문장이 더 윤택해지니 안 고칠 도리가 없다. 글쓰기란 그 과정을 묵묵히 견디며 수행하는 일이다. 한없이 지체되고 늘어지는 글쓰기에 진저리가 처지고 불안해질 때마다 스위스의 철학자 아미엘의 말을 떠올린다. "1,000걸음 나아가다 999걸음 물러나는 것, 그것이 바로 전진이다." 글쓰기에서 '전진'이란 그런 것이다.

몸으로 글쓰기

많은 글쓰기의 스승들이 글을 쓸 때 늘 '몸으로 써라!'라고 말한다. 몸은 살이고 피요, 더 나아가 물질, 실체, 자아를 아우르는 총체이다. 몸은 여기에 존재하며 세계와 맞닿아 있는 유일한 물질적 현전이다. 우리는 웃고, 울고, 하품을 하고, 재채기를 하고, 화를 내고, 포옹을 하고, 성교를 하고, 이별하고, 노화하고, 병들고, 죽고, 썩어 사라진다. 몸은 세계와의 물질적 접점이고, 경험의 발화점이며, 인생을 일구는 물적 기반이자 자산이다. 인간은 몸 그 자체다. 몸은 일체의 허상과 관념에 맞서는 유일한 도구다. 우리는 몸을 떠나서 존재할 수 없다. 한편으로 몸은 몸 자신이다. 몸은 스스로 사유하고 상상한다. 몸으로 글을 쓴다는 것은 무슨 뜻인가? 그것은 몸을 글쓰기에 최적화된 상태로 정렬하는 것이고, 글쓰기 속으로 몸을 갈아 넣는다는 것을 뜻한다.

나탈리 골드버그는 『뼛속까지 내려가서 써라』에서 글쓰기가 육체를 통한 창조라는 것을 강조한다. "당신의 감정과 느낌을 기록하기 위해서는 연필을 잡고 있는 손, 그 손과 연결된 팔, 이렇게 육체적으로 긴밀한 협조가 필요하다. 마음과 육체는 따로 떨어져 있지 않다. 그러므로 당신은 글을 쓰고 있는 육체적 행위를 통해 마음의 장벽을 능히 부술 수도 있다."[12] 글을 쓰는 동안 몸은 이완하면서 긴장하고 확장되다가 다시 느슨해진다. 글쓰는 자들은 몸의 이완과 수축을 지속하면서 글쓰기를 밀고 나간다. 몸은 글쓰기의 시원이자 기원이다. 그런 맥락에서 글쓰기는 더도 덜도 아닌 육체적 행위이다. 제 안에 있는 숨은 재능과 자산들을 몸을 통해 펼쳐내는 것, 이것이 글쓰기이다. 어느 정도 글쓰기의 경험을 쌓고난 사람은 좋은 글을 쓰기 위해 제 몸을 글쓰기에 잘 맞게 '포맷'해야 한다는 사실을 알아차린다.

보다 깊은 글쓰기의 비밀

몸으로 쓴다는 것은 무슨 뜻일까? 첫째, 말 그대로 몸을 사용한다는 것이다. "글쓰기는 운동과 같다. 온몸을 이용해야 하기 때문이다. 무릎, 팔, 신장, 간, 손가락, 치아, 폐, 척추 등 모든 신체 기관이 종이 위를 맴돌며 집중하기 위해 애쓴다."[13] 글을 쓸 때는 먼저 몸에 주의를 기울이고 집중하라. 글 쓰는 행위를 신체를 이용한 도약 운동이라고 생각하는 거다. 머릿속에 떠오르는 착상들은 종이 위에 손으로 적어나간다면, 손에 집중하라. 지금은 종이 위에 펜으로 쓰는 사람보다 컴퓨터의 자판을 두드리며 쓰는 사람들이 더 많겠지만 어느 것이든 손을 움직여 쓴다는 건 마찬가지이다. 몸이 몰입 모드로 들어가면, 손과 팔과 머리와 심장은 하

[12] 나탈리 골드버그, 『뼛속까지 내려가서 써라』, 권진욱 옮김, 한문화, 2000, 99~100쪽.
[13] 나탈리 골드버그, 『인생을 쓰는 법』, 한진영 옮김, 페가수스, 2013, 222쪽.

나가 된다. 글쓰기는 몰입의 삼매경 속에서 폭발하듯이 이루어진다. "언어가 배꼽에서부터 올라오는 것을 느껴라. 머리를 위 속으로 끌어내리고 소화시키라. 당신 육체가 양분을 빨아들이도록 내버려두라. 인내심을 가지고 한결같은 균형을 유지하라. 생각이라는 단계 밑에 있는 무의식의 세계 속으로 당신의 핏줄 속으로 글쓰기를 삼투시키라."[14]

둘째, 몸으로 글을 쓴다는 것은 몸으로 겪은 것들, 보고 듣고 만지고 냄새 맡은 것들, 즉 몸에 입력된 감각들에 기대어 글을 쓰는 것이다. "하나의 몸은 다른 몸들에게 제공되는 하나의 이미지이자, 몸에서 몸으로 뻗어가는 무수한 이미지의 코르푸스 전체, 그러니까 색깔들, 국지적인 그림자들, 편린들, 낟알들, 작은 자리들, 초승달들, 손톱들, 털들, 힘줄들, 두개골들, 갈비뼈들, 골반들, 복부들, 관(官)들, 거품, 눈물, 치아, 침, 틈새들, 덩어리들, 혀들, 땀, 액(液), 혈맥들, 고통과 쾌, 그리고 나, 그리고 너인 것이다."[15] 사람은 이 밀도를 지닌 것, 즉 근육과 뼈와 피로 존재한다. 이것은 몸으로 세계와 만나고 접속한다는 뜻이다. 몸은 한시도 쉬지 않고 날숨과 들숨을 내뱉고 들이키며 끊임없이 작동한다. 우리가 멈춰 있을 때조차 신체의 장기들은 움직이고 있다. "몸은 경련을 통해, 위축과 이완의 교차에 의해, 주름과 주름의 펼쳐짐에 의해, 묶기와 풀기, 비틀기, 들썩거림, 급속한 방출, 다시 이완과 위축, 소스라침, 요동, 진동, 소름, 발기, 욕지기, 펄떡임에 의해 작동한다."[16] 사유는 이

14
나탈리 골드버그, 『인생을 쓰는 법』, 한진영 옮김, 페가수스, 2013, 148쪽.
15
장-뤽 낭시, 『코르푸스-몸, 가장 멀리서 오는 지금여기』, 김예령 옮김, 문학과지성사, 2012, 118쪽.
16
장-뤽 낭시, 앞의 책, 178쪽.

몸을 통과하며 열린다. 몸에 집중한다는 것은 곧 몸을 통해 열리는 상상력을 따라가며 이미지를 채집하는데 집중한다는 뜻이다.

글쓰기란 몸을 통해서 존재의 비밀을 누설하는 것이다. 글쓰기에 입문한 사람들은 머릿속에서 생각한 것들로 글을 채우는데, 의식 표면의 것들을 글감 삼아 쓴 글들은 생각이 얕다. 머리로 쓴 글은 피상적인 개념들이 주가 되기 마련인데, 자신의 통렬한 체험과 기억의 복합에서 나오는 절박함이 없기에 어떤 힘도 감동도 느낄 수 없다. 그보다는 의식의 표면 아래, 즉 무의식의 형태로 저장된 기억들을 끌어내야 한다. 그래야 보다 깊은 글쓰기가 이루어진다.

> 모든 기억들은 몸 안에 저장된다. 열정과 심적인 고통, 즐거움, 초월한 평화의 순간들도 저장된다. 이것들에 다시 접속하려면 우리는 몸 안으로 들어가야 한다. 감정적인 충격, 사랑하는 사람을 잃은 트라우마, 이별의 슬픔 등을 맞게 될 때, 몸은 그 대가를 치른다. 머리는 진실을 부정하고 노련하게 생각을 마비시킬 수도 있지만, 몸은 진실을 단단히 붙잡고 있다. 몸 안으로 들어갈 때, 우리는 심장으로 들어간다. '심장(heart)' 안에는 예술(art)이 있다. 손으로 글을 쓰는 일이 불편하고 어색할 수 있지만 키보드 위에서 날아다니는 손가락들보다 손으로 쓰는 일이 더 깊은 진실로 이끄는 이유가 바로 이 때문이다. 우리는 우리 몸 안에서 '종신형을 선고' 받았다. 이것은 중요한 사실이다.[17]

[17] 줄리아 카메론, 『나를 치유하는 글쓰기』, 조한나 옮김, 이다미디어, 2013, 112~113쪽.

출구

몸과 마음은 분리할 수 없는 하나

사람은 태어날 때부터 타고난 몸 안에 살도록 '종신형을 선고' 받은 존재이다. 글쓰기의 기반도 몸이다. 가장 좋은 글쓰기는 영(靈)과 육(肉)의 합체를 통해서만 나온다고 믿는다.

머리[생각]보다 더 깊은 곳에서 움직이는 게 몸[직관]이다. 한 인간을 떠받치는 건 정서[기억], 제 안의 심층을 만드는 무의식이다. 몸으로 쓰라는 것은 생각을 멈추고 몸[직관]에 충실하라는 뜻이다. 몸[직관]과 정서[기억]는 연결되어 있다. 정서는 후천적 학습의 결과가 아니라 타고난 본능이다. "진화론의 관점에서 보면, 정서는 수 세대에 걸쳐 계속 반복되어 온 위험에서 탈출하거나, 음식을 찾거나, 짝을 찾는 행위의 결과이다. 소름이 돋거나, 으르렁거리거나, 머리칼을 세우거나, 깃털을 펼치거나, 깨무는 원시적 행동들은 원래부터 정서와 연결되어 있다."[18] 우리는 공작새가 펼치는 화려한 깃털같이 영혼, 느낌과 감정, 사유와 언어들을 제 속에 은닉하고 있다. 글쓰기란 그것들을 세계를 향해 활짝 펼치는 일이다. 몸은 의미의 촉매이고, 의미가 파열하듯이 드러나는 영점(零點), 혹은 글쓰기의 과녁이자 꿰뚫는 화살이다.

맛있는 음식을 먹을 때 온 그 맛과 향을 느끼는 미각에 집중하듯이 글을 쓸 때도 몸에 흘러들어온 감각 입력들에 집중하라! 머리를 쓰지 말고 오로지 손에 움직임에 집중하며 써라! 심장으로 들어가라! 왜냐하면 "'심장(heart)' 안에는 예술(art)"이 있기 때문이다.

[18] 존 레이티, 『뇌, 1.4킬로그램의 사용법』, 김소희 옮김, 21세기북스, 2010, 312쪽.

등단을 꿈꾼다면

작가 지망생들은 혼자 골방에 들어가 내적 체험과 몽환, 미친 영감을 한데 넣고 뒤섞어 말랑말랑한 반죽을 만들고, 그 반죽에 마법을 일으키는 상상력을 넣어 작품을 빚을 것이다. 글쓰기는 밀실에서 본능과 꿈, 예감을 재료로 빚어 일구는 존재의 발명이다. 글을 쓴다는 것은 사적인 일이다. 밀실의 음지에서 수공업적 기예로 빚은 작품을 광장으로 끌어내어 햇빛이 있는 곳으로 데려다주는 게 일간지들이 시행하는 신춘문예이다. 신춘문예는 미등단인 채 글을 쓰는 무명작가를 사적 영역에서 공적 영역으로 발굴하고 소개하는 제도이다. 어쩌면 신춘문예는 "식탁에 놓인 소금보다도 저렴"(스티븐 킹)한 알량한 재능의 검증이자 개인의 내밀한 열정과 꿈을 공적 영역으로 이동시키는 일일 뿐일지도 모른다. 돈이나 권력과는 상관이 없다. 만약 그런 게 있다면 부수적 산물일 따름이다. 신춘문예 당선자에게는 특별한 행복과 명예가 주어진다. "국민의 영적 건강을 대변"하는 일이 그것으로, "성스러운 권력과 인간의 자유 사이의 중간 지점"(옥타비오 파스)에 놓이는 작가라는 직분을 스스로 떠맡음으로써 이루어진다.

가능성의 문이 열리는 순간

　신춘문예는 한국에만 존재하는 신인 등단 제도이다. 신춘문예에 당선된다는 것은 어제까지 무명이었던 신인이 화려한 조명을 받으며 새로운 작가로 자신을 세상에 알리는 문학적 사건이다. 하루아침에 이름을 널리 알릴 수 있고, 아무런 차별 없이 작품만으로 공정하게 경쟁한다는 매혹 때문에 문학청년들에게 신춘문예는 언제나 꿈의 무대이다.

　내게도 그런 순간이 있었다. 젊은 시절 나는 온통 부정적인 생각으로 가득 차 있는 그저그런 보잘것 없는 인간이었다. 다른 인간과 다른 점이 있다면 책을 열심히 찾아 읽는다는 사실이다. 우연한 계기로 지구가 다른 행성의 지옥이 아니라 그 자체로 빛나는 파란 보석이란 걸 깨닫게 되었다. 불확실한 미래로 인해 의기소침한 채로 절망과 자조하며 세상을 헤매다니다가 부정적인 시각에서 벗어나자마자 신기하게도 두 신문사의 신춘문예에서 시와 문학평론이 각각 당선되었다. 스물네 살 무렵이었다. 모호했던 인생이 예측 가능한 것으로 바뀌는 순간이었다. 시립도서관의 참고 열람실에서 햇빛이 가장 잘 드는 창가 자리에 앉아 책이나 꾸역꾸역 읽으며 아무도 읽어주지 않는 시를 푸른 노트에 끼적이던 무명의 문학청년 날개를 달고 날아오르는 대도약의 순간을 맞은 것이다. 갑자기 출판사에서 연락이 와서 취업이 이루어졌다. 여기저기서 부르고 찾는 일들이 부쩍 잦아졌다. 그때 기회의 문들이 활짝 열리는 것을 실감했다.

국민 백일장, 신춘문예

한국에서 신춘문예가 처음 선보였던 해는 1925년이다. 신춘문예란 제도는 〈동아일보〉에서 시작되었다. 당시에는 신춘문예를 공모하며 현상금 대신 '박사 진정(薄謝進呈)'을 내려줬다. 즉 당선자에게 사례로 약간의 돈이나 물품을 준 것이다. 이듬해부터 소설의 경우 1등 60원, 2등 30원의 현상금을 주었다. 당시 쌀 한 가마가 30원, 택시 요금이 1원이었으니, 상금의 가치가 얼마인지를 짐작해볼 수 있겠다.

신춘문예가 시행된 지 이제 100년을 꽉 채웠다. 일간 신문사들은 매년 연말이 되면 문학작품을 공모하여, 신년 초두에 당선작품과 작가를 지면에 발표하고 상금을 주며 축하한다. 신춘문예의 공모와 심사를 연말 전에 다 마무리짓고 1월 1일에 당선자 발표를 하는 전통은 아직까지 변함이 없다. 응모작들을 보낼 때 겉봉에 붉은 글씨로 '신춘문예 원고'라고 써야 하는데, 예나 지금이나 응모 작품들을 되돌려주지 않는 것이 불문율이다.

신춘문예로 등단을 한 문인은 그 수를 다 헤아릴 수 없을 정도로 많다. 김동리, 황순원, 서정주, 김유정, 김승옥, 최하림, 황석영, 최인호, 한수산, 이문열 같은 이름은 문학에 크게 관심이 없는 사람이라도 들은 적이 있을 테다. 신춘문예는 한 세기 동안 신인들

출구

을 발굴하여 한국 문단을 풍성하게 키우는 젖줄이자, 젊은 피를 수혈해서 활력을 불어넣는 등단 제도임을 꿋꿋하게 입증하고 있다. 그 동력은 신문사마다 수천 명이 넘게 몰리는 응모자들의 꺼지지 않는 열정과 노력이다.

신문사들은 저마다 이념과 정체성이 다른데, 특정 언론사의 이념적 프레임이 신춘문예의 작품 심사에도 작용을 하는지 궁금해하는 이들이 많다. 신문사가 제게 주어진 영향력을 행사하는 것은 어떤 심사 위원을 위촉하는가에 국한된다. 당선작을 고르고 심사하는 것은 심사 위원의 몫이다. 신문사가 특정 이념이나 경향의 작품을 뽑도록 심사 위원을 압박하거나 영향력을 행사할 수 있는 장치는 아무것도 없다.

그러나 문학청년들 중에 신춘문예라는 제도의 공정성에 대해 의심을 품는 이들도 드물지 않다. 우편 제도를 불신해서 응모작을 직접 신문사 문화부에 제출하는 이들도 있고, 심사자들의 도덕성과 안목을 불신하는 이들도 있다. 하지만 복수의 심사자들이 담합해서 더 훌륭한 작품을 탈락시키고 그보다 덜 훌륭한 작품을 뽑을 가능성은 희박하다.

낙선자들 중에는 제 작품이 낙방한 것이 보이지 않는 음모 때문이라는 의혹을 품는 이도 있다. 몇 해 전 신춘문예와 관련된 아주 특이한 스캔들이 터졌는데, 낙선한 사람이 심사에 관여한 한 여성 소설가가 펴낸 신작이 제 응모작의 아이디어와 스토리를 표절했다고 문제를 제기한 사건이었다. '혀'라는 독특한 소재의 소설이었는데, 문단에서 격렬한 논쟁이 오갔다. 두 소설이 소재가 닮았기에 표절의 개연성이 있다는 의견과 유사성은 우연의 결과이고 표절 의혹은 응모자의 과대망상일 뿐이라는 의견이 팽팽하게 맞섰다. 이 소동은 응모자들이 제 고유한 아이디어나 참신한 표현들을 도둑맞을지도 모른다는 불안감에서 기인한 일이었다. 물론 이런 일이 전혀 불가능한 것은 아니지만 그럴 정도로 타락한 작가는 없다고 보는 게 맞다.

문학청년에서 시인으로

신춘문예에 응모하던 20대의 청년은 어느덧 신춘문예의 심사자로 자주 불려나간다. 내 경험에 비추어 말하자면 심사자들이 찾는 작품이란 천둥 같은 울림과 번개 같은 번쩍임을 일으키는 글이다. 시의 경우 열린 감각, 언어 감수성, 시상을 찾아내는 촉(觸)과 같은 시의 기본 재능을 갖춘 시인들을 뽑는다. 소설의 경우 사유의 격투가 오롯이 담겨 있고, 현실에서 새로운 이야기를 발굴해내고 새로운 플롯 속에 담아낸 작품이 당선될 가능성이 높다. 이색적인 소재와 그걸 꿰뚫어보고 대담한 해석을 내세운 개성적인 작품의 출현이야말로 모든 심사자들이 갈망하는 바일 테다.

일찍이 버나드 쇼(Bernard Shaw, 1856~1950)는 "첫사랑은 작은

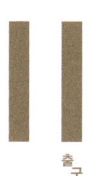

광기와 커다란 호기심에서 시작한다."라고 말했다. 문학도 마찬가지이다. 작은 광기와 커다란 호기심에서 시작한 습작이 평생토록 수행하는 업이 되고 만다. 문학은 기꺼이 제 생을 투신할 만큼 의미로 충만한 업이며, 두 번 겪고 싶지 않은 끔찍한 황홀경을 안겨주는 일인지도 모른다.

무엇이 나를 문학으로 이끌었을까. 모든 예술은 불멸을 흉내낸다. 유한한 생명을 가진 인간에게 불멸이란 불가능한 꿈이다. 그러니까 그 불가능한 것에의 갈망이 나를 문학으로 이끌었고, 나는 아직 문학이란 감옥에서 벗어날 수가 없다. 희망도 없는 가망 없는 짓이란 건 진즉 눈치챘지만 어쩔 수가 없다. 온 길이 먼 까닭에 되돌아갈 엄두를 내지 못하는 나그네의 심정이다. 스스로 쓰기의 고통과 불행에 들었으니, 그 보상과 영예가 보잘것없더라도 멈출 수는 없는 것이다. 글쓰기의 험난함 속에서 유일한 위안은 강요되지 않은 노동이란 점뿐이다. 보상은 작고 수고는 크더라도, 써야만 한다. 쓰고, 쓰고, 끊임없이 쓸 뿐이다.

시가 내게로 왔다

어느 날 시가 내게로 왔다. 시는 부를 수 없는 이름들을 호명하는 일이고, 쓸 수 없는 것들을 쓰는 하염없는 짓이다. 시는 투쟁이고, 영혼의 내전(內戰)이자, 수수께끼에의 투신이다. 또 한편으로 시는 말놀음이거나 사실의 자명함 속에 숨은 진실 찾기이거나, 논리적으로 해명할 수 없는 신비에 대한 감탄이다.

어떤 사람들은 시라는 이 끝나지 않는 전쟁에 즐겁게 참전한다. 우리는 그들을 시인이라고 한다. 시인은 시라는 전선에서 복무하는 보병이다. 철학이 '강의실'이나 '카페'에서 나오고, 역사가 '감옥'이나 '광장'에서 나온다면, 시는 제가 머무는 골방을 '전선'으로 삼은 자의 '전쟁'에서만 나온다. 그런 점에서 철학의 이성, 역사의 피, 시의 언어는 하나이다. 목숨을 걸고 쓸 때, 즉 시가 전대미문의 전투일 때, 시는 참되다. 모든 위대한 시는 삶과 죽음의 경계를 넘어서 온다.

시가 밋밋함에서 벗어나 독자를 놀라게 하려면 그 소재와 착상에서 돌발성, 반전, 의외성을 보여야 한다. 아무런 놀람이나 독창성을 보여주지 못한 시란 실패한 것이다. 관습적 사유, 통

11
출구

념, 뻔한 상상력에 기댄 시는 맥이 빠지게 만든다. 관습적인 이해를 뒤집고, 상식들을 단박에 뒤집으며 악착같이 타성에 '역주행'하라! 시에게 탄력과 발랄함을 불어넣어라! 시는 깨달음이나 의미를 겨냥하지 않는다. 시가 반드시 교훈적인 가르침을 담고 있을 필요도 없다. 시는 즐거움을 주는 언어의 놀이이다. 있음의 오롯함이고, 그 있음을 통해 인지적 지평을 확장하는 일이다. 어떤 시는 사물을 꿰뚫고 지나가는 직관의 순간을 보여주고, 어떤 시는 상상력의 다채로움과 오묘함을 보여준다. 시는 칼날 없는 칼이요, 실재가 없이 춤추는 그림자이다.

> 시인이여, 참호를 파고, 적들을 응시하며, 적들의 심장에 총구를 겨누어라! 시인은 무엇과 전쟁을 하는가? 시인은 우중(愚衆), 허상, 무지와 억측들, 야만과 억압들, 피상성, 악의 그림자, 상투적인 인습들의 우상들과 전쟁을 벌인다. 그리고 최후의 전쟁에서 바로 자신, 바로 시 자체와 맞선다! 철학이 "소요(騷擾)와 전쟁의 딸"(베르나르-앙리 레비)이라면, 시는 철학과 이란성 쌍둥이다. 그래서 참다운 철학자는 시인을 닮으려고 하고, 참다운 시인은 철학자를 닮으려고 한다. 시인의 소명은 이 세상에 평화를 주는 것이 아니라, 오히려 전쟁을, 피와 살육의 전쟁을, 세계를 파괴하고 해체하는 최후의 전쟁을, 그 전쟁의 격렬한 기쁨을 주는 데 있다.[19]

19
장석주,
『시인으로 산다는 것』, 강은교 외, 문학사상, 2014, 250~251쪽.

그래서 시는 무소불위하고 자유자재하다. 미당 서정주는 그런 자유자재의 경지에 가 닿은 시인 중 한 사람으로 손꼽힌다. 미당의 시 중에도 눈썹이 나오는 시들이 특히 좋다. 유명한 「동천(冬天)」도 좋지만, 덜 알려진 「싸락눈 내리어 눈썹 때리니」도 좋다. "싸락눈 내리어 눈썹 때리니 / 그 암무당 손때 묻은 징채 보는 것 같군. / 그 징과 징채 들고 가던 아홉 살 아이 / 암무당의 개와 함께 누룽지에 취직했던 / 눈썹만이 역력하던 그 하인 아이 / 보는 것 같군. 보는 것 같군. / 내가 삼백 원짜리 시간 강사에도 목이 쉬어 / 인제는 작파할까 망설이고 있는 날에 / 싸락눈 내리어 눈썹 때리니……."(서정주, 「싸락눈 내리어 눈썹 때리니」)

　싸락눈이 내리는 날, 검은 눈썹에 하얀 눈이 달라붙는다. 그 싸락눈을 맞으며 암무당이 앞서고, 그 뒤를 징과 징채를 든 아홉 살 난 아이가 따른다. 하인 아이는 암무당 집의 신분 서열에서 개와 동렬이다. 아홉 살 난 하인 아이는 사람의 세계가 아니라 가축의 세계에 속해 있다는 뜻이다. 하인 아이는 비천하다. 그러나 싸락눈 내려 눈썹을 때리는 세상에서는 신분의 차별도 덧없어진다. 암무당도, 하인 아이도, 개도 싸락눈의 세상에서는 평등하다. 오직 싸락눈 내리는 어떤 날의 풍경에 빙의가 되어버린 마음, 즉 비천한 노동에 매여 사는 일에 시들시들해져 불현듯 그것들을 작파해버리고 싶은 마음이 평지돌출되어 있을 뿐이다. 싸락눈 내리어 눈썹을 때린 날, 삼백 원짜리 시간 강사 노릇에 진절머리를 내는 '나'는 어느덧 암무당의 징과 징채를 들고 암무당을 말없이

출구

뒤따르는 하인 아이로 변신한다. 신분의 격차를 무찔러버리는 그 풍경의 빙의 속에서 가까스로 어떤 세계상이 드러난다.

창작이라는 수원지에 도달하는 법

　철학자 자크 데리다는 글쓰기에 대해 "어떤 것의 존재를 지우면서도 그것을 읽기 쉽게 유지하는 몸짓의 이름"이라고 했다. 시를 쓰는 것 역시 낡은 존재를 지우고 그 위에 새로운 존재를 세우려는 몸짓일 테다. 그렇다면 시를 잘 쓰기 위해서는 평소 어떤 훈련이 필요할까.

　새로운 존재를 세우려는 몸짓을 보여라. 나날의 현존과 시적 현존은 섞이고 스민다. 그렇게 상호삼투(相互滲透)하는 나날의 현존과 시적 현존은 닮았으면서도 다르다. 시적 현존을 세우는 데 상상력이라는 발효 작용이 불가피하게 개입하는 까닭이 여기에 있다.

　단단한 시를 보여라. 새롭게 찾은 사물의 성질, 감각의 명징함, 모국어를 최적화할 수 있는 약동(躍動), "진탕만탕 생명력의 잔치"(보들레르)들이 도드라진 시라야 야무진 시라고 할 수 있다. 거꾸로 관성과 타성에 기대는 것, 중속(衆俗)의 수다와 너스레, 조악한 모국어 사용 습관, 남의 것 흉내 내기 따위는 무르고 하품을 하게 만드는 따분한 시의 속성이다.

남다른 상상력을 보여라. 익숙함 속에서 익숙하지 않음을, 하찮은 것에서 하찮지 않음을 찾아내는 비범한 눈을 길러라. 그 눈길이 가 닿은 지점에는 어김없이 생의 기미들과 예감들이 우글거릴 것이다. 남다른 상상력과 때 묻지 않은 자기 목소리를 갖고 있다는 것은 축복이다.

통념을 깨고 명징성을 보여라. 통념을 깨는 상징을 찾아라, 감각의 명징성을 보여라, 생명의 도약에 공감하라, 세계의 찰나를 채집하고 그걸 놀라운 사건으로 빚어내 보여주라. 이런 것들이 좋은 시의 덕목으로 꼽을 만한 것들이다. 모든 타성의 껍질을 깨라. "알맹이들의 과잉에 못 이겨 방긋 벌어진 단단한 석류들"(폴 발레리, 「석류」)이 그렇듯이 사물의 단단한 표면을 깨트리는 힘을 보여라. "숱한 발견으로 파열"하고, 사물의 새로움과 내면의 고매함을 융합하여 붉은 보석이 밖으로 터져 나오도록 해라. 상상력은 늘 그렇게 독자를 익숙한 것들에 대한 놀라운 개안(開眼)으로 이끈다.

현실의 중력을 뚫고 나가라. 상상력이 현실 세계에 작동하는 중력과의 싸움에서 긴장을 유지하지 못한 시들은 그만큼 시적

출구

매혹이 부족하다. 상상력이 진부하고 밋밋해서 중력을 뚫지 못하면 통념적 사유에 갇히고 만다. 좋은 시인은 제 상상력을 비범한 통찰의 힘으로 전환할 줄 알아야 한다. 시의 실패는 현실 이해의 피상성, 깊이를 머금지 못한 독창성, 언어의 공허함, 야무지지 못한 은유의 남발에서 여지없이 나타나고 만다.

시적 감흥을 불러 일으키는 것

시의 또 다른 미덕은 투명성이다. 투명성은 예술에서 "가장 고상하고 가장 의미심장한 가치"이자 "사물의 반짝임을 그 자체 안에서 경험하는 것, 있는 그대로의 사물을 경험하는 것"[20]을 뜻한다. 투명하게 써라! 자, 다음 시 두 편에서 그 투명성이 어떤 시적 효과를 만들어내는지 감상해보자.

나는 가끔 생각한다

범들이 강물 속에 살고 있는 거라고

범이 되고 싶었던 큰아버지는 얼룩얼룩한 가죽에 쇠촉 자국만 남아

집으로 돌아오진 못하고 병창* 아래 엎드려 있는 거라고

할애비는 밤마다 마당귀를 단단히 여몄다

아버지는 굴속 같은 고라댕이** 가 싫다고 산등강으로만 쏘다니다

생각나면 손가락만 하나씩 잘라먹고 날 뱉어냈다

우두둑, 소리에 앞 병창 귀퉁이가 와지끈 무너져 내렸고

[20] 수전 손택, 『해석에 반대한다』, 이민아 옮김, 이후, 2002, 33쪽.
* '절벽'이란 뜻의 강원도 사투리.
** '골짜기'란 뜻의 강원도 사투리.

손가락 세 개를 깨물어 먹고서야 아버지는 집으로 돌아갔다

아버지가 밟고 다니던 병창 아래서 작살을 간다

바위너덜마다 사슴 떼가 몰려 나와 청태를 뜯고

멧돼지, 곰이 덜걱덜걱 나뭇등걸 파헤치는 소리

내가 작살을 움켜쥐어 물속 산맥을 타넘으면

덩굴무늬 우수리 범이 가장 연한 물살을 꼬리에 말아 따라오고

내가 들판을 걸어가면

구름무늬 조선 표범이 가장 깊은 바람을 부레에 감춰 끝없이 달려가고

수염이 났었을라나 큰아버지는, 덤불에서 장과를 주워 먹고

동굴 속 낙엽 잠이 들 때마다

내 송곳니는 점점 날카로워지고

짐승이 피를 몸에 바를 때마다

나는 하루하루 집을 잊고 아버지를 잊었다

벼락에 부러진 거대한 사스래나무 아래

저 물 밖 인간의 나라를 파묻어 버렸을 때

별과 별 사이 가득한 이끼가 내 눈의 흰창을 지우고

등줄기 가득 가시가 돋아났다 심장이 둘로 갈려져,

아가미 양쪽에서, 퍼덕,

거,리,기,시,작,했,다

산과 산 사이

소(沼)와 여울, 여울과 소(沼)가 끊일 듯 끊일 듯 흘러간다

출구

좌향(坐向) 한번 틀지 않고 수십 대를 버티는 일가붙이들

지붕과 지붕이 툭툭 붉어진 저 산 줄기줄기

큰아버지가 살고 할애비가 살고

해 지는 병창 바위 처마에 걸터앉으면

언제나 아버지의 없는 손가락, 나는

이정훈, 「쏘가리, 호랑이」[21]

「쏘가리, 호랑이」는 2013년 〈한국일보〉 신춘문예 당선작으로 강원도 평창 출신의 늦깎이 시인 이정훈이 썼다. 20여 년간 화물 트레일러 운전기사 노릇을 하면서 틈틈이 쓴 작품으로 당선의 영광을 안았다. 평창군에서 다섯 번째로 경운기를 살 정도로 유복한 가정에서 태어나 초·중·고교를 서울에서 다녔고 서울의 한 대학에 입학한 뒤 학생운동에 투신했다. 공부는 뒷전이었기에 학점이 2.0에 미달해서 퇴학 처분을 당했고, 그 후 구치소에도 다녀오며 인생의 쓴맛을 보았다. 다시 강원 대학교에 재입학에서 졸업한 뒤 화물 트레일러 기사 일을 시작했다. 동해, 삼척 등의 공장 단지에서 전국 각지의 레미콘 공장으로 시멘트를 옮기는 것이 그의 일이었다. 마흔 살이 되자 돌연 민예총(한국민족예술인총연합) 아카데미에서 한 시인의 시 창작 강좌를 수강하면서 시를 쓰기 시작했다. 그는 근육과 뼈를 써서 하는 힘든 노동을 하는 틈틈이 트레일러와 식당에 웅크려서 시를 쓴 사람이다.

[21] 이정훈, 『2013 신춘문예 당선시집』, 문학세계사 2013, 100~101쪽.

원시 자연으로 회귀하는 상상력

　이 시를 2013년도 신춘문예 당선작들을 소개하는 〈한국일보〉 지면에서 처음 읽었다. 힘차고 장쾌한 시였다. 상상력이 거침없는 늠름하고 맑은 시였다. 나는 원시 자연에 대한 희구의 노래로 읽었다. 원시 자연이란 인류가 농경문화를 갖기 이전, 곧 구석기나 신석기 시대가 열리기 이전 태고의 자연이다. 문명인들이 잃어버린 세계, 과학기술 물신주의가 박멸해버린 유토피아, 그래서 다시는 돌아갈 수 없는 고향이다. 현대인들은 '사냥' 대신에 '소비'를 하고, 내면의 '야수적 충동'은 문명의 '교양'으로 순치되고, '자연'은 콘크리트 정글의 '회색 도시'로 대체되었다. 수직으로 자라는 콘크리트 도시란 실은 인간의 외골격에 상응하는 그 무엇이다. "대홍수 이전 존재들에 대한 유기적 기억들은 콘크리트라는 근대의 미로 속에서 굳어버린 것"(비츠케 마스·맛떼오 파스퀴넬리, 「도시 카니발리즘 선언」)이라면, 모든 메트로폴리스란 실은 우리 스스로가 으깨고 부숴서 감춰버린, 인류의 계통 발생 기억과 무의식의 영구적 대체물인지도 모른다.

　자, 다시 이정훈의 시로 돌아가보자. "얼룩얼룩한 가죽에 쇠촉 자국"만 남은 큰아버지는 산을 타며 짐승들을 잡는 사냥꾼이고, 아버지는 어두운 골짜기가 싫어 산등성이로만 다니던 사냥꾼이다. '나'는 아버지가 밟고 다니는 절벽 아래서 작살을 갈고 물속 범들을 포획하는 사냥꾼이다. 재미있는 착상은 물과 뭍이 바뀌고, 물속 쏘가리는 호랑이로, 뭍의 호랑이는 쏘가리로 변신한다는 점이다. "내가 작살을 움켜쥐어 물속 산맥을 타 넘으면 / 덩굴무늬 우수리 범이 가장 연한 물살을 꼬리에 말아 따라오고"라는 구절의 전언이 바로 그것이다. 우수리 범은 물살을 타고 올라온다. 반면에 "구름무늬 조선 표범이 가장 깊은 바람을 부레에 감춰 끝없이 달려가고"에 따르면, 조선 표범은 물속 짐승같이 부레를 가졌다. 야생에서 동물들을 잡는 부계 혈통의 자아에 대한 자랑스러운 확신은 한 치의 흔들림 없이 단단하다.

　원시 자연에 대한 희구는 인간 본성이 동물[혼]에 잇대어 있다는 암시이다. 동물[혼]은 문명이 배척해버린 야성적 충동에 지배당하는 혼이다. 비합리적이고 예측 불가능한 힘들이 이끌어가는 혼을 말한다. '나'는 "덤불에서 장과를 주워 먹고 동굴 속 낙엽 잠"을 자며 문명의 흔적들을 지우고 야생 생활에 길들여지는데, 그 결과 '나'의 몸은 원시 자연에 따라 변화한다. "내 송곳니는 점점 날카로워지고 / 짐승이 피를 몸에 바를 때마다 / 나는 하루하루 집을 잊고 아버지를 잊었다"라는 구절이 그 사실을 드러낸다. 집과 아버지는 관습들과 규범들이 지배하는 문명의 표상으로 읽힌다. 더 놀라운 것은 물속의 호랑이인 쏘가리를 사냥하던 '내'가 차츰 쏘가리로 변신한다는 사실이다. "등줄기 가득 가시가 돋아났다 심장이 둘로 갈라지고, 아가미가 생겨난다"는 구절은 인간 신체에서 동물―몸으로 바뀐다는 것―이 아니라 문명

세계에서 원시 자연으로 회귀한다는 암시이다. 또 다른 시 한 편을 보자.

소나무 사이로 별의 동녘이 움트는

큰개자리 여인숙,

오늘 하루 나 거기서 묵었다 가려 하네.

거인 사냥꾼 오리온은

왼쪽 옆구리에 끼기 좋은 하프 모양으로 누웠고

얼음 붙는 쩡쩡한 소리로

태백성이 호수를 타종하는 곳.

그믐이란 눈 덮인 숲길은 더욱 빛나

별의 성역으로 가는 길이 은싸라기를 뿌려놓은 듯하네.

발 아래 밟히는 이깔나무의 열매,

당의정 같은 산토끼들의 똥.

섬뜩하게 살별이 긋고 지나간 하늘엔 서기가 감돌고

별빛으로 헹궈낸 머릿속은 맑은 고량주 빛깔로 찰랑이네.

그곳, 밤이 나의 성좌임을

칠흑 어둠의 의지로 발화케 하는 곳에

도수 높은 내 명정의 간이 숙소가 있네.

순도 높은 휴식, 밤의 호의가 있네.

씨곡 알알이 겨를 벗듯 발아하는 별들.

어금니를 꽉 깨물고 있지만 근육이 미소 짓는 힘.

그러한 힘으로 길은 골짜기를 걸터듬어 산정으로 오르고

생의 향기를 맡은 별들이 숲정이로 내려앉네.

밤의 처마 네 귀퉁이에 열린 별의 풍경이

내 입김에 눈꽃처럼 녹아내릴 즈음,

내 아득한 꿈으로 애벌 씻은 하늘엔 운빈 걷히고

그렁그렁한 슬픔도 넘칠 듯 늘어

호박의 아주 오래된 온기를 지니네.

그 따뜻함, 훗훗함은

우주의 늘봄으로 지하 광석들을 꿈틀거리게 하네.

밤의 저 절대적인 싹들, 항성의 나무들.

성도 한가운데 깊숙이 멧부리 들고 솟은 나의 노래는

수목 한계선 너머 은허문자의 영토를

밤새워 은유하다 가리.

큰개자리 여인숙, 그 객사의 하룻밤.

김영래, 「큰개자리 여인숙」[22]

[22] 김영래, 『두 별 사이에서 노래함』, 세계사, 2006.

「큰개자리 여인숙」을 쓴 시인이자 소설가인 김영래는 1963년 부산에서 태어났고, 1997년 〈동서문학〉에 처음으로 시를 발표하기 시작했다. 시집으로는 『하늘이 담긴 손』, 『두 별 사이에서 노래함』이 있고, 소설로는 『씨앗』, 『떠나기 좋은 시간이야, 페르

퀀트』,『오아후오오』 등이 있다.

「큰개자리 여인숙」의 시 세계는 짙은 낭만적인 정조로 물들어 있다. 낭만주의는 자유와 의지에 대한 찬양이며, 나와 다른 타자에 대한 이해와 관용성의 품을 넓혀놓는다. 현실과 환영이 뒤섞인 낭만주의를 따르고 실천한 사람들은 "고귀한 야만인"과도 같다.

객사에서의 하룻밤 유숙은 땅에서의 범속한 일상사에 지나지 않지만 김영래는 예사롭지 않게도 그것을 하늘의 일로 옮겨놓았다. "큰개자리 여인숙"은 서기로 가득 찬 하늘에 있다. 그곳은 "도수 높은 내 명정(酩酊)의 간이 숙소"이며, "순도 높은 휴식"이 이루어지는 곳이다. 김영래는 하늘과 무수한 별들과 성좌가 반짝이는 공간에서 상상 세계를 펼친다. 시적 화자는 별자리들을 머리에 이고 밤과 얼음의 시간을 통과한다. 이렇듯 땅에서 이루어지는 일상범백사를 천문 지리의 공간으로 옮겨놓음으로써 얻을 수 있는 시적 효과는 속되고 비천한 것들에 신성과 숭고함, 그리고 신비한 느낌을 불어넣는다는 점이다.

천문 지리에 대한 지식은 기상학, 천문학, 점성술뿐만 아니라 농경 의식과 항해에서도 중요한 역할을 한다. 사람들은 오래전부터 천체와 천문 현상들을 관찰하고 탐문한 기록들을 남겼다. 별자리에 신이나 영웅, 신화 속에 나오는 동물들의 이름을 붙이는 것은 일종의 관습이었다. 이를테면 사자, 뱀, 전갈, 까마귀, 이리, 고니, 도마뱀, 큰 개, 외뿔소, 살쾡이, 큰 곰, 작은 곰, 용, 작은 개, 바다뱀, 물고기, 기린, 공작, 고래, 게, 봉황, 비둘기, 양, 작은 사자, 작은 여우, 토끼, 황소, 황새치, 극락조와 같은 동물이나, 페르세우스, 안드로메다, 오리온, 케페우스, 헤라클레스와 같이 신화에 등장하는 이름들, 반인반마(半人半馬)인 켄타우로스, 그리고 땅꾼, 양치기, 인디언, 활잡이, 화가, 조각가, 처녀 등과 같이 사람과 관련이 있거나, 거문고, 방패, 시계, 현미경, 천칭, 조각칼, 나침반, 테이블과 같은 악기나 도구 등에서 이름을 따왔다. 인류는 하늘의 별들에 매혹당하고, 하늘을 소재로 신화를 지어내고 시가(詩歌)를 만들었다. 예로부터 위대한 시인들이 하늘에서 시적 영감과 계시를 구한 것은 자연스러운 일이었지만 아쉽게도 우리 시에서는 그리 흔치 않다. 서정주의 「동천(冬天)」이나 「한국성사략(韓國星史略)」 같은 시에서 드물게 천문 지리와 관련된 상상력을 엿볼 수 있는데, 시인은 사람의 일에 맺힌 매듭을 하늘과의 연관성에서 풀고자 한다. 또 다른 시로는 윤동주의 「서시(序詩)」가 있다. 윤동주는 이 시에서 "주어진 길"을 묵묵히 가는 자의 예민한 양심을 자극하고 높은 도덕적 실천을 이끄는 이념의 표상으로 하늘과 별을 내세운다. "오늘 밤에도 별이 바람에 스치운다"라는 결구에서 땅의 삶을 하늘의 고결함에 비추어 보려는 시인의 소슬한 도덕적 결기를 엿볼 수 있다. 또한 「별 헤는 밤」에서 시적 화자의 "별 하나에 아름다운 이름 하나씩 불러"보는 행위 역시도 하늘과 별에서 자기 초월에의 암시와 삶의 숭고함을 계시

받으려는 시인의 드높은 윤리성이 서슬푸르게 드러난다.

위대한 시인의 질문

시는 대상을 향한 끝없는 물음이다. 우주에 존재하는 모든 것들, 이를테면 도마뱀, 소금, 석탄, 꿀벌, 소나무, 오렌지, 연기들, 뿌리들, 별, 전갈, 거북, 그늘, 빗방울, 새, 나뭇잎들은 그 자체로 경이이고, 숭고한 물음들이다. 칠레 출신의 위대한 시인인 파블로 네루다(Pablo Neruda, 1904~1973)는 그것을 물음으로 호명하는 것만으로도 충분히 시가 된다는 사실을 보여준다. 파블로 네루다는 시집 『에스트라바가리오(Estravagario)』를 통해 시란 사물과 우주를 향한 질문임을 기어코 증명한다. 처음부터 끝까지 온갖 질문들로만 채워진 구절들. 네루다의 시들은 기발하고 눈부시며 감동적이다. 그 질문들이 순진함과 근원적 호기심이라는 시적 정의를 품고 있기 때문이다.

어디에서 도마뱀은 꼬리에 덧칠할 물감을 사는 것일까. 어디에서 소금은 그 투명한 모습을 얻는 것일까. 어디에서 석탄은 잠들었다가 검은 얼굴로 깨어나는가. 젖먹이 꿀벌은 언제 꿀의 향기를 맨 처음 맡을까. 소나무는 언제 자신의 향을 퍼뜨리기로 결심했을까. 오렌지는 언제 태양과 같은 믿음을 배웠을까. 연기들은 언제 공중을 나는 법을 배웠을까. 뿌리들은 언제 서로 이야기를 나눌까. 별들은 어떻게 물을 구할까. 전갈은 어

출구

떻게 독을 품게 되었고 거북이는 무엇을 생각하고 있을까. 그늘이 사라지는 곳은 어디일까. 빗방울이 부르는 노래는 무슨 곡일까. 새들은 어디에서 마지막 눈을 감을까. 왜 나뭇잎은 초록색일까.[23]

파블로 네루다, 「우리는 질문하다가 사라진다」

  질문이란 모름을 모름으로 오롯하게 남겨두는 것, 아울러 존재에 대한 관습적 이해를 깨고 존재를 태초의 순간으로 돌려놓는 행위이다. 형이상학적 물음들 속에서 존재는 태고의 자신으로 돌아가 자신을 연다. 시인은 질문을 던지는 자이고, 질문들은 제 안에 답을 품고 있다. 파블로 네루다는 질문을 통해 다음과 같은 답을 얻었다. "우리가 아는 것은 한 줌 먼지만도 못하고 / 짐작하는 것만이 산더미 같다 / 그토록 열심히 배우건만 / 우리는 단지 질문하다 사라질 뿐."(파블로 네루다, 「우리는 질문하다가 사라진다」) 살아 있다면 끊임없이 질문하라! 우리는 결국 이 세상에 와서 질문하다 사라지는 존재일 뿐이다.

---

23 여기서는 필자 임의대로 연 구분을 없앴다.

문학이 가르쳐준 것들

문학은 삶이 과연 살 만한 가치가 있는가를 따져 묻는 작업이다. 문학, 그 위대한 이야기들은 우리를 회의하게 만들던 '과연 삶은 살 만한 것인가' 하는 물음 앞에 마주 서게 한다. 우리를 진정으로 움직이게 만드는 것은 이러한 형이상학적 의문들이다. 문학은 우리의 말과 몸짓들, 그리고 세계의 작은 조각들에도 스며들어 있다. 마음만 먹는다면 어디에서나 문학과 만날 수 있다. 그러나 진실은 항상 보이지 않는 저 너머에 있다. 문학은 이 세상이 어딘가 잘못되었다는 느낌에 빠진 우리에게 숨은 진실을 보라고 말한다. 진실이라고? 그렇다. 악과 편견 따위에 물들지 않은 순결 그 자체인 진실이다. 사람이 따르고 가야 할 길은 바로 그 진실로 뻗어 있다.

   문학의 숲에서 길을 찾는 이유는 문학이 인간과 사회에 대한 내적 성찰의 기능을 내장하고, 궁극적으로는 삶의 총체적 진실을 헤집어 보이기 때문이다. 우리는 문학을 통해 다른 사람의 체험을 엿봄으로써 그것을 우리 것으로 만들 수 있다. 문학은 이렇게 경험적 현실의 얽매임에서 벗어나 우리를 자유롭게 만들어준다. 따라서 좋은 작품들을 읽는 것은 우리를 타자적 진실의 지평에 이르게 하고 삶의 가능성과 다양성의 확장에 이르게 한다. 문학은 사람의 의식을 바꾸고 결국에는 사회를 사람이 살 만한 곳으로 바꾼다. 사람이 모여 사회를 이루고 사람의 말과 의지가 사회 활동의 촉매가 된다면 사람이 바뀜으로써 사회가 바뀌는 것은 당연한 일이다.

써먹지 못함을 써먹는 것

한 편의 시, 한 편의 소설은 감동을 통해 인간의 기쁨과 슬픔과 고통에 공감하고, 새로운 인지적 지평에 닿게 이끈다. 우리는 문학을 읽음으로써 인간을 억압하고 불행하게 만드는 것인지에 대한 인식론적 깨달음에 이른다. 문학 평론가 김현은 문학의 효용성을 그 '써먹지 못함'에서 찾아낸다. "문학은 유용한 것이 아니기 때문에 인간을 억압하지 않는다. 억압하지 않는 문학은 억압하는 모든 것이 인간에게 부정적으로 작용하는 것을 보여준다." 라고 그는 말한다. 문학은 권력으로 나아가는 지름길도 아니요, 출세의 방편도 아니다. 더구나 굶주린 자의 굶주림을 해결해주지도 못한다. 문학은 역설적으로 그 써먹지 못함을 써먹는다. 문학은 억압하지 않으므로 인간을 억압하는 것들의 부정적 힘을 밖으로 불거지게 만드는 것이다. 그 부정적인 힘의 실체를 드러냄으로써 세계가 바뀌어야 한다는 당위도 드러난다. 문학은 그 사실을 논리로써가 아니라 "감동이나 혼의 울림"으로 보여준다. 다시 말해, 즐거움 속에서 그런 인식이 마음에 스며들도록 한다. 문학은 감동을 통해 "자기와 다른 형태의 인간의 기쁨과 슬픔과 고통을 확인하고 그것이 자기의 것일 수도 있다는 것"을 알게 함으로써 타자에 대한 인식의 지평을 넓히고, 타자가 실은 나와 같은 존재라는 깨달음에 닿도록 한다. 윤리적으로 계도하는 대신에 마음에 감동을 심어줌으로써 우리를 윤리적 인간으로 거듭나게 한다. 이것이 문학의 힘이다.

또 다른 한 평론가는 문학이 '타락한 세상에 널려 있는 불행과 모든 부정적인 것들의 총화'라고 말한다. 문학은 세상을 삼키고 세상을 낳는다. 문학은 세상이 부정하고자 했던 바로 그 세상의 총화로써 존재하며, 그 존재로써 세상을 증거하고 세상에 대한 부정을 수행한다. 문학 평론가 정과리는 문학이 저 인간 세상을 먹고 살았으면서도 그것을 부정한다는 사실에 주목한다. 문학은 "부정하는 것의 총화였고, 그 총화의 자격으로, 세상의 도저한 불행을 증거"하는 매체이다. 그 때문에 문학은 그 존재만으로도 권력자의 권력, 부자들의 부, 기득권자들의 기득권에 대한 잠재적 위험이 될 수 있다. 문학은 권력과 부와 기득권이 어떻게 만들어졌고, 그 이면에 어떤 야합과 부정한 거래가 이루어졌는가를 폭로한다. 또한 다른 사람에게 돌아가야 할 몫을 그들이 어떻게 가로챘는가를 증거한다. 그래서 문학은 "불행의 증거이며, 고독의 표상이고 저주의 외침"이다. 문학은 인간의 불행과 고독과 저주를 먹이 삼아 제 몸피를 키울 뿐만 아니라, 결국 불행의 증거로, 고독의 표상으로, 저주의 외침으로 이미 있는 것들의 세계를 통째로 부정하고 전복함으로써 제 존재를 정당화한다.

보통 사람들은 불행과 고독과 저주를 두려워하고 그것을 한사코 회피한다. 불행의 회피는 인간의 보편 관습일 테다. 그러나 작가에게 불행과 고독과 저주는 문학의 자양분이다. 소설가 박경리는 『토지』, 『시장과 전장』, 『김약국의 딸들』과 같이 한국 문학사에서 매혹적인 작품들을 남겼지만 개인사는 불행으로 얼룩져 있었다. 그 불행의 질긴 업이 얼마나 힘들었으면 종종 "훌륭한 작가가 되느니보다 차라리 인간으로서 행복하고 싶다."는 말을 했을까. 박경리는 한 지면에서 다음과 같이 고백한다.

나의 출생은 불합리했다. 이 허무한 세상에 왜 내가 태어났으랴 하는 따위의 뜻은 물론 아니다. 그것은 부모들의 관계에서 온 나의 견해였다. 아버지는 죽는 날까지 어머니에 대하여 타인이라기보다 오히려 적의에 찬 감정으로 일관했다. 어찌하여 사랑하지도 않고 그렇게 미워한 여인에게 나를 낳게 했는가 싶다. 어머니는 말하기를 산신에게 빌어 꿈에 흰 용을 보고 너를 낳았으니 비록 여자일망정 너는 큰 사람이 될 것이라고, 나는 그 이야기를 시시하게 들었을 뿐만 아니라 산신에게, 증오하고 학대하던 남자의 자식을 낳게 해주십사고 애원을 한 어머니를 경멸했었다. 그것은 사랑의 강요였기 때문이다. 어머니의 그러한 모습은 내게다가 결코 남성 앞에 무릎을 꿇지 않으리라는 굳은 신념을 못 박아주고야 말았다. 나는 어머니에 대한 연민과 경멸 아버지에 대한 증오 그런 극단적인 감정 속에서 고독을 만들었고, 책과 더불어 공상의 세계를 쌓았다.[24]

작가가 고백하듯이 탄생 자체가 축복받지 못한 비극이었다. 아버지가 가장의 역할을 다하지 않고 바깥으로 떠돈 탓에 편모슬하에서 어렵게 자랐다. 사춘기 때 맞은 고독은 조숙을 불러와, 그때부터 책과 더불어 자신만의 공상 세계를 꾸린다. 한국전쟁 중에는 남편을 잃었고, 어린 아들도 갑작스레 사망했다. 군사 독재 시대의 폭력과 고독, 가난 등 불행과 고독은 삶을 집요하게 물고 늘어졌다. 원한 것은 아니었지만 불가피하게 제 삶을 물어뜯는 불행과 고독과 슬픔을 잊기 위해, 그것들을 자양분 삼아 오로지 문학에 매달렸다. 세상은 불행과 고독과 저주를 낳고, 작가는 또 그것을 먹고 문학을 꽃피운다.

언어로 지은 성, 우리 경험을 재료 삼아 쌓아 올린 상상 공간을 우리는 문학이라고 부른다. 그 상상 공간은 소설가 모리스 블랑쇼가 말했듯이 "어쩌면 아무것도 없고, 어쩌면 모든 것이 있는 심연, 심오한 부재"의 자리인지도 모른다. 문학은 지식을 강제하지 않고 향유로 독자를 이끈다. 문학은 세상의 대의들과 강령들을 외치지 않고 다만 있는 그것, 즉 삶과 세계를, 혹은 있을 수 있

[24] 박경리, 「반향 정신의 소산」, 현대문학사 편, 『창작실기론』, 어문학, 1962.

는 가능의 세계로 제시하고 보여준다. 현실을 깐깐하게 따지고, 양심에 따라 고발하고, 모두가 대의라고 믿고 따르는 것을 의심하고 물음을 던진다. 문학은 본질적 고독에서 잉태한다. 고독 속에서 누군가를 애타게 부른다. 그 부름으로써 제각각 하나의 섬처럼 고립된 채 떨어져 있던 사람들이 서로 연결된다. 이렇듯 문학은 나와 다른 사람들의 뜻과 정서로 통하는 것을 목표로 삼는다. 지난 세기 최고의 지성이자 최고의 작가로 꼽히는 수전 손택은 이렇게 말한다. "따라서 문학은 (여기서 저는 단순히 그렇다고 설명하는 것만이 아니라 그래야 한다고 말하는 겁니다.) 자의식이고, 회의고, 양심의 거리낌이고, 깐깐함입니다. 또한 (이번에도 역시 그럴 뿐아니라 그래야 한다는 뜻입니다.) 노래고, 자발성이고, 찬미고, 환희입니다."

타인의 삶에 귀 기울이는 시간

문학이 나아가는 길은 노래, 자발성, 찬미, 환희의 오솔길이다. 문학은 이토록 오래된 것! 그만큼 그 존재 가치를 충분히 증명해왔다. 이 창조된 것 속에 나와 다른 타자들의 경험이 뒤섞이고 발효해서 놀라운 세계를 만들어낸다.

문학은 수 세기에 걸쳐 '이곳'에서 '저곳'으로, '이 세대'에서 '저 세대'로 이어진 인간 경험의 총체이자 그 안에서 만들어진 지혜의 집약이다. 문학은 건반 없는 악기로 연주하는 것이고, 언어로 된 존재의 거푸집을 짓는 일이다. 그렇게 문학은 언어라는 기반 위에 의미의 제국을 건설한다.

문학이 가리키는 것은 달이다. 달은 무엇인가? 그것은 이상향, 무릉도원, 피안, 유토피아일 테다. 그러면 달을 가리키는 손가락은 쓰는 자들이고, 아울러 쓰는 고투를 스스로 맞아들인 무수한 몸들일 테다. 많은 사람들이 달은 안 보고 손가락만을 바라본다. 문학은 말한다. 시대를 건너뛰며 말한다. 저 달을 보라고! 이 세상에 없는 저 달을 똑바로 보라고! 세상의 저편, 또 안 보이는 저 너머를 보라고!

광장

글쓰기 스타일

스타일이란 무엇인가?

문장은 그것을 쓴 사람이 살아온 방식들, 내면에 쌓인 지식의 질과 양, 기운과 아우라를 다 반영한다. 그러므로 문장은 쓰는 사람마다 차이를 드러낼 수밖에 없다.

어떤 사람은 새벽 일찍 일어나 일과를 시작하고, 또 어떤 사람은 한밤중에 깨어 일하는 것을 더 좋아한다. 두 사람의 생활 리듬이 다르듯이 취향과 성격, 직업이나 건강 상태도 다를 것이다. 다름은 곧바로 본질의 차이를 반영한 데서 나온다. 그 차이에서 그 사람만의 감성과 취향을 식별할 수 있는 독창성, 즉 문체가 나온다.

문장을 쓸 때 어떤 사람은 우아함과 심원함을 취하고, 어떤 사람은 간결함과 명쾌함을 취한다. 어떤 사람의 문장은 화려하고, 또 다른 사람의 문장은 기발하다. 문체의 차이는 바로 스타일의 차이이다. 일반적으로 스타일은 남과 다른 독특한 멋스러움이나 태(態)나 맵시와 관련이 있다. 하지만 패션뿐만 아니라 문학에서도 '스타일'이란 말은 상당히 넓은 의미로 쓰인다. 문학에서 스타일은 형식이고, 그 형식을 제약하는 내용이며, 그 둘이 결합하는 방식 그 자체를 포괄한다. 내용을 이루는 것은 스토리와 플롯이며, 바로 그것에 의해 형식이 규정된다. 다른 한편으로 스타일은 재료를 다루는 기교와 기술이며, 그 차이에 따라 전혀 다른 텍스트가 나올 수 있다. 그것은 작가의 사유와 상상력, 직감, 지식을 결정하는 문화, 역사, 계층, 성별의 영향에서 자유로울 수 없다. 직조 방식의 차이에 따라 다른 직물이 만들어지는 것과 마찬가지로 스타일의 차이에서 다른 문학이 나온다.

문학에서의 스타일이란 삶의 배경, 본성, 피의 끌림과 연관이 있다. 작가마다 어휘에 대한 편애, 문장을 쓰는 방식, 영감의 원천이 다른 점 등이 스타일의 차이를 만든다. 어떤 사람은 사물과 의미를 명석하게 드러내는 단문을, 어떤 사람은 보다 섬세하게 내면 의식의 흐름을 드러내기 위해 중문과 복문을 선호한다. 또 어떤 사람은 사실적 문장을 건조하게 쓰고, 어떤 사람은 우아하게 문장의 균형과 질서를 만드는 방식을 좋아한다. 어떤 사람은 투명한 방식으로 삶과 세계에 대해 쓰고, 어떤 사람은 모호성의 미학을 추구한다.

예술 작품에서 스타일이란 형식에 종속되는 것이 아니라 형식과 스타일은 상호 삼투한다. 내용을 망각에서 지키고 보호하는 기억의 기능으로 작동하는 한에서 그 형식의 기능을 보다 특화한 것이 스타일이다. "이렇듯, 형식—그 고유의 어법으로 보자면, 스타일—은 감각에 흔적을 남기기 위한 방법이요, 감각에 직접적으로 남은 인상(개인의 것이든 집단의 것이든)과 기억을 중재하는 수단이다."¹ 스타일은 작품 요소들의 독특한 배열이고 구조이며 그것을 전체로 포괄하는 형식이다. 뿐만 아니라 한 작품의 개별성을 인식하게 이끄는 표지(標識)이자, 작품을 각인하게 만드는 기억 장치이다. 그렇기 때문에 스타일이 강렬한 예술 작품이 사람을 매혹시키고, 기억에 오래 남는 것이 좋은 스타일이다.

마음의 무늬, 사상의 실체

글쓰기에서 스타일을 잘 드러내는 첫 번째 요소는 문체이다. 스타일이란 제각기 갖고 있는 고유한 색채이고, 저마다 다른 원체험이며, 생각의 방식과 특성이 반영된 그 무엇이다. 문장에는 삶의 리듬이 녹아든다. 하루키는 한 인터뷰에서 첫 소설인 『바람의 노래를 들어라』가 '재즈의 리듬'에서 나온 것이라고 말한다. 그 당시 하루키는 재즈 카페를 운영하며, 손님이 주문하는 대로 칵테일을 만들고, 카페 바닥을 쓸고 닦으며 종일 재즈를 들었다. 그런 환경 조건에서 쓴 초기 소설들에는 자연스럽게 몸에 밴 재즈 리듬이 스며들어 있다. 생활이 바뀌면 문체도 바뀌는 것일까? 그렇다. 먹고 마시는 습관, 잠드는 시각, 직업과 취향, 가치관들이 어우러져 라이프스타일을 만든다. 삶의 방식이 바뀌면 사람의 내면 지형이 바뀌고, 그 사람에게서 나오는 문체도 달라질 수밖에 없다.

1
수전 손택,
『해석에
반대한다』,
이민아 옮김,
이후, 2002, 65쪽.

글에서 스타일이란 문체의 결정(結晶)으로, 문체란 다른 어떤 요소보다 더욱 작가와 작품에 밀착되는 요소이다. 문체에는 마음의 무늬가 나타나고, 눈에 보이지 않는 사상의 실체가 가시적으로 드러난다. 그것이 바로 문체로 구현된 성격과 기질이고, 무의식으로 반복되는 의미의 망이다. 더 나아가 불가피한 리듬이고, 형식적인 특질이다. 문체란 떼려고 애써봐야 떼어낼 수 없는 자아의 그림자와 같다. 다른 말로 문체는 문장의 리듬이고 기풍이며, 문장에 서린 풍격이다. 그런 까닭에 하루키는 "문체를 바꾸는 것은 삶의 방식을 바꾸는 것"이라고 말한다. 글을 쓰려면 자신만의 문체, 자신만의 어조를 찾는 것이 중요하다고 말이다.

스타일이란 작품의 내적 구성 원리요, 형식을 지배하는 원칙이다. 작가의 의지와 개성이 자연스럽게 배어 나오는 게 좋은 스타일이다. 작가의 스타일이란 바로 작가 자신이다. 그런 까닭에 수전 손택은 "인간의 의지가 취할 수 있는 태도는 무한정하므로 예술 작품의 스타일도 무한정하다."고 말한다.[2]

하지만 모리스 블랑쇼의 생각은 다르다. 블랑쇼는 문체의 성립에서 개별자의 의지나 선택을 배제한다. 작가가 자신의 문체를 고르지 않는 것은 그것이 의지나 선택의 범주 바깥에 있는 것이기 때문이다. "문체는 체액이 강요하는 필연이며, 자신 안에 있는 분노이고, 그의 격정이나 경련이며, 자기 자신과의 내밀한 관계로부터 생겨나는 완만함과 신속함이어서, 그는 이러한 것들에

[2] 수전 손택, 『해석에 반대한다』, 이민아 옮김, 이후, 2002, 62쪽.

대해서 거의 아무것도 알지 못한다."[3]

바흐의 음악과 베토벤의 음악이 다르다고 느낄 때 그것은 두 거장의 음악 스타일이 드러내는 차이에서 비롯되는 것이다. 이처럼 당신이 무엇을 아느냐는 핵심적인 요소가 아니다. 더 중요한 것은 당신이 어떤 사람이냐 하는 것이다. 스타일은 당신이 어떤 사람이냐 하는 바탕과 관련이 있다. 당연히 스타일은 작가의 개성과 기질의 차이에서 달라진다. 스타일은 그런 바탕 위에서 만들어지는 것이며 그 사람의 전부를 말하는 것이다. 글쓰기가 스타일인 까닭은 바로 여기에 있다.

문체는 곧 작가의 모든 것

동양 고전으로 중국의 문학 비평서인 『문심조룡』에서 작가인 유협은 "재능과 성격은 사람마다 달라 문장의 풍격도 여러 가지다."라고 말한다. 유협은 크게 여덟 가지의 문체를 든다. 1. 전아(典雅 : 우아함), 2. 원오(遠奧 : 심원함), 3. 정약(精約 : 간결함), 4. 현부(顯附 : 명쾌함), 5. 번욕(繁縟 : 화려함), 6. 장려(壯麗 : 웅장함), 7. 신기(新奇 : 새롭고 기발함), 8. 경미(輕靡 : 가볍고 자잘함)가 바로 그것이다. 물론 유협이 가름한 문체의 다양한 종류들은 아주 오래전의 것으로, 현대 작가들의 문체적 특성들을 다 반영한다고 말할 수는 없지만 고전에서 말하는 문체의 유형을 살펴보는 것은 좋은 참고가 될 것이다.

[3] 모리스 블랑쇼, 『도래할 책』, 심세광 옮김, 그린비, 2011, 388쪽.

사람에 따라 문장이 달라지는 것은 당연한 일이다. 사람마다 나고 자란 곳이 다르며, 받은 교육과 삶의 체험이 제각각이니 그에 따라 취향도 다르고 세계관도 달라진다. 그러니 문체 역시 달라질 수밖에 없다. 글은 불가피하게 쓴 사람의 성정과 관련되지 않을 수 없고, 문장은 그 사람의 내면과 부합될 수밖에 없다. 이것은 앞서 얘기했던 것, 사람이 곧 문체라는 말과 한 맥락이다. 문체란 한 사람의 내면세계를 쌓아 올린 벽돌들이고, 그것의 구축 방식을 함께 포괄하는 그 무엇이다. 단, 한 사람에게 하나의 문체만 있는 것은 아니다. 한 사람에게 여러 재능이 있는 것과 마찬가지로 문체는 여럿이 있을 수 있다. 무엇을 쓰는가에 따라 문체가 달라질 수도 있다는 뜻이다.

글쓰기에 미친다는 것
| 문장은 감각적인 디테일이다

김연수의 문제

보름달 주위로 환한 기운이 감돌던 깊은 밤이었다. 달무리인가 생각해봤지만, 그건 달을 가리는 밤의 구름들이었다.('좋은 징조일까?') 2층에서 내려와 현관문을 열고 나설 때만 해도 산책이라면 한 걸음 한 걸음 떼면서 걸어가면 되는 일이라고 생각했지만, 막상 걸으려고 보니 어쩐지 그로서는 그 한 걸음을 떼기가 힘들었다. 역시 나쁜 징조였다. 가슴이 쿵쾅거리고 얼굴이 후끈 달아올랐다. 그는 맨션 주차장 앞에 서서 좌우로 길게 이어지는 골목길을 바라봤다. 그의 오른쪽 담장 아래 어둠 속에 숨어서 기다리다가, 더는 견디지 못한 길고양이 한 마리가 조금도 머뭇거리는 기색이 없이 그의 앞을 지나쳐 골목 저편으로 사라질 때까지 그는 그렇게 가만히 서 있기만 했다. 그는 한 걸음을 내디딘 뒤에 자신이 과연 어떻게 될지 예측할 수 없었는데, 그런 불안감이 매일 밤 그를 잠에서 깨우는 심장의 통증으로 나타났기 때문이었다. 그는 차가운 새벽 공기를 깊이 들이마셨다가 내뱉었다. 폐와 식도를 거쳐서 덥혀진 공기가 이 사이로 빠져나갔다. 그는 코끼리와 함께 다시 집으로 돌아갔다.(「산책하는 이들의 다섯 가지 즐거움」)[4]

[4] 김연수, 『사월의 미, 칠월의 솔』, 문학동네, 2013, 299쪽.

글을 쓸 수 있는 기회를 열망했던 헤밍웨이와 같이, 작업실에서 날마다 10시간씩 글을 썼던 오르한 파묵과 같이, 한 단락을 쓴 뒤 종일 마음에 들 때까지 고쳐 썼던 폴 오스터와 같이, 김연수는 끊임없이 퇴고하는 작가이다. 그는 날마다 문장을 갈고닦는다. 그의 글쓰기는 불가사의한 인생의 찰나들에 대한 집요한 탐색이자 삶의 속살들을 더듬어 존재의 비의(秘意)를 찾는 탐험이다. 그는 성실하게 자료를 찾고 책들을 읽으며 기억의 서사들을 만들어나간다. 그는 무라카미 하루키와 레이먼드 카버와 폴 오스터의 폭넓은 영향 아래 문장들을 쓰기 시작했지만, 어느새 당당하게 자신의 목소리를 내는 작가로 성장했다. 스토리텔러의 가능성을 펼친다는 점에서 폴 오스터와 닮았고, 인생의 디테일을 추적하고 거기에서 울려 나오는 메아리를 따라간다는 점에서 레이먼드 카버와 닮아 있다. 하지만 그는 오래전에 이미 그 영향권에서 멀리 벗어났다.

김연수의 문장들은 보고 겪은 것들에 대한 반향을 품어 안는다. 그 문장들은 감각적인 디테일에서 돋보인다. 그에게 소설 쓰기는 한마디로 "감각적인 표현으로서의 치환"이다. 그는 사물과 현상들, 그리고 사람의 일들을 감각의 그물로 포획해서 디테일이 풍부한 문장으로 그려내는데, 그게 바로 김연수의 스타일이다.

문장이란 시간의 압축이고, 시간의 경과 속에서 일어나는 이야기들의 메아리를 경청하는 일이다. 그것은 욕망과 동기들의 화음(和音)을 듣고 받아 적는 일이다. 범박하게 말하자면, 작가란 날마다 무엇인가를 쓰고 고치는 사람을 뜻한다.

헤밍웨이는 〈파리 리뷰〉와의 인터뷰에서 『무기여 잘 있거라』의 결말 부분을 마흔네 번이나 고쳐 썼다고 말했다. 왜 그렇게 고쳐 썼느냐고 묻자, 그는 올바른 낱말을 선택하기 위해서였다고 대답했다. 그만큼 작가로 산다는 것은 심장이 뛰고 있는 한 끊임없이 쓰고 고치는 일을 반복하는 것이다. 김연수는 이런 작가의 삶에 대해 누구보다도 잘 알고 있다. 그는 날마다 정해진 시간표와 계획에 따라 문장을 쓴다. 그뿐 아니라 게을러지려는 신체를 조련하고, 어떤 난관에 봉착해도 능히 이겨나갈 수 있도록 뇌의 근육을 단련한다. 글쓰기, 특히 소설은 인생의 모호한 경험의 장들을 몸으로 겪어야 쓸 수 있고, 구체적인 감각적 실존으로 되돌려놓는 고된 일이다. 그는 소설을 쓸 때 생각이 아니라 감각이 필요하다고 여긴다. "소설은 보고 듣고 맛보고 냄새 맡고 만질 수 있는 단어들로 문장을 쓰는 일이다. 생각이 아니라 감각이 필요하다."[5] 생각을 생각할 겨를도 주지 말고 문장을 쓰는 것이 소설가의 일이라고 그는 말한다.

가장 소중하다고 믿는 것들을 위해 살아가는 법

김연수는 경상북도 김천에 있는 빵집의 막내아들로 태어났다. 이름 하여 '뉴욕 제과'. 대학 진학으로 서울로 떠나올 때까지 그

5
김연수,
『소설가의 일』,
문학동네, 2014,
217쪽.

는 이곳에서 빵을 포장하고, 나르고, 파는 일을 도왔다고 한다. 낭만적 문학 천재들인 전혜린과 이상에 매료되어 서점을 들락거리며 고은과 황지우, 김남주, 박노해의 시집이나 『전태일 평전』, 『창작과비평』 복간호 등을 사다 읽던 문학청년은 1994년 한 계간지에 장편소설이 당선되면서 작품 활동을 시작했다. 데뷔작 『가면을 가리키며 걷기』를 시작으로 그 후 『꾿빠이, 이상』, 『네가 누구든 얼마나 외롭든』, 『밤은 노래한다』, 『내가 아직 아이였을 때』, 『세계의 끝 여자 친구』, 『사월의 미, 칠월의 솔』 같은 인상적인 소설들을 잇달아 내놓았다.

김연수는 소문난 달리기광으로, 날마다 작업실 근처의 공원에서 달린다. 1998년 잡지사를 그만두고 백수로 지내다가 시간이 남아돌아 운동장을 달리기 시작했는데, 어느새 그게 삶의 일부가 되었다고 한다. 그는 왜 달리는 것일까? "달리기는 내가 속한 세계를 이해하는 하나의 방법이다. 나는 그걸 육체의 지리학이라고 부른다. 달리기를 통해 나는 길의 생김새와 각도와 냄새를 경험한다. 달리기를 통해 나는 새들의 지저귐과 사람들의 안색과 바람의 느낌을 경험한다."[6]

달리기가 '육체의 지리학'이라고 말할 수 있다면 소설 역시 마찬가지이다. 달리는 것과 글쓰기는 닮아 있다. 뛰는 일이 그렇듯이 글쓰기 역시 몸속 에너지의 한 방울마저 짜내 한 글자 한 글자 써 내려가는 것, 즉 몸과 뇌를 극한으로 소모해야만 가능한 일이다.

6
김연수, 『지지 않는다는 말』, 마음의숲, 2012, 217쪽.

작가가 된다는 것은 몸과 뇌의 역량을 글쓰기에 최적화된 상태로 전환시킨다는 뜻이다. 그러기 위해서는 끊임없는 반복과 훈련이 필요하다. 비겁함과 나약함을 물리치고 매 순간 집중하고 최선을 다해야 한다. 소설을 쓰는 것은 그만큼 힘들고 고통스러운 일이다. 그것을 정말로 사랑하지 않는다면 불가능한 일이다. "중요한 것은 고통이 아니라 지금 소설을 쓰는 일이다. 그리고 고통이 아니라 지금 소설을 쓰는 일에 몰입한다면 결국에서는 소설을 완성하는 순간이 찾아온다."[7] 그는 산문집에서 천국을 맛본 그 순간을 묘사하며, 파스칼 키냐르의 말을 인용해 이렇게 말한다. "다음 여덟 가지가 사랑의 결과다. 사랑은 심장을 빨리 뛰게 하고, 고통을 진정시키고, 죽음을 떼어놓고, 사랑과 관련되지 않는 관계들을 해체시키고, 낮을 증가시키고, 밤을 단축시키며, 영혼을 대담하게 만들고, 태양을 빛나게 한다."

사랑은 영혼을 대담하게 만들고, 그 누구에게도 지지 않는 무적의 인간을 만들다. 김천 소년 김연수는 경기도 일산에 정착해 날마다 달리기를 하며 규칙적으로 글을 쓰는 소설가가 되었다. 그는 소설 쓰는 일을 사랑하고 달리는 일을 누구보다 사랑하기에 무적이다.

소설을 쓰는 일은 끊임없이 나를 긴장시킨다. '정말 여기까지가 다냐?'고 항상 물어보지 않으면 마음은 곧 '그래, 그 정도면 됐어'라고 말하기

[7] 김연수, 『지지 않는다는 말』, 마음의숲, 2012, 24쪽.

일쑤다. 하지만 달리기는 다르다. 마라톤은 언제나 내게 최고의 능력만을 요구한다. 나 자신을 좀 속이고 대충해서 결승점까지 들어간다, 이런 게 마라톤에는 없다. 결승점에 들어가는 그 순간이 언제나 내가 할 수 있는 최선의 지점이다. 그러므로 그 순간만은 나는 그 누구도 부럽지 않다. 그 누구의 말에도 상처받지 않는다. 그 누구에게도 지지 않는 무적의 인간이다.[8]

너무도 매혹적인 첫 문장

김연수의 『밤을 노래한다』를 감동적으로 읽고 난 뒤 그 책을 문학적 성취가 가장 드높은 소설이라고 내심 판단했다. 그런데 그 이듬해 내놓은 소설집 『세계의 끝 여자 친구』마저 훌륭한 게 아닌가. 나는 직감했다. 머지않아 김연수가 한국문학이라는 별자리에서 성큼 제자리를 차지하게 될 것임을. 여기에는 아홉 편의 아름다운 단편들이 실려 있는데, 단편들의 첫 문장부터 심상치 않다. 한번 소리 내어 읽어 보라.

"그 후로 십삼 년이 지나는 동안, 나는 여러 번 어린 케이케이가 수영을 했다던 그 냇물을 상상했다."(「케이케이의 이름을 불러봤어」), "여름, 바다에 도착했을 때 그녀는 늙어가고 있었다."(「기억할 만한 지나침」), "뭔가를 예감하게 만드는 것들이 있다."(「세계의 끝 여자 친구」), "그가 왜 예정에 없이 이즈미로 가게 됐는지 알 수는 없으나, 거기서 찍은 흑두루미 사진은 그의 작품 중에서 가장

8
김연수, 『지지 않는다는 말』, 마음의숲, 2012, 270~271쪽.

독특한 것들로 여겨진다."(「네가 누구든, 얼마나 외롭든」), "한 남자가 사막을 향해 걸어가고 십팔 년이 흐른 뒤인 2000년 12월 24일, 나는 갓 전임 교수가 된 선배의 집에서 열린 임용 축하 파티에 초대받아 갔다가 내가 어렸을 때 미국에서 선풍적으로 인기를 끌었던 배추머리 인형을 연상시키는 파마머리를 한 여자를 보게 됐다."(「달로 간 코미디언」)

첫 문장은 이야기의 시작을 알리는 예고 나팔이며, 독자에게 들려줄 이야기의 DNA를 보여주는 단초이다. 매혹적인 첫 문장을 쓸 줄 아는 소설가는 대개는 믿어도 좋다. 심상한 어휘로 쓰여진 김연수의 첫 문장들은 실은 불특정한 독자들과 소통하려고 띄우는 모르스 부호와도 같다. 그는 그 이야기의 별자리를 짜서 우리의 눈앞에 아름답게 펼치는 것이다.

소설가의 일

두말할 것도 없이 작가란 이야기를 지어내는 사람이다. 독일의 평론가인 발터 벤야민의 말처럼, 이야기는 사물과 이야기를 하는 사람의 생명을 하나로 융화시킨다. 그러므로 이야기를 꺼내놓는 사람은 곧 자기 생명의 일부를 꺼내놓는 것과도 같다. 좋은 작가들은 제 경험 속에서 이야기의 윤곽을 담금질해서 한 편의 소설을 정제해 내놓는다. 작가이자 문화 비평가인 량원다오는 이렇게 말한다. "마치 무수한 별들 속에서 별자리를 그려내는 것과 같다. 또는 한 번 들은 이야기를 의식의 바다 깊은 곳으로 침잠시켜 그것을 분해시켰다가 다시 조직하여 스스로 직접 기른 물고기의 일부가 되게 하는 것과도 같다. 그런 다음 이야기를 할 때 그것, 즉 자기 생명의 일부를 내어놓는다."⁹

김연수의 또 다른 소설집 『사월의 미, 칠월의 솔』은 이른 아침에 읽기 시작해서 오후까지 단숨에 끝냈다. 표제작인 「사월의 미, 칠월의 솔」을 비롯해 「벚꽃 새해」, 「깊은 밤, 기린의 말」, 「푸른색으로 우리가 쓸 수 있는 것」, 「파주로」 등 11편의 단편소설들은 인생의 속절없음에 호응하는 이야기들로 읽는 내내 기분을 좋게 만들었다. 다른 인물과 다른 플롯으로 펼쳐지는 이야기들은 세계와 호응하면서 아름다운 화음을 울렸다. 그 울림의 미학적 조화 속에서 나오는 삶과 세계에 대한 교향(交響)을 고요히 경청하면서 읽었더니 오랜만에 소설 읽는 기쁨을 누릴 수 있었다.

남겨진 사람들의 이야기

세계에서는 항상 무슨 일이 일어나고, 그 일 때문에 죽거나 다치는 사람들이 생겨난다. 그 일과 무관하게 살아남은 사람들은 그 일이 일어나기 전의 삶과 일어난 뒤의 삶을 동시적으로 살아낸다. 그 일들은 그 무엇의 몰락이나 소멸과 관련이 있다. 하나의 세계, 하나의 집단, 하나의 관계는 갑작스럽게 무너지기 마련이고 소설이란 그 덧없는 몰락과 소멸, 붕괴를 안은 채 살아가는 사

9
량원다오, 『모든 상처는 이름을 가지고 있다』, 김태성 옮김, 흐름출판, 2013, 193~194쪽.

람들의 이야기이다. 소설가들은 거기에서 일어난 일과 살아남은 사람들의 삶이 어떻게 엮이는지를 진실과 허구의 경계에 서서 담아낸다. 김연수 역시 어딘가에서 살다 잊혀져 가는 사람들의 이야기를, 만남과 헤어짐을, 세계 저편으로 내쳐진 채 쓸쓸히 견뎌야만 하는 고독의 내력들을 찬찬히 들려준다. 흑두루미를 찍는 사진작가이든 군부 독재자를 생뚱맞게 '성군'이라고 찬양한 슬픈 코미디언이든 그들은 죽거나 사라지는데, 남은 사람들은 기억으로써 그 죽음과 사라짐을 다시 살아낸다. 이 이야기의 잔영 속에는 소통에 대한 열망과 끝내 소통하지 못한 고통이 섞인다. 그래서일까, 그의 소설들은 알 수 없는 슬픔과 아득함이 공존한다. 그 아득함은 헤어져 행방을 모르거나 죽어서 이승을 떠나버려 실체가 없어진 존재, 즉 안을 수도 없고 체취를 맡을 수도 없기 때문에 비롯되는 것으로, 그의 단편들은 그 사라진 존재를 뒤쫓는 이야기들이 많다.

  삶이 그렇듯 이야기들은 어떤 자취만 남기고 휘발할 수밖에 없다. 진실이 견뎌야 하는 중압감이 될 때 그 견딤은 지독한 슬픔으로 발효한다. 그 반대로 거짓이 견뎌야 하는 사실이 될 때 그 견딤은 지독한 모멸로 발효한다. 이처럼 김연수의 소설에는 무너지고 사라지는 것들이 그럴 수밖에 없었던 곡절과 무너지고 사라지는 것들 이후의 삶을 견뎌야 하는 사람들의 이야기, 그리고 소통되지 못하는 삶의 뒤안길에서 견뎌야 할 슬픔과 모멸이 녹아 있다.

비정한 문체

| 하드보일드는 냉정과 열정 사이의 스타일이다

헤밍웨이의 문체

노인의 꿈에는 이제 폭풍우도, 여자도, 큰 사건도, 큰 고기도, 싸움도, 힘겨루기도, 그리고 죽은 아내의 모습도 나타나지 않았다. 다만 그는 여러 지역과 해안에 나타나는 사자들 꿈만 꿀뿐이었다. 사자들은 황혼 속에서 마치 새끼 고양이처럼 뛰어놀았고, 그는 소년을 사랑하듯 이 사자들을 사랑했다. 그는 한 번도 소년의 꿈을 꾸어 본 적이 없었다.[10]

지금으로부터 40여 년 전, 나는 1960년대에 출간된 휘문출판사의 헤밍웨이의 전집을 소유하고 있었다. 청계천 헌책방을 순례하다가 거금을 들여 사들인 것이다. 그 시절 작가가 되고 싶은 열망에 사로잡혀 있던 청년이 그것을 갖고 있다는 사실은 그만큼 헤밍웨이를 흠모하고, 그의 소설들을 글쓰기의 전범으로 삼고 싶다는 욕망의 표현이었으리라.

다른 작가들도 예외가 아니다. 모든 작가는 저보다 앞선 작가들 중에서 배울 만한 전범을 찾는다. 헤밍웨이에게 어떤 작가에게서 가장 많이 배웠는가, 하고 물었을 때, 수없이 많은 작가의 이

[10] 어니스트 헤밍웨이, 『노인과 바다』, 김욱동 옮김, 민음사, 2012, 27쪽.

름이 쏟아졌다. 마크 트웨인, 플로베르, 스탕달, 바흐, 투르게네프, 톨스토이, 도스토옙스키, 체호프, 앤드루 마블, 존 던, 모파상, 키플링, 소로, 매리어트 함장, 셰익스피어, 모차르트, 케베도, 단테, 베르길리우스, 틴토레토, 히에로니무스 보스, 브뤼겔, 파티니르, 고야, 조토, 세잔, 반 고흐, 고갱, 산 후한 드 라 크루스, 공고라. 이 명단에는 작가들뿐만 아니라 화가, 음악가의 이름도 포함되어 있는데, 이는 대단히 흥미로운 사실이다. 그는 일찍부터 예술을 즐기며 수많은 작가들의 책을 읽는 것이 작가가 되려는 사람에게 필요한 책무임을 알았고, 마침내 그는 작가가 되었다.

　그는 소설을 쓰기 전에 미리 전체 얼개를 짜놓기보다는 날마다 문장을 써나가면서 사건을 만들고 조금씩 얼개를 구축하는 스타일이라고 할 수 있다. 사건들을 집요하게 물고 늘어지며, 그 사건 속에서 인물들의 생생한 실감을 만들어내는데, 그 바탕은 사람과 세계에 대한 폭넓은 경험과 이해, 그리고 지식들이었다. 그는 누에가 고치에서 실을 자아내듯이 간결한 문장들을 뽑아낸다. 헤밍웨이의 문장들은 군더더기 없이 짧고 냉정한 '비정한 문체', 즉 현실의 냉혹함과 비정함을 감상에 빠지지 않고 간결하게 표현한 하드보일드(hard-boiled) 문체이다. 하드보일드는 본디 '비정·냉정'이란 뜻을 가진 문학 용어로 픽션의 세계에서 무감정으로 일관하며 사실을 직시하고 그 이외의 수사들을 생략하고 표현하는 방식을 일컫는다. 하드보일드야말로 헤밍웨이의 문체 그 자체, 즉 스타일이다.

내가 지금 반드시 해야 하는 일은 오직 하나

불과 18세의 나이로 캔자스시티 〈스타〉지에서 시작한 기자 이력은 유럽을 무대로 장년기까지 이어졌는데, 이 기자 생활을 통해 헤밍웨이는 단문으로 글 쓰는 법을 익혔다. 그의 문체는 수정처럼 단단했다. 그것은 오로지 글쓰기에 엄격하고 타협하지 않은 고된 수련을 통해 얻어낸 것이기도 했다.

그는 좋은 작가의 조건으로 불우한 유년 시절, 재능, 그리고 훈련이 필요하다고 말했다(실제 그의 유년 시절은 어머니와의 대립과 갈등, 아버지의 권총 자살 등 불행으로 점철된 것이었다). 그것 말고 글 쓰는 데 더 필요한 것은 파란색 공책, 연필 두 자루, 연필깎이, 대리석 테이블, 이른 아침의 냄새, 비질과 걸레질이 전부라고 했다. 간혹 재수가 좋으라고 주머니에 행운의 부적으로 토끼 뒷다리와 마로니에 열매를 넣어 가지고 다니기도 했다. 그는 집필을 시작하기 전에는 아무것도 읽지 않았다. 한번 글쓰기를 시작하면 온전하게 몰입했다. 글을 쓰는 동안에는 술도 마시지 않고, 사람도 만나지 않았다. "자신이 원하는 건 그저 평화로운 순간과 글을 쓸 수 있는 기회"[11]라고 할 만큼 그는 글 쓰는 걸 행복해했다.

헤밍웨이는 날마다 에이치비 연필 일곱 자루를 뭉툭하게 만들 만큼 초고를 쓰고, 그것을 다시 타자기로 옮겼다. 그 작업은 매우

[11] 어니스트 헤밍웨이, 『헤밍웨이의 글쓰기』, 래리 W. 필립스 엮음, 이혜경 옮김, 스마트비즈니스, 2009, 77쪽.

규칙적이었다. 매일 아침 동이 트자마자 쓰기 시작해 정오 무렵 글쓰기를 끝냈다. 그는 작품을 쓸 때 이미 쓴 글들을 잊어버리기 위해 일부러 운동을 하거나 몸을 피곤하게 만들었다. 지칠 때까지 사랑을 나누는 것도 그 방법 중 하나였다. 때로는 머릿속에서 글에 관한 생각을 지우기 위해 도서관에 가서 다른 작가의 책들을 읽기도 했다.

헤밍웨이는 책 한 권을 끝낼 때마다 탈진 상태가 되었다. 텅 빈 내면을 다시 채우기 위해 종군기자로 전쟁에 참여하고, 멋진 여자들과 연애도 했다. 청새치 낚시를 하러 바다에 가거나 사냥을 하러 아프리카로 떠나기도 했다. 그리고 무엇보다도 항상 책을 읽었다. 가능한 한 많이. 다른 작가의 책을 읽는 것을 자신의 재능을 단단하게 만드는 과정의 일부로 받아들였다.

"만일 작가가 관찰하는 것을 멈춘다면 그는 끝장난 것이지요." 〈파리 리뷰〉와의 인터뷰에서 작가에게 가장 근본적인 재능은 '빌어먹을 상황들을 발견하는 장치'라고 꼽았던 그는 "글쓰기가 항상 힘들고 종종 불가능했었다."라고 고백했다. 세계적인 작가에게조차 글을 쓴다는 것은 고통스러운 일이었던 셈이다.

그래서 그는 신체적 강인함을 동경하고, 평생 글쓰기 못지않게 강인한 신체를 만드는 일에 몰입했다. 신체적 강인함을 바탕으로 복싱과 사냥, 전쟁과 죽음, 모험과 바다에 거침없이 뛰어들고, 그 체험에서 금세기의 빛나는 작품들을 건져 올렸다.

파괴될 수는 있어도 패배할 수는 없다

『노인과 바다』는 무려 15년 이상이나 구상하고 200번 이상 고쳐 쓴 걸로 유명하다. 늙은 어부에게 우연히 들은 이야기를 뼈대로 삼은 이 소설은 당시 〈라이프〉지에 처음 발표되었는데, 불과 이틀 만에 530만 부나 팔릴 정도로 큰 인기를 누렸다. 독자들은 열광했고, 헤밍웨이는 이 소설로 퓰리처상과 노벨 문학상을 받았다. 여기저기에서 상찬이 쏟아져 나왔고, "미국 소설의 가장 위대한 장인"이라는 평가도 뒤따랐다.

『노인과 바다』는 고기잡이에 실패하는 한 늙은 어부의 이야기이다. 멕시코 만류에서 조각배를 타고 혼자 고기잡이를 하는 노인과 그를 돕는 소년이 주인공이다. 노인의 고기잡이가 가망이 없어 보였는지 소년의 아버지는 소년을 다른 어부에게로 데려가 버린다. 노인은 84일째 고기를 한 마리도 낚지 못하고 허송세월을 하고 있었다. 어느 날 거대한 물고기가 노인의 낚싯바늘에 걸려든다. 그 물고기는 거대하고 힘이 엄청나서 노인의 힘으로는 도저히 끌어올릴 수가 없다. 노인은 사흘 낮과 사흘 밤을 물고기와 씨름한다. 그러다 바닷속 거대한 물고기가 자신과 마찬가지로 외톨이라는 것을 깨닫고 물고기에게 연민을 느끼기도 한다. 거대한 물고기에게는 어두운 바다 밑에서 견디는 게 도박이라면, 노인의 도박은 육지에서 멀리 떨어져 바다 끝까지 거대한 물고기를 쫓아가는 일이었다. 거대한 물고기는 낚싯바늘을 물고 노인과 배를 깊은 바다로 끌고 간다. 그러는 동안 노인은 존경과 연민이 뒤섞인 감정으로 혼잣말을 한다. "나는 죽을 때까지 너와 함께 있을 테다." 그럼에도 그는 어부이기 때문에 물고기를 죽여야 했다. "나는 너를 좋아하고 더더구나 존경한다. 하지만 오늘은 기어코 끝장내고 말 테다." 사흘 동안의 고투 끝에 노인은 힘이 빠져버린 물고기에게 작살을 내리꽂는다. 노인은 승리자가 되어 거대한 청새치를 배 옆구리에 매달고 항구로 귀환한다. 그러나 항구로 오는 도중 상어 떼의 습격을 받아 거대한 물고기는 뼈만 남게 된다. 전리품마저 약탈자들에게 빼앗겨버린 이 보상 없는 승리는 이 이야기가 공수래공수거(空手來空手去), 즉 벌거벗은 몸으로 왔다가 빈 몸으로 돌아가는 인생에 대한 우화(寓話)라는 사실을 암시한다.

『노인과 바다』에서 물고기를 잡는 노인은 겸손하고 금욕주의적인 현자이다. 노인은 거대한 청새치를 상어 떼에게 빼앗기지만 결코 노여워하거나 절망하지 않는다. 이 놀라운 초연함은 그가 현자요, 도인이라는 증거이다. 그는 사람들에게 조롱당하지만 자신의 삶을 비관하지 않고, 그것을 묵묵하게 극복한다.

이처럼 삶은 인간이 처한 조건과 그것을 넘어서려는 의지와 고투(苦鬪)로 이루어진다. "일찍이 나는 하나의 어두운 지점, 곧 자궁에서 벗어나와 이제 또 하나의 어두운 지점, 곧 무덤으로 나아간다. 하나의 힘이 나를 어두운 구덩이로부터 집어 내던지고,

또 하나의 힘이 나를 어두운 구덩이를 향해 다시는 돌이킬 수 없게끔 질질 끌고 간다."[12] 라고 얘기한 한 작가의 말처럼 삶은 어두운 심연과 심연 사이에서 벌이는 싸움이다.

『노인과 바다』가 표현하는 주제는 명확하다. 바로 패배 속의 승리이다. 무려 84일 동안이나 단 한 마리의 물고기도 잡지 못하지만 노인은 그 실패에 꺾이지 않고, 그 실패들을 딛고 일어선다. "인간은 패배하기 위해 태어나진 않았다. 인간은 파괴될 수는 있어도, 패배할 수는 없다." 패배하지 않는 것, 이것은 불굴의 의지가 아니라 차라리 덕성(德性)에서 나온 것이다. 살아 있는 것들에 대한 연민, 고요로 드러나는 내면의 강인함, 불운과 불행을 꿋꿋하게 견뎌내는 인고의 힘 등은 추구할 만한 고결한 가치이다. 역경이 닥쳐도 한 치의 흔들림도 없는 노인의 평상심처럼. 노인은 나날의 노역(勞役)을 받아들이고 날마다 바다에 나가 거대한 청새치를 쫓고 마침내 포획한다. 그러나 이 전리품은 노인의 소유가 될 수 없었다. 탐욕스러운 상어 떼들 때문이다. 무거운 돛을 어깨에 멘 채 그 무게 때문에 비틀거리며 집으로 돌아온 노인이 "두 팔을 쭉 뻗고 손바닥을 위로 펼친 채 얼굴을 신문지에 파묻고 깊은 잠에 빠졌다."라는 대목에서 눈치 빠른 독자라면 알아챘으리라. 노인에게서 인류의 죄를 대속하기 위해 못 박힌 채 영원한 잠에 드는 성자의 모습이 겹쳐 보이는 것을. 이 소설이 정말 의미 있는 지점은 승리에 대한 한 인간의 집념이나 승리 자체가 아니

12
니코스 카잔차키스, 『어두운 심연에서』, 김문환 옮김, 현대사상사, 1975.

라 운명과 죽음에 맞서 어떻게 숭고하게 싸웠는가이다.

『노인과 바다』를 관통하는 또 다른 주제는 초원 위에서 평화롭게 노니는 사자들에 대한 노인의 꿈이다. 노인이 가장 행복했던 때는 사자 꿈을 꿀 때였다. 노인은 이 꿈을 되풀이해서 꾼다. 이 꿈속에는 폭풍우, 여자, 큰 사건은 물론이거니와 큰 고기도, 싸움도, 힘 겨룸도, 죽은 아내도 없다. 오로지 황혼 속에서 평화롭게 쉬고 있는 사자들뿐이다. 꿈속에서 사랑한 이 사자들은 무엇을 의미하는 것일까? 이 꿈은 몸과 마음의 에너지를 다 소진한 노인의 평화와 안식에 대한 강렬한 욕구를 반영한다. 결국, 소설의 마지막도 "노인은 사자 꿈을 꾸었다."라는 문장으로 끝을 맺는다. 패배는 재앙이 아니라 끝없이 채우고 소유하려는 욕망이 바로 재앙이라는 것을 말하는 것이다. 억지로 잡으려 하는 자는 끝내 잡지 못한다. 인위의 욕심을 버리고 비운 자만이 초연해질 수 있다. 노인은 이기고 지는 것에 초연한 사람, 즉 비운 사람이다.

문체처럼 하드보일드한 삶

헤밍웨이는 살아 있을 때 대단한 명성을 얻은 작가였지만 그는 이런 말을 남긴 적이 있다. "명성을 얻은 작가는 태어날 때부터 지식을 지니고 있는 것처럼 보인다. 하지만 항상 그런 건 아니다. 그는 다만 다른 사람들보다 같은 시간에 좀 더 빨리 배울 수 있는 능력을 타고났을 뿐이다. 그리고 그는 의식적으로 노력을 기울이도록 강요받지 않으며, 자신에게 제시된 이미 검증된 지식을 받아들여야 할지 말아야 할지에 대한 지혜를 지니고 있을 뿐이다."[13]

헤밍웨이는 살아 생전 명성을 얻었을 뿐 아니라 '영웅 신화'를 만들었지만 실제 삶은 모순과 다중적인 모습으로 파열음을 냈다. 그렇게 수많은 작품들을 쓰며 퓰리처상과 노벨 문학상마저 거머쥐면서 금세기 최고의 문학가 자리에 올랐지만, 정작 삶은 이런저런 사고와 질병들로 가득했다. 그는 용맹한 작가였지만, 다른 한편으로는 제 안의 비겁함과 자살에의 유혹과 싸워야만 했고, 그로 인해 내면은 악몽으로 얼룩져 있었다. 후배 작가인 노먼 메일러(Norman Mailer, 1923~2007)는 그에 대해, "헤밍웨이가 겪은 모험담의 진실은, 결국 비겁함과 자살하고 싶다는 유혹과 평생 싸웠다는 것, 그리고 그의 내면의 풍경은 악몽이었으며, 악마들과 싸우며 밤을 지새웠다는 것이다."라고 말했다.

말년에는 우울증과 편집증, 고혈압, 당뇨, 간염, 신장염 따위의 병마와 싸워야 했다. 결국 그 싸움에서 지고 말았다. 1961년 7월 2일, 아이다호 주의 자택에서 제 머리에 엽총을 쏘아 자기를 죽인 것이다. 전쟁과 영웅의 이야기에 매혹되었지만 결국 자신을 파괴함으로써 스스로 구축한 '영웅 신화'도 깨뜨렸다. 그는 우리에게 충격적으로 증명했다. 삶의 본질이 비극이라는 것을.

비록 그렇게 떠나고 말았으나 그는 하드보일드 스타일로 이야

13
어니스트 헤밍웨이, 『오후의 죽음』, 장왕록 옮김, 책미래, 2013, 250~251쪽.

기의 성채를 지은 위대한 소설가의 한 표상으로 오래 기억될 것이다.

헤밍웨이에게 소설이란 삶과 세계, 더 작게는 사건과 경험들을 독창적으로 빚어내는 것이었다. 그래서 그는 일어난 일, 존재하는 것들의 내밀함에서 울려 나오는 소리에 귀를 기울였다. 헤밍웨이는 언어와 의미의 채집자였다. 아울러 그는 '나'와 세계, '나'와 타인들 '사이'에서 파생되는 이야기를 앵무새같이 반복하고 재현하는 것이 아니라 호환되지 않는 독창적인 이야기로 만든 창조자였다.

강건한 탐미주의의 문체

| 잉여를 배제하고 사실과 사실을 잇다

김훈의 문체

버려진 섬마다 꽃이 피었다. 꽃 피는 숲에 저녁노을이 비치어, 구름처럼 부풀어 오른 섬들은 바다에 결박된 사슬을 풀고 어두워지는 수평선 너머로 흘러가는 듯싶었다. 뭍으로 건너온 새들이 저무는 섬으로 돌아갈 때, 물 위에 깔린 노을은 수평선 쪽으로 몰려가서 소멸했다. 저녁이면 먼 섬들이 박모(薄暮) 속으로 불려가고, 아침에 떠오르는 해가 먼 섬부터 다시 세상에 돌려보내는 것이어서, 바다에서는 늘 먼 섬이 먼저 소멸하고 먼 섬이 먼저 떠올랐다.

저무는 해가 마지막 노을에 반짝이던 물비늘을 걷어가면 바다는 캄캄하게 어두워갔고, 밀물로 달려들어 해안 단애에 부딪치는 파도 소리가 어둠 속에 뒤채었다. 시선은 어둠의 절벽 앞에서 꺾여지고, 목측(目測)으로 가늠할 수 없는 수평선 너머 캄캄한 물마루 쪽 바다로부터 산더미 같은 총포와 창검으로 무장한 적의 함대는 또다시 날개를 펼치고 몰려온다. 나는 적의 적의(敵意)의 근거를 알 수 없었고 적 또한 내 적의의 떨림과 깊이를 알 수 없을 것이었다. 서로 알지 못하는 적의가 바다 가득히 팽팽했으니 지금 나에게는 적의만이 있고 함대는 없다.[14]

[14] 김훈, 『칼의 노래』, 문학동네, 2014, 13~14쪽.

김훈의 문장들은 사실에 입각해서 사실을 전달한다. 불가피하게 그 사실에 덧씌워지는 것은 작가의 탐미적인 것을 향한 본능이다. 그렇게 나온 문체는 김훈의 본성과 기질, 취향, 심미적 의식이 한데 버무려진 그만의 독자적인 것이다. 그의 문체는 매우 건조하다. 문장을 쓸 때 건조함 속에서 통사적 구조의 완결성을 목표로 하고, 의도적으로 형용사와 부사를 배제하기 때문이다. 때때로 금욕주의자 같기도 하다. 이야기의 내밀한 규범을 가로질러가는 그의 문체는 사실과 사실 사이의 인과관계를 밝힐 때 더욱 삼엄하게 건조해진다. 말들은 사막에 뒹구는 뼈와 같이 살점 하나 붙이지 않은 채 가파른 뜻으로 선다. 그러나 허무를 드러낼 때 건조함이 누그러진다. 허무를 말할 때 그의 문체는 가장 화사해지는데, 그때 작가의 심정의 결이 선명하게 나타난다. 문체는 강을 건너기 위한 나룻배이지만 때때로 나룻배가 아니라 강노릇을 한다.

현실을 회피하지 않는 유물론적 언어 감각

『칼의 노래』는 임진왜란 중에 조선 해군을 이끌다가 장렬하게 죽음을 맞는 이순신의 이야기를 다루고 있다. 1인칭 서술로 일관하는 문장은 한 나라와 백성의 존망을 등에 짊어진 자의 무거운 실존을 감당한다. 그 문체는 장중하면서도 아름답다. 이 장중한 문체는 의롭고 꼿꼿하지만 절체절명의 위기에 빠진 나라의 운명을 혼자 감당해야만 하는 장군의 뼛속까지 파고드는 고독과 잘 어울린다.

김훈은 이념을 믿지 않고, 굳센 신념을 회의한다. 믿는 것은 몸의 헐떡거림이요, 기대는 것은 자연의 어김없는 순환성이다. 둘 다 사람을 피와 살을 가진, 본래적 개별자로 되돌려놓기 때문이다. 김훈은 이념과 신념에 의해 날조되는 인물이 아닌 그 자체로 자연인 개별자를 초대하고, 무른 살과 느슨한 신념들이 어떻게 단단한 세계와 이념들에 부딪쳐 깨지고 피를 흘리며 무너져 내리는가를 차갑게 따라간다. 그때 김훈은 유물론자로 생각하고 움직이는 것이다. 더 정확하게 말하자. 이념의 목적론은 의식을 재단하고, 회의하지 않는 신념은 이성을 물화(物化)로 몰아간다. 김훈은 강고한 이념의 옥죔을 생래적으로 싫어하고, 굳은 신념으로 분출하는 당파성을 혐오한다. 둘 다 사람을 피와 살이 없는 이념이나 신념으로 환원하는 까닭이다. 그가 이념보다는 밥에, 신념보다는 똥과 오줌에 더 이끌리는 것은 이념과 신념이 헛것이고, 밥과 똥과 오줌은 실상이기 때문이다. 김훈은 밥이 개별자의 입으로 들어오기까지의 긴 도정을 따라가고, 그 어려움에 밥이 몸에서 소화되어 똥과 오줌으로 나오기까지의 어려움을 겹쳐낸다. 그 겹침 위에서 삶은 살 만한 것인가라고 끈질기게 묻는다. 그 물음에 대한 진지함과 끈질김 속에서 웰메이드 서사가 탄생한다. 『칼의 노래』는 피로 때문에 대의를 살아내지 못하고 무너지는 몸의 허무와 지리멸렬함을 명석하게 그려낸다. 소설의 근골은 균형 잡혀 있고, 근골을 감싼 문장은 명석하다. 그 명석함이 운반하는 사유가 품은 핍진성은 충분히 납득할 만하다.

처음 『칼의 노래』를 읽었을 때 이것은 '이순신'의 이야기가 아니라 '김훈'의 이야기라고 생각했다. '이순신'은 박물관의 유물이고, '김훈'은 살아있는 욕망의 현재이다. 역사적인 인물 '이순신'은 자연에 속하는 '김훈'의 대리인으로 읽혀진다. 작중화자의 사유, 고뇌, 외로움, 불안, 절망은 박제된 역사적 인물의 것이 아니라 살아 있는 사람의 구체적 현전이다.

김훈은 고려 대학교 영문과를 중퇴하고 〈한국일보〉 신문기자로 들어간 뒤 〈한겨레신문〉, 〈시사저널〉 편집국장 등을 거치며 기자 생활을 오래 했다. 그러다 불혹을 훌쩍 넘긴 47세 때 『빗살무늬토기의 추억』으로 소설가의 길에 들어섰다.

그는 해방 직후 태어나 6·25전쟁, 4·19혁명, 5·16군사정변, 5·18민주화운동, 6·10민주항쟁 따위의 풍파를 차례로 보고 겪었다. 이승만, 박정희, 전두환, 노태우, 김영삼, 김대중 등을 거쳐 노무현에게로 대통령 자리가 옮겨갈 때마다 영광은 작고, 치욕과 모멸은 많은 삶을 견뎌냈다. 예컨대 그보다 스무 해나 늦게 태어난 소설가 김영하와는 보고 듣고 겪은 바가 다르고, 경험과 사유의 역장(力場)이 다를 수밖에 없다.

그는 첨단 기기를 사용하지 않고 몸으로 쓰는 사람이다. 요즘 작가들은 대개 컴퓨터 자판을 두드려 글을 쓰지만 김훈은 여전히 원고지에 글을 써내려 간다. "연필로 쓰면 내 몸이 글을 밀고 나가는 느낌이 든다. 이 느낌은 나에게 소중하다. 나는 이 느낌이 없으면 한 줄도 쓰지 못한다." 그는 고집스럽게 노트에 연필로 한 자 한 자 꾹꾹 눌러써서 사실들의 연관 관계가 명료한 문장들을 써낸다. 김훈 스타일은 어쩌면 그런 첨단 기기의 도움을 받지 않고 종이에 연필로 꾹꾹 눌러쓰는 아날로그 방식과 연관되어 있을지도 모른다.

감각은 보다 생생하게, 실존은 보다 선명하게

『칼의 노래』는 과거[유물]에 내장된 소멸되지 않은 증거들에 기대어 현재─삶의 욕망함─이 품은 발랄함의 뜻 없음과 지리멸렬함을 읽을 수 있다. 약육강식의 질서에 포획된 몸과 나아갈 수도 물러설 수도 없는 욕망과 그 진퇴양난에 대한 이야기가 담겨 있다. 그 욕망함의 윤리성을 따지고 묻는 기표가 바로 피로이다. "바다에서 나는 늘 식은땀을 흘리며 기진맥진했다.", "다시 거꾸로 흐르는 북서 밀물 위에서 나는 몹시 피곤했다.", "동틀 무렵에 코피를 쏟았다. 뒷골이 당기면서 더운 피가 쏟아졌다."와 같은 문장에서 주르륵 쏟아지는 피로는 몸과 욕망함 사이에서 진자운동을 하며 그 실재를 뿜어낸다. 몸은 감당할 수 없는 것─여기에서는 국가라는 포획 장치─에 맞닥뜨리면서 그 피로함을 드러내는데, 이때 한계의 징후로써 출현하는 피로는 몸이 이 세계와 자아를 가로지르는 경계이자 틈이라는 것, 크고 작은 욕망들이 솟구치고 가라앉는 장소라는 것, 그리고 세계에 대해 항상적으로 실패하고 좌초하는 것임을 말한다. 프랑스의 구조주의 철학자인 롤랑 바르트(Roland Barthes, 1915~1980)가 말했듯이 피로는 정신적 체감이요, 육체 속에 살 수 있는 무한성이다. 작가가 피로와 그것의 윤리에 대한 물음에 맞설 때 문장은 발랄해진다. 피로가 개별자에게 회수된 개별성을 되돌려주는 매질(媒質)이고, 세계와의 연결 고리가 느슨한 자아가 드러내는 태만을 증언할 때 작가의 상상세계는 더욱더 생동한다.

『칼의 노래』의 서사를 이끄는 것은 이순신이라는 기호로 호명되는 일자(一者, das Eine)이다. 일자의 현존을 둘러싼 것은 나약한 군주와 신하들로 구성된 봉건 왕조 국가, 그리고 조선을 침략한 일본 군사와 그 장군들이다. 이 일자의 행위, 삶, 존재는 그야말로 고립무원이다.

> 나는 하루 종일 혼자 앉아 있었다. 텅 빈 바다 위로 크고 무서운 것들이 다가오고 있었다. 사각 사각 사각, 수평선 너머에서 무수한 적선들의 노 젓는 소리가 들려왔다. 그 환청은 점점 커지며 내 앞으로 다가왔다. 나는 고개를 흔들어 환청을 떨쳐냈다. 식은땀이 흘렀고 오한에 몸이 떨렸다. 저녁 무렵까지 나는 혼자 앉아 있었다.[15]

15 김훈, 『칼의 노래』, 문학동네, 2014, 53쪽.

이순신은 백의종군한다. 절체절명의 나라를 구하라는 시대의 소명에 자신을 내던진다. 그는 외롭다. 적들은 칼로 삼엄하여 그를 외롭게 하고, 내 편이어야 할 임금과 임금을 보좌하는 신료들은 그를 의심하고 견제한다. 그는 양쪽에서 협공당하는 처지이다. 해전과 심리전을 동시에 치러야 한다. 안과 밖의 적을 동시에 대적하여 두 전선에서 두 전쟁을 감당해야 한다. 세상 전체가 칼을 들어 제 한 몸을 겨냥하는 고립무원의 처지이다. 무엇보다도 그는 무결점의 영웅이 아니다. 그저 밥 먹고 숨 쉬는 보통의 사내이다. 아무렇게나 널브러진 시신들이 썩는 누린내에 진저리를 치고, 때때로 감당해야만 하는 나날의 과업이 힘에 부쳐 잠자리에서 식은땀을 흘리며 악몽을 꾼다.

이 외로운 사내를 위로하는 것은 여인의 몸이요, 살 내음이다. 여인과 통정을 하며 이 전쟁에서 잠시나마 도피하지만 자고 일어나면 백척간두에 선 나라와 백성들의 운명과 안위를 걱정하는 처지이다. 그러나 "벨 수 없는 것들 앞에서, 나는 다만 적의 종자를 박멸하려 했다."와 같은 문장에서 난세를 평정하려는 대의보다는 오로지 제 운명의 버거움을 힘겹게 견인해 가는 자의 버거움이 드러난다.

젊은 왜군 포로를 앞에 두고 신문할 때 이순신의 사람됨은 섬광처럼 번뜩인다. 포로를 죽여서는 안 된다는 울음과 살려두어서는 안 된다는 울음이 몸속 어디에서도 울어지지 않고, 다만 몸속 깊은 곳에서 징징징 칼이 울었다고 그는 말한다.

칼은 인간의 사유에 따르지 않고 저의 타고난 숙명대로 움직인다. 칼의 움직임을 칼의 숙명으로 용납하지 않을 때 그 칼은 적이 되어 나를 벤다. 먼저 베지 않으면 제가 베이는 게 칼의 숭고한 운명이다. 칼은 피아와 선악을 굳이 분별하지 않는다. 그런 맥락에서 칼의 도덕은 무도덕이다. 칼은 베는 것으로써 제 존재를 드러내며 소임을 다할 뿐, 분별하는 것은 칼의 몫이 아니다. 칼을 든 자는 생사의 기로에서 사유를 앞질러가는 칼의 무도덕을 비극으로 체화한다.

국가 이데올로기에 포섭되지 않는 개별자의 내면을 가진 자의 비극은 두 겹이다. 하나는 전쟁에 함몰된 자가 칼의 원리에 따르지 않고 사유의 원리에 제 삶을 매려는 헛된 시도를 한다는 것이고, 다른 하나는 봉건 왕조 아래에서 군주의 자아에 저의 자아를 겹치지 않고, 독립된 개별자의 자아로 세계와 맞서려고 한다는 점이다.

실존을 둘러싼 상황은 언제나 예측 불가능이다. 상황은 아주 복잡한 얽힘, 연쇄 속에서 일어나는 변화들의 총체이다. 산다는 것은 단순히 숨 쉬고 있는 것만이 아니라 생존을 짓누르는 크고 작은 상황을 변환시키려는 의지를 발현하는 것이다. 누르는 힘이 크면 거기에 대응해 변환하려는 의지도 커진다. 산다는 것은 본질에서 눌림과 따돌림에서 비롯하는 고통과 시련의 수납이고,

또 그에 대한 반발이다. 살아 있는 것에 어떤 뜻이 있는가를 묻는 것은 철학의 존재 근거이자 본원적인 물음이다. 그것은 소설도 마찬가지이다. 그런 맥락에서 철학과 소설은 한 가지에서 피어난 다른 잎이다. 하나의 뿌리를 갖되 철학은 사유를, 소설은 서사라는 잎을 피우는 이란성 쌍둥이인 것이다.

허무는 가치의 부정이 아니라 판단 정지이다. 말과 행위들의 격렬함이 지나간 뒤 돌이켜보면 그것들은 다 무의미한 장난이고, 무의미한 장난들로 들어찬 이 세계도 결국은 무의미한 곳이다. 말과 행위들에 의미를 세울 수 없다면 그것들로 이루어지는 이 삶은 근본적 무용성, 곧 의미의 영도(零度)에 지나지 않는다. 그 의미의 영도에서 문득 발견하는 게 뼛속의 심연에서 우는 칼의 울음이다.

> 이 끝없는 전쟁은 결국은 무의미한 장난이며, 이 세계도 마침내 무의미한 곳인가. 내 몸의 깊은 곳에서, 아마도 내가 알 수 없는 뼛속의 심연에서, 징징징, 칼이 울어대는 울음이 들리는 듯했다. 나는 등판으로 식은땀을 흘렸다. 캄캄한 바다는 인광으로 뒤채었다.[16]

김훈의 소설들은 허무주의에 봉사하지 않는다. 김훈이 믿을 수 있고, 확실하게 받아들일 수 있는 것은 식은땀과 뼛속 깊은 데서 우는 칼의 울음을 듣는 제 귀와 캄캄한 바다 위를 떠도는 인광

[16] 김훈, 『칼의 노래』, 문학동네, 2014, 17쪽.

을 보는 제 눈이다. 제 귀와 눈, 몸으로 촉지할 수 없는 관념은 헛것이다. 김훈은 헛것을 두려워하고, 몸의 실감에서만 판단의 근거와 확신을 구한다. 김훈의 소설들은 허무주의가 아니라 불가지성과 그 불가지성 속에 삶을 세워야 하는 자의 불가피한 자존과 자기애를 끌어올리고 그것을 강화하는 방법적 선택이다.

『칼의 노래』나 또 다른 역사 소설『남한산성』은 영웅호걸이 천하의 권력을 다투는 강호를 다루지 않는다. 그보다는 주로 개별자의 말과 행위들, 이 너른 세계에 떠도는 작은 주체들의 이야기가 펼쳐진다. 주로 남성들이 등장하는데, 아주 드물게 나타나는 여성은 주체적 개별자가 아니라 여성이라는 원형질 덩어리로 그려진다. 김훈의 역사 소설은 피를 뿌리며 무사의 도를 추구하는 무협(武俠)도 아니요, 역사에 근거해서 작성하는 연의(演義)는 더더구나 아니다. 김훈은 다만 무(武)와 협(俠)에 끼여 가위에 눌리거나 식은땀을 흘리는 개별자들의 사연과 곡절을 적는다. 그가 이것들로 말하고자 한 것은 무엇이었을까?

비극적 운명을 타고난 언어와 말

김훈은 이순신이 가는 고난의 행로와 죽음을 면밀하게 그려내면서, 과연 이 삶에 어떤 의미가 있는가를 묻는다. 그런 점에서 김훈 소설은 비극의 경연(競演)이다. 김훈 스타일은 작가 자신의 비극적 세계관과 허무주의에서 솟구친 무지개이다. 비극은 '나'

의 자기성이 무화되는 자리에서 다반사로 일어나는 범용한 사태로, 어디에나 널려 있다. 다만 사람들이 그것을 회피할 뿐이다. 비극에 천부적으로 끌리는 자들만이 그 비극을 알아차린다. 비극에 대한 예민한 후각을 천부적으로 타고난 김훈은 잔혹극의 창시자 앙토냉 아르토(Antonin Artaud, 1896~1948)처럼 될 수도 있었을 것이다. 일찍이 아르토는 이렇게 말했다. "내가 글을 쓴 것은 나는 결코 아무것도 하지 않았다는 것을, 아무것도 할 수 없다는 것을 그리고 무엇인가를 하면서도 실제로는 아무것도 하지 않았다는 것을 말하기 위해서일 뿐이다. 나의 전 작품은 구축된 것이며, 무(無)의 바탕 위에서가 아니면 이루어질 수 없을 것이다." 김훈은 앙토냉 아르토로 가는 길을 포기한다. 그가 새로 접어든 길에는 오노레 드 발자크(Honore de Balzac, 1799~1850)가 있다. 의식하든 그렇지 않든 김훈은 사실주의의 대가인 발자크가 걸어간 길 위에 서 있다.

그는 여전히 진화 중이다. 진화의 단계에서 역사 소설은 악보상의 휴지부(休止符), 즉 잠시 쉬어가는 쉼표이다. 그는 이 휴지부, 쉼표를 빠르게 건너갈 것이다. 지금까지 그가 내놓은 소설이 독백이었다면, 앞으로 나올 소설은 독백에서 벗어나 다향(多響)의 울림을 가진 대화일 수 있을까?

사실성에 바탕을 둔 소설적 상상력

　소설은 간 길이 아니라 가야 할 길에 대한 선험적 검증이다. 이미 지나온 길을 시시콜콜하게 적는 것은 역사이다. 소설은 역사가 아니라 역사의 여백을 탐색하는 자리이다. 역사가 소설이 되려면 상상과 허구가 섞여야 한다. 지나온 길이 지나갈 길이 되어야 소설이 되는 것이다. 역사 소설은 단순히 지나온 과거나 역사의 재현이 아니라 진실이라는 프리즘을 통해 그것을 다시 보기한 것이다.

　소설은 "혀끝에서 맴도는 이름"(파스칼 키냐르)을 호명하는 작업이다. 기억은 과거의 전시장도 아니며, 과거에 대한 시시콜콜한 보고서도 아니다. 기억이란 기억할 만한 것과 그렇지 못한 것의 분별이다. 기억은 욕망의 계속성을 수혈받으며, 이 분별 작업을 수행한다. 이 분별은 기억할 만한 것들에 대한 고찰이고, 그렇지 못한 것들에 대한 망각이다. 소설은 기억과는 다르다. 오히려 반(反)기억인 것이다. 소설은 개별자들을 불러들여서 이야기를 만드는 것이며, 그 이야기 속에서 개별자들의 진실을 밝혀주는 것이다. 그 이야기가 몰지각한 시정잡배들이 지껄이는 잡담과 다른 것은 거기에는 통찰력과 이성, 각성의 빛이 있기 때문이다.

감각적인, 너무나 감각적인

| 문장을 재즈 리듬으로 연주하다

하루키의 문제

웅덩이가 내 그림자를 완전히 삼켜버리고 난 뒤에도 난 오랫동안 그 수면을 지켜보고 있었다. 수면에는 파문 하나 남지 않았다. 물은 짐승들의 눈처럼 파랗고 잠잠했다. 그림자를 잃어버리고 나자 나 자신이 우주의 변방에 홀로 남겨진 것처럼 느껴졌다. 난 더 이상 어디로도 갈 수 없고 어디로도 되돌아갈 수 없었다. 그곳은 세계의 끝이고, 세계의 끝은 어디로도 통하지 않는 것이다. 거기서 세계는 끝나고 고요하게 멈춰 있는 것이다. 나는 웅덩이를 뒤로하고 서쪽 언덕을 향해 눈 속을 걷기 시작했다. 서쪽 언덕 너머에는 도시가 있고, 강물이 흐르고, 도서관 안에서는 그녀와 아코디언이 나를 기다리고 있을 것이다. 쏟아져내리는 눈 속에서 한 마리의 흰 새가 남쪽을 향해 날아가고 있는 것이 보였다. 새는 벽을 넘어 눈으로 뒤덮인 남쪽 하늘로 사라져갔다. 그 뒤에는 내가 밟은 눈이 뽀드득거리는 소리만이 남았다.[17]

음악과 문장의 공통점은 그 바탕에 리듬이 흐른다는 점이다. 리듬의 예술인 음악은 인생을 명랑하고 흥에 겨운 것으로 변화시키는 마술이다. 특히 재즈 공연을 보고 있을 때 절로 흥이 나

[17] 무라카미 하루키, 『세계의 끝과 하드보일드 원더랜드 2』, 김진욱 옮김, 문학사상, 2012, 367~368쪽.

리듬에 따라 몸을 움직이거나 춤을 추고 싶다는 열망에 사로잡히기도 하는데, 문장을 쓸 때 이 재즈의 기분 좋은 리듬을 살려 쓰는 작가가 있다. 바로 일본의 현대 작가 무라카미 하루키이다.

그는 평생 다양한 음악을 들으며 감수성을 키워온 작가이다. 하루키의 감각적인, 너무나 감각적인 문장들은 재즈 리듬을 타듯 자유롭고 경쾌한 흐름을 타고 흐른다. 하루키의 문장들은 자유로운 리듬을 타는 재즈와 너무나 닮아 있다. 그는 자신의 소설을 독자에게 재즈 공연처럼 들려준다. 그게 바로 하루키만의 스타일이다.

뭔가를 쓸 수 있는 때는 언젠가 반드시 온다

하루키는 어린 시절부터 많은 책들을 읽었다. 『세계문학전집』이나 『세계의 역사』 같은 책들을 즐겨 읽었고, 열다섯 살에는 카프카의 『성』을 읽고 깊은 인상을 받았다. 고등학교 2학년 때에는 신문부 편집장이 되어 기사를 썼다. 그가 작성한 기사들은 「달리전을 보고」, 「감상석 : 베그 현악 4중주단」, 「감상석 : 영화 그리스인 조르바」와 같은 것들인데, 여기서 미래의 작가 하루키의 싹을 보여준 셈이다. 하루키는 재수 끝에 1968년 봄, 와세다 대학 문학부에 입학한다. 그렇다고 곧바로 작가의 꿈을 품은 것은 아니었다. 와세다 대학 시절에도 레이먼드 챈들러(Raymond Chandler, 1888~1959)나 커트 보네거트(Kurt Vonnegut, 1922~2007)와 같은 미국 소설가들의 작품을 즐겨 읽었지만 그의 인생 설계 속에 '작가'는 여전히 포함되지 않았다.

하루키는 대학 북쪽의 사설 기숙사에 들어가 생활했는데, 바로 『노르웨이 숲』의 작중인물이 묵었던 그 기숙사이다. 그 당시 하루키는 대학 공부에 흥미를 잃고 신주쿠에서 아르바이트를 하며 재즈 카페에 틀어박혀 살았다. 그는 열세 살 때부터 재즈를 듣기 시작해 용돈을 모아 재즈 레코드를 사 모았는데, 음악은 줄곧 가장 좋은 친구였다. 결국 대학을 졸업하고 레코드 가게와 카페에서 아르바이트를 하며 모은 돈으로 재즈 카페를 열었다. 도쿄 고쿠분 지역 남쪽 출구에 위치한 재즈 카페 '피터 캣츠'는 그리 크지 않았지만 재즈 마니아들에게 소문이 나면서 제법 성업이었다. 소설가 나카가미 겐지나 당시 무사시노 대학 미대생이던 무라카미 류도 단골손님이었다고 한다.

그는 종일 재즈를 들으며 손님들이 주문하는 칵테일이나 샌드위치를 만들며 보냈다. 어느 날, 서른을 코앞에 둔 하루키는 문득 뭔가를 쓰고 싶다는 생각에 사로잡혔고, 재즈 카페의 일을 마친 새벽마다 식탁 위에서 소설을 쓰기 시작했다. 한 시간씩 맥주를 마시며 한 장씩 소설을 써나간 끝에 40개의 짧은 장들로 이루어진 중편 『바람의 노래를 들어라』를 탈고했다.

전에도 밝힌 적이 있지만, 내가 갑자기 소설을 써야겠다고 결심한 것은 진구 구장의 야외석에서였다. 23년 전의 시즌 개막 게임이었다. 선발이 야스다였던 것이 확실히 기억난다. 그해 10월 4일에 야쿠르트가 우승했다. 마스오카가 선발로 나와 완투했다. 그때도 나는 구장에 있었다. 스왈로스 창단 이래 29년째에 이르러 처음 거둔 우승이었는데, 나도 마침 스물아홉 살이었다. 그때 쓴 소설로 나는 문예지의 신인상을 받았다.[18]

하루키는 이 소설로 군조 신인문학상을 받으며 작가로 등단한다. 데뷔작인 『바람의 노래를 들어라』에는 대학 시절 경험이 고스란히 녹아 있다. 1970년 8월 8일에서 8월 26일 사이에 일어나는 18일간의 이야기를 다루고 있는데, '전공투'의 마지막 세대로 대학 소요를 겪으며 보낸 '잃어버린 1960년대'에 대한 진혼의 성격이 짙다. 역사의 종언 이후 글로벌 자본주의가 몰려오는 초입에 선 청년의 불안과 고독을 감각적인 형식으로 표현하고 있다. 『1973년의 핀볼』에서도 이념 공동체라고 할 수 있는 집단—그것이 대학이든 사회든 국가든—을 잃고 현실의 가장자리로 밀려나 공허 속에 고립된 젊은이들, 즉 사회나 조직, 그리고 인간관계들에서 떨어져 나온 외톨이들의 얘기들이 펼쳐진다. 바로 이 지점이 하루키의 개인주의가 탄생하는 원점이라고 할 수 있다.

학교를 졸업한 이래 거의 펜을 잡은 일도 없어서 처음에는 글을 쓰는 데 상당한 시간이 걸렸다. '남과 다른 무언가를 이야기하고 싶다면 남과 다

18
히라노 요시노부,
『하루키, 하루키』,
조주희 옮김,
아르볼, 2012,
35쪽.

른 말로 이야기해라.'라는 스콧 피츠제럴드의 문구만이 내게 유일한 의지가 되었는데, 사실 그런 것이 말처럼 그리 간단히 될 리가 없었다. 그래도 마흔 살이 되면 조금은 나은 걸 쓸 수 있게 되겠지 하고 생각하며 썼다. 지금도 그렇게 생각하고 있다. 수상한 일은 대단히 기쁘지만, 형태가 있는 것에 구애받고 싶지 않고, 또 이제는 그럴 나이도 아니라고 생각한다.[19]

하루키는 뭔가 쓰고 싶었지만 어떻게 시작해야 할지를 몰랐다. 첫 소설을 쓰려고 마음을 먹었지만, 쉽지 않은 일이었다. 일본 작가의 글은 읽어본 적이 없었기 때문이다. 그래서 즐겨 읽고 잘 아는 서구 작가들의 스타일, 구조 등에서 빌려와 자신만의 독창적인 스타일을 창조하기로 마음먹는다. 첫 소설에서 일본 소설의 해체를 보여주고 싶어 했는데, 그 결과가 『바람의 노래를 들어라』이다. 이 작품이 미국 소설의 영향 아래서 나왔다거나 서구적인 작품, 심지어는 반(反)소설로 받아들여진 것은 당연한 일이었다. 그의 스타일은 일본 문학의 전통에서 완전히 벗어난 것이었다. 하루키는 일본의 대표적인 문학상인 '아쿠타가와 상'에 두 번이나 후보로 올랐지만 결국 수상에는 실패했다. 당시 그가 상을 받지 못한 것은 일본 문단이 그 낯선 감성과 스타일을 수용할 준비가 되어 있지 못했기 때문이다. 일본을 대표하는 문인이자 당시 심사 위원이었던 오에 겐자부로는 하루키의 초기 소설

19
히라노 요시노부,
『하루키, 하루키』,
조주희 옮김,
아르볼, 2012,
46쪽.

을 두고 "시적인 감각, 참신한 문장"은 높이 평가했지만, 미국 문학의 모방에서 크게 벗어나지 못했다는 평가를 남기기도 했다.

진정 구원받기 위해서는 홀로 어둠의 깊숙한 부분까지 내려가야

『바람의 노래를 들어라』에는 하루키 상상력의 원형질이라고 할 수 있는 여러 요소들이 녹아 있다. 『바람의 노래를 들어라』에서 『해변의 카프카』를 거쳐 『1Q84』에 이르기까지 그가 선보인 낯선 소설의 형식은 불가피하게 형성된 하루키만의 독자적인 스타일이다. 그는 특히 "인간 내면에 존재하는 근원적 공포"에 대해 파고드는 작가로 유명한데, 어둠과 지하, 그리고 통로는 하루키 작품의 주요한 모티프들이다. 그것은 어린 시절 겪었던 두 번의 죽음 때문인지도 모른다.

하루키는 어린 시절, 할아버지의 죽음과 친구의 죽음을 겪어야만 했다. 친할아버지는 교토에 위치한 절의 승려였는데, 어느 날 밤 뜻밖의 사고로 세상을 떠났다. "어느 날 밤 그는 만취해 선로 위에 누워 잠들어 버렸다. 결국 몸 위로 노면 전차가 지나갔고, 그는 몸이 둘로 절단되어 죽었다."[20] 친구의 죽음은 하루키의 단편 「5월의 해안선」에 언급되기도 했다. "아주 옛날, 여섯 살 적 일이다. 그는 집중호우로 물이 불어난 강에 휩쓸려 죽었다. 봄날 오후 그의 시체는 탁류와 함께 단숨에 앞바다로 쓸려갔고, 사흘 뒤에 물 위를 떠다니는 나무와 함께 떠올랐다." 이러한 죽음은 하

[20] 히라노 요시노부, 『하루키, 하루키』, 조주희 옮김, 아르볼, 2012, 21쪽.

루키의 내면에 새겨진 원체험이다. 그래서 그의 의식 속에는 죽음의 냄새가 강렬하게 각인되어버렸는지도 모른다.

하루키의 소설 세계는 '하드보일드 원더랜드'라 할 수 있다. 그는 공허한 인간들의 자아 찾기라는 환상적인 모험을 1인칭 시점으로 보여준다. 소설 속 인물들은 중심 사회의 압력에서 벗어나기 위해 스스로 외톨이가 되어 고립을 자초하며, 현실과 다른 층위에 있는 이면의 세계로 미끄러져 들어간다. 어느 시점에서 자아를 잃어버린 채 공허해진 인간들이 상실과 부재를 견디기 위해 현실의 이쪽과 그 너머를 오가는 것이다. 하루키는 이 방황과 편력의 세계를 '하드보일드 원더랜드'라고 명명한다. '하드보일드 원더랜드'는 감각적인 문체와 더불어 그가 추구하는 근본 양식이고, 그의 취향과 본성, 독특한 이력과 독서 경험이 한데 어울려 만들어진 그만의 스타일이다.

하루키의 소설 중에서 가장 완성도가 높은 작품 역시도 『세계의 끝과 하드보일드 원더랜드』이다. 반리얼리즘 스타일과 반현실적 환상성이 두드러진 이 소설은 잘 알려져 있다시피, 「거리와, 그 불확실한 벽」이라는 단편을 원형으로 한 작품이다. 독자를 내러티브의 환상적인 세계 속으로 이끄는 이 우아하고 섬세한 소설은 전혀 다른 두 개의 이야기가 맞물려 진행되는 독특한 형식의 작품이다. 1인칭 소설 형식으로 홀수 장과 짝수 장으로 나뉘는데, 하나는 '하드보일드 원더랜드'이고 다른 하나는 '세계의 끝'이다.

　주인공 '나'는 '하드보일드 원더랜드'와 '세계의 끝'이라는 두 세계를 오가며 숫자로 된 정보를 변환시켜 암호화하는 '계산사'이자 동물 두개골에 각인된 꿈의 '해몽가'로 일한다. 어느 날 경계가 삼엄한 건물로 호출되어 나간 '나'는 고층 엘리베이터에서 한 젊고 뚱뚱한 여성을 만난다. 이 여성은 박사의 비서이자 손녀이다. '나'는 그의 안내로 박사의 비밀 연구실을 방문한다. 그 뒤 박사가 납치되고 '나'와 그 여성은 박사를 찾아 지하로 간다. '나'는 짝수 장인 '세계의 끝'에서 가장자리가 벽으로 둘러싸인 마을로 간다. 처음 마을에 갔을 때는 봄이고, 짐승들의 몸통은 여러 색으로 뒤덮여 있었으나, 가을이 되자 짐승들의 몸은 금색으로 바뀐다. 또 다른 '나'는 도서관에서 꿈을 분석하고 그 의미를 해독한다. '하드보일드 원더랜드'에서 펼쳐지는 이야기와 '세계의 끝'의 이야기는 그렇게 서로 교차하며 펼쳐진다.

　두 개의 세계, 두 개의 자아 이야기는 『1Q84』에서도 거의 그대로 재현된다. 통로, 지하 세계, 미로, 우물이 하루키 소설의 중추를 이루는 이미지인데, 작가의 무의식에 잠재된 이 '최초의 기억'들과 연관이 있는 것으로 보인다. "최초의 기억…… 음, 내가 두 살인가 세 살 때 강에 빠진 적이 있어요. 강에 빠져서 흘러가다가 지하 수로에 쓸려 들어갈 찰나에 구조됐는데, 그 지하 수로를 아직도 기억하고 있지요. 그게 최초의 기억입니다. 불쾌한 기억이죠."[21]

하루키는 자신의 소설을 가리켜 '겉으로는 드러나지 않는 사람의 진짜 모습, 그 보이지 않는 것을 그리는 것'이라고 말한 바 있다. 그는 사람이 진정 구원받기 위해서는 홀로 어둠의 깊숙한 부분까지 내려가지 않으면 안 된다고 생각한다. 그에게는 소설 집필 과정 역시도 '심해에서 작업하는 것처럼 어둡고 고독한 고통'이다.

오직 나 자신이 되고 싶은 사람

1981년, 재즈 카페를 다른 사람에게 양도하고 전업 작가의 길로 들어선 하루키는 『양을 둘러싼 모험』, 『중국행 슬로 보트』, 『캥거루 날씨』, 『세계의 끝과 하드보일드 원더랜드』를 연이어 내놓으며 작가로서의 입지를 굳힌다. 1986년부터 일본을 벗어나 외국 여기저기를 떠돌며 작업을 하는데, 그의 표현을 빌리자면 그것은 '고향 이탈'이었다. 이탈리아 로마에서 시작해 약 10년간을 일본과 유럽을 전전하며 소설을 썼다. 그의 이름을 세상에 널리 알린 『노르웨이 숲』도 이때 나왔다. 1986년 12월 21일 그리스 미코노스 섬의 빌라에서 쓰기 시작한 이 사랑 이야기는 1987년 3월 27일 로마 교외의 한 아파트에서 마무리되었다. 1991년 2월, 걸프 전쟁이 한창일 때는 미국 뉴저지 주의 프린스턴 대학에 객원 연구원이자 거주 작가로 가게 되어, 4년 반에 이

21
히라노 요시노부,
『하루키, 하루키』,
조주희 옮김,
아르볼, 2012,
19쪽.

르는 미국 생활을 하게 된다. 이 체류 기간 동안 대작 『태엽 감는 새』가 탄생한다.

일찍이 재즈에 열광하고 포스트모던 문학을 즐겨 읽으며 감수성을 키워온 하루키에게서 일본의 문화와 문학적 전통과는 다른 무국적성, 도시적 감성, 탈이념, 탈현실의 문학이 나온 것은 당연하다. 청소년기에서 청년기에 이르기까지 그가 즐겨 접한 것은 "서양 문화, 재즈 음악, 도스토옙스키, 카프카, 레이먼드 챈들러"였고, 그것들의 영향 아래서 하루키는 제 감성과 취향의 세계를 구축했다.

그는 등단 후에도 일본 문단이나 작가들과의 교류를 일절 갖지 않고, 대신에 혼자 글을 쓰고, 남은 시간에는 고양이를 돌보거나 음악을 듣고, 수영을 하거나 조깅을 한다. 그는 특히 고양이를 사랑하는 작가이다. 그동안 키운 고양이만 해도 피터, 기린, 푸치, 선댄스, 얼룩이, 스코티, 줄무늬, 검둥이, 토비마루, 뮤즈 등 여러 마리이다. 오후의 양지에 고양이와 같이 앉아 있으면, "시간은 냉담한 인생에 따뜻한 빛을 쬐며 고요한 흐름을 이루고 흘러갔다."라고 쓸 만큼 고양이를 향한 애정은 끔찍하다. 고양이들은 계파나 조직 따위를 만들 줄도 모르고 항상 독립적으로 생활하는데, 이것이 작가의 개인주의적 성향과 닮았기 때문일 것이다. 하루키 역시 집단이나 유파에 소속되는 걸 한사코 피하며 자폐적이라고 할 만큼 '개인'으로 지내며 자유롭게 사는 걸 지향한다.

그는 항상 혼자 작업하는 걸 좋아한다. 그 스타일은 다음과 같다. "우선 오전 4시 전후로 일어나 신선한 커피 한 잔을 내려 마신 후 곧바로 책상 앞에 앉아 원고를 쓴다. 오전 10시까지 일한 후 10킬로미터를 달린다. 수영을 하거나 낮잠을 잠깐 잔 뒤 산책이나 번역 작업을 취미 삼아 하고, 중고 음반 가게를 돌아다니며 새로운 음악을 듣는다. 장을 봐서 요리를 하고, 저녁을 먹은 뒤 책을 읽다가 밤 10시경 잠자리에 든다."[22]

하루키는 이런 일과의 규칙을 지키고 반복한다. 이것은 자기 최면을 위한 것이고 신체적 강인함을 만들어나가는 과정이기도 하다. 그는 엄격한 규칙 아래 장편소설의 초고를 6개월 만에 쓰고, 또 퇴고하는 데 6개월에서 7개월을 보낸다. 새로운 소설을 써낼 때마다 이 규칙을 반복하는데, 이 방식이 보다 깊은 정신 상태를 유지하고 집중하기 좋기 때문이다.

처음 글쓰기를 결심했을 때는 작가로 성공할 거라는 보장도, 믿을 만한 실력도 없었지만 그에게는 어떤 두려움도 없었다. 다만 '어떻게 하면 음악을 연주하듯이 멋진 소설을 쓸 수 있을까?'라는 고민만 있었을 뿐이다. 음악이든 소설이든 그 기초에는 '리듬'이 있다고 생각한 하루키는 문장 속에서도 자연스럽고 기분 좋은 리듬을 살려 넣는다. 그래서일까, 하루키의 소설을 읽다 보면 문장이 써지는 것이 아니라 연주되고 있는 것처럼 느껴진다.

[22] 진희정, 『하루키 스타일』, 중앙북스, 2013, 19쪽.

직관적인 문체

| 낯설고 기이한 삶의 기표를 좇다

허먼 멜빌의 문체

그 혹은 별개의 생명체인 양 수면 위를 미끄러졌고, 미세한 초록빛 거품이 양털처럼 끊임없이 빙글빙글 맴도는 고리를 이루며 주변을 에워쌌다. 그 너머로 살짝 들어 올린 머리의 크고 복잡한 주름이 보였다. 더 앞쪽으로 저만치 부드러운 터키 양탄자 같은 물결 위에는 널찍한 우윳빛 이마의 흰 그림자가 반짝였고, 그림자 주변에서는 음악 같은 잔물결이 장단을 맞췄다. 뒤에서는 고래의 꾸준한 항적이 만들어낸, 움직이는 골짜기 속으로 푸른 물이 번갈아 흘러들었다. 양쪽으로 밝은 물거품이 일어나 고래 옆에서 춤을 췄다. 하지만 이 물거품들은 하늘을 날아다니다가 한 번씩 변덕스레 수면을 스치는 몇백 마리 쾌활한 물새들의 가벼운 발톱에 다시 깨어졌다. 그리고 흰고래의 등에는 대형 상선의 선체 위로 우뚝 솟은 울긋불긋한 깃대마냥 최근에 꽂힌 긴 창이 부러진 채 꽂혀 있었으며, 고래 위를 차양처럼 덮고 앞뒤로 날던, 발톱이 부드러운 새 떼 가운데 한 마리가 이따금 이 장대에 가만히 내려앉아 긴 깃털을 삼각기처럼 펄럭였다. 수면 위를 미끄러지듯 전진하는 고래에게서는 잔잔한 즐거움, 빠른 전진 속에 깃든 휴식의 웅장한 평온함이 완연히 느껴졌다. 에우로페를 납치해서 우아한 뿔에 매달고 헤엄치는, 흰 황소로 변한 제우스라도, 곁눈질로 그녀에게 뜨거운 추파를 보내며 크레타 섬에 마련한 사랑의 보금자리를 향해 황홀한 속도로 달려가는 최고의 신 제우스라도! 저토록 거룩하게 헤엄치는 찬란한 흰고래를 능가하지는 못했다.[23]

1891년 뉴욕에도 어김없이 가을이 찾아왔다. 활엽수의 잎들이 누렇게 물들고, 바람은 갈수록 차가워졌다. 그해 가을 풍경처럼 쓸쓸한 죽음이 신문의 부고란에 단 몇 줄로 소개되었다. "어제, 조용한 주택에서 한 사람이 작고했다. 과거 16년 동안 거의 문학 활동을 하진 않았지만, 일찍이 아메리카 합중국에서 가장 많은 인기를 누렸던 작가 중의 한 사람이었다."

아무도 관심을 갖지 않은, 약간의 문명(文名)이 있는 사람. 죽은 뒤 30여 년 동안 미국 문학사에서 해양 모험담을 쓴 군소 작가 중 한 명쯤으로 여겨진 소설가, 바로 허먼 멜빌(Herman Melville, 1819~1891)이다.

허먼 멜빌은 『모비딕』이라는 경이로운 소설을 써냈지만, 당대 독자들에게는 차가운 외면을 당한다. 훗날 서머싯 모옴(Somerset Maugham, 1874~1965)이 세계 10대 소설 중 한 권으로 꼽은 이 소설이 당시 그런 대우를 받았던 것은 독자들의 취향과 정서가 달랐기 때문이다. 문단에서도 적대적인 비평들이 쏟아졌다. 그는 울분과 소외감 속에서 고립되었다. 작가적 신념을 상실할 만큼

23
허먼 멜빌,
『모비딕 하』,
강수정 옮김,
열린책들, 2013,
411~412쪽.

벼랑의 끝자락에서 비틀거렸다. 결국 소설을 펴낼 출판사를 찾기도 어려울 정도의 곤경에 빠졌고, 사후 30년이 지나 『모비딕』이 재평가되기까지 긴 망각 속에 묻혀 있어야만 했다.

성서적이자 서사적이고, 철학적이자 서정적인

허먼 멜빌은 부유한 무역상 집안에서 태어났으나 13세 때 아버지가 죽으면서 가세가 기울어 학업을 포기하고 일자리를 구해야만 했다. 은행과 상점의 심부름꾼, 농장 일 등을 전전하다가 20세에 선상 객실 보조로 일하면서 영국의 리버풀까지 항해했다. 2년 뒤 포경선을 타고 남태평양 등지를 항해하고, 포경선에서 고래잡이에 나섰다. 그 경험을 토대로 해양 소설 몇 편을 쓴 뒤 마침내 『모비딕』을 써냈다. 뉴욕의 3층 방에 틀어박혀 쓴 이 소설은 1851년 11월 중순 하퍼 앤 브라더스사에서 출간되었다. 그의 나이 32세 때 일이다.

이 기이하고 낯선 소설이 당대 문단이나 대중들에게는 별다른 호응을 얻지 못한 것은 당연한 일이었다. 고래에 대한 온갖 박물적 지식, 고래잡이의 장비와 역사, 고래 기름의 정제 과정에 대한 지루한 서술들이 심오한 독창성과 깊은 통찰력, 생동감 넘치는 묘사의 매력들을 삼켜버렸기 때문이다. 『모비딕』의 진정한 가치가 드러나는 데에는 한 세대가 지나야만 했다. 1921년 한 연구가에 의해 『모비딕』이 대단한 작품이라는 평가가 나온 뒤 그에 대한 평가도 달라졌다.

『모비딕』은 보고서, 드라마, 우화, 설교와 같은 다양한 비소설적 요소들이 섞인 작품이라는 점에서 독특하다. 뿐만 아니라 사실을 있는 그대로 기술하는 범상한 문체와 다양한 비유와 은유를 품은 철학적이면서도 서사시적인 문체가 섞여 있다. 이 혼성 양식의 소설이야말로 허먼 멜빌의 스타일이다.

『모비딕』은 스물한 살의 청년 이슈마엘의 모험담이다. 이슈마엘이란 이름의 기원은 '성경'에서 비롯되는데, 아브라함이 하녀에게서 낳은 아들로 황야를 떠도는 집 없는 자의 표상이라고 할 수 있다. 허먼 멜빌이 작중화자에게 이 이름을 부여한 것은 상징적이다. 이슈마엘은 이러저러한 일들을 해보지만 실패와 좌절을 겪은 뒤 결국 고래잡이배를 타기로 결심한다. 무일푼에다가 영혼은 "축축하게 젖어 있는 동짓달" 같은 청년의 독백과 함께 소설은 시작한다.

> 내 이름은 이슈마엘. 몇 해 전, 정확히 언제였는지 따질 것 없이, 수중에 돈도 거의 떨어지고 뭍에서는 이렇다 할 흥미로운 일도 없어서, 당분간 배를 타고 나가 바다 쪽 세상이나 구경하자고 생각했다. 그건 울화를 떨치고 피를 제대로 돌게 만드는 나만의 방법이다. 입꼬리가 처지며 11월 가랑비에 젖은 것처럼 영혼이 축 늘어질 때, 얼결에 장의사 앞에서 걸음을 멈추고 지나는 장례 행렬의 꽁무니마다 따라붙을 때, 무엇보다 우울

광장

한 기운에 사로잡혀 작심하고 거리로 나가 사람들의 모자를 보는 족족 쳐내지 않으려면 엄청난 자제심이 필요할 때, 그럴 때면 서둘러 바다에 나갈 시기가 됐다고 생각하는 것이다.[24]

이슈마엘이 고래잡이배를 타려는 이유는 "아득한 옛날에 [이미] 예정된 위대한 섭리의 일부"이자 "요원한 것에 대한 끊임없는 갈망" 때문이다. 이슈마엘은 고래잡이배에 승선하는 걸 자신의 운명으로 여긴다. 그 사실은 다음과 같은 투덜댐에서도 잘 드러난다. "다른 사람들은 장엄한 비극의 주역을 맡거나 우아한 희극의 짧고 편한 역을 맡거나 익살스러운 역을 맡는데 운명이란 무대 감독은 왜 하필 내게 고래잡이 같은 형편없는 역할을 맡기는지 도무지 알 수 없다." 그는 에이해브 선장이 이끄는 고래잡이배 피쿼드 호에 승선한다. 크리스마스 정오에 거친 파도를 가르며 대서양으로 출항한 배는 그저 단조롭기만 한 항해를 계속하다가 모비딕과 운명적으로 만난다.

[24] 허먼 멜빌, 『모비딕 상』, 강수정 옮김, 열린책들, 2013, 35쪽.

[25] 허먼 멜빌, 『모비딕 상』, 강수정 옮김, 열린책들, 2013, 311쪽.

모비딕을 다른 향유고래와 구분하는 것은 비범한 덩치라기보다, 앞서도 언급했듯이 눈처럼 희고 주름이 잡힌 독특한 이마와 피라미드처럼 높이 솟은 하얀 혹이었다. 이게 모비딕의 가장 두드러진 특징이었다. 이 표식으로 모비딕은 미지의 망망대해에서도 존재를 드러냈고, 모비딕을 아는 사람들은 멀리서도 놈을 알아봤다.[25]

모비딕은 전설의 흰고래로 성격이 흉포하고 신출귀몰해서 선원들에게 늘 공포의 대상이다. 모비딕에게 한쪽 발을 잃은 에이해브 선장은 복수심으로 불타올라 모비딕을 쫓는다. 모비딕은 "사람의 마음을 광기로 몰아넣고 괴롭히는 모든 것, 사물을 밑바닥에서부터 휘젓는 모든 것, 사악을 품고 있는 모든 진리, 근육을 분쇄시키고 뇌를 굳게 만드는 모든 것, 생명과 사상에 내포된 모든 음흉한 악마성"의 표상이다. 무엇보다도 이 흰고래를 특징짓는 것은 그 웅장한 몸체를 두른 흰색이다. 이슈마엘은 이렇게 말한다. "무엇보다도 나를 전율케 하는 것은 고래의 그 흰색이다. 그러나 이것을 어떻게 설명할 수 있단 말인가. 애매하고 난삽하더라도 그러나 어쨌든 나는 설명하지 않으면 안 된다. 그렇지 않으면 지금까지 쓴 이 모든 것들은 아무런 의미가 없다."

소설가이자 비평가인 D.H.로렌스(D.H.Lawrence, 1885~1930)는 이 위풍당당한 흰고래를 "백인종의 가장 깊은 곳에 깃든 피의 실체, 우리의 가장 깊은 곳에 있는 피의 본질"이라고 말한 바 있다. 에이해브 선장을 우두머리로 하는 고래잡이배 피쿼드 호는 여러 인종이 혼합된 미합중국 자체를 상징한다. 흰고래는 백인이 지배하는 나라를 위협하고 침몰시키는 요소이다. 로렌스는 이렇게 말한다. "멜빌은 알고 있었다. 그의 인종이 멸망한 운명에 있음을. 그의 백인의 혼이 멸망하는 것, 그의 백인의 위대한 시대가 멸망하는 것, 이상주의가 멸망하는 것, '정신'이 멸망한다는 것을." 이 흰고래는 세상의 불가해한 의미의 총체로 읽을 수도 있다. 피쿼드 호의 여정은 이 불가해한 의미의 총체를 찾아가는 여정이라고 할 수 있다.

에이해브 선장은 바다 위에서 포경선을 만날 때마다 "흰고래를 보았나?"라고 묻는다. 고래를 보았느냐는 에이해브 선장의 질문에, 레이첼 호 선장 가디너는 어제 흰고래와 우연히 만났고, 그 고래를 쫓다가 선원들 일부가 행방불명되었다고 말한다. 실종된 선원 중에 자신의 아들도 있다며 도움을 요청한다. 에이해브 선장은 그의 청을 단호하게 거절한다. "가디너 선장, 거절하겠소. 나는 지금 이 순간도 아깝단 말이오. 잘 가시오, 신의 가호가 그대에게 내리시길. 내 멋대로의 행동은 스스로 용서하기로 하고, 나는 가야 하오." 에이해브 선장은 사사로운 인정과 인연에 얽매여 흰고래를 쫓는 그 숭고한 소임을 포기하지 않았다. 신이 예정한 자신의 운명을 잠시라도 늦출 수가 없었기 때문이다.

모든 것을 파괴할 뿐 정복하지 않는 고래여, 나는 너를 향해 돌진하고 끝까지 너와 맞붙어 싸우리라. 지옥 한복판에서라도 너를 향해 작살을 던지고, 가늠할 수 없는 증오를 담아 내 마지막 숨을 너에게 뱉어 주마. 모든 관과 관 받침대를 한 웅덩이에 가라앉혀라! 어느 것도 내 것일 수 없으니. 빌어먹을 고래여, 내 갈가리 찢길지언정 네 몸에 묶여서라도 너를 추격하리라! 그러니, 창을 받아라![26]

26
허먼 멜빌,
『모비딕 하』,
강수정 옮김,
열린책들, 2013,
451쪽.

모비딕은 바다를 지배하는 황제, 반수신(半獸神)이자 길들지 않은 거대한 자연이다. 에이해브 선장 본인조차도 무엇 때문에 흰고래를 쫓아야 하는지 그 이유를 알지 못한다. 결국 예측할 수 없는 운명의 신이 이끄는 대로 흰고래를 쫓던 에이해브 선장은 모비딕의 공격을 받고 산산조각이 난 포경선과 함께 장렬하게 숨을 거둔다. 작살 끈에 목이 감겨 고래와 함께 바닷속으로 사라진 것이다. 이때 살아남은 사람이 바로 이슈마엘이다. 이슈마엘은 흰고래와 에이해브가 이룩한 이 격정적인 서사시를 증언해야만 했다.

우주와 자연, 인간에 대한 심오한 통찰

『모비딕』의 무대는 너른 바다이다. 바다는 잔잔하다가도 갑자기 폭우와 태풍에 휘말리며 요동치는 예측 불가능한 공간이다. 이 변화무쌍한 바다는 즉 삶이 펼쳐지는 세상에 대한 은유이다. 우리는 이 바다에서 저마다 흰고래를 쫓는다. 흰고래는 의지와 표상으로서의 이 세계를 좇는 이념이고 푯대이다. 말로 다 할 수 없는 것, 어떤 이름으로도 그 의미를 다 드러낼 수 없는 것, 바로 그것이다. 흰고래는 신일 수도 있고, 인위나 도덕 따위와는 아무 상관없는 원시의 힘을 품은 자연 그 자체이며, 동양 철학자들이 말하는 도(道)일 수도 있다. 에이해브 선장은 알 수 없는 힘에 이끌려 이 다의적 의미체, 즉 모비딕을 향하여 거침없이 나아간다. 마치 지옥 끝까지라도 기꺼이 따라갈 기세이다. 어떤 사람들은 그것을 운명이라고 말한다. 또 어떤 사람들은 에이해브 선장의 무모한 도전을 "악마의 광란"이라고 말한다. 에이해브 선장은 결코 포기하지 않았다. 물론 흰고래를 잡는 목표는 실패했는지 모르지만, 그렇다고 그의 시도가, 그의 삶이 헛되다고 단정할 수는 없다.

『모비딕』의 전언은 무엇이었을까. 작가가 묻고 있는 것은 에이해브 선장의 삶 그 자체가 아니었을까. 가령 안전한 장소에 틀어박혀 있는 것이 옳은가, 아니면 저 미쳐 날뛰는 넓은 바닷속으로 뛰어드는 것이 옳은가 하는 물음 말이다.

인생에는 두 가지 돌이킬 수 없는 후회가 있다. 하나는 기회가 왔을 때 시도하지 않은 것에 대한 후회요, 다른 하나는 시도하고 실패해버린 것에 대한 후회이다. 평생에 걸쳐 더 깊은 후회를 남기는 것은 전자의 경우이다. 기회가 왔는데 이러저러한 이유로 흘려보낸 것은 평생 회한과 상처를 남긴다. 원하는 것이 있는 바다에 뛰어들지 않는 자는 아무것도 손에 넣지 못한다. 저 미쳐 날뛰는 바닷속으로 뛰어드는 사람들만이 제가 원하는 것을 손에 넣는 법이다.

우리는 저마다 인생에서 무언가를 쫓는다. 그것이 무엇이든지 간에 목표는 숭고하다. 에이해브 선장에게서 배울 것은 인생에서 웅대한 목표를 갖는 것, 그 목표를 향해 자신의 역량과 시간을 집중하는 자세이다. 목표에 집중하는 에이해브 선장의 몰입은 전율할 만하다. 온갖 역경에도 불구하고 에이해브 선장은 목표를 향해 일직선으로 돌진한다. 그는 꿈을 이루기 위해 제 모든 것을 걸고, 역경을 헤쳐나가는 그 불굴의 의지를 드러낸다.

담백한 문체

| 무욕을 꿈꾸는 자의 세상 보기

피천득의 문체

지난 사월, 춘천에 가려고 하다가 못 가고 말았다. 나는 성심여자대학에 가 보고 싶었다. 그 학교에, 어느 가을 학기, 매주 한 번씩 출강한 일이 있다. 힘 드는 출강을 한 학기 하게 된 것은, 주 수녀님과 김 수녀님이 내 집에 오신 것에 대한 예의도 있었지만, 나에게는 사연이 있었다.

수십 년 전, 내가 열일곱 되던 봄, 나는 처음 동경에 간 일이 있다. 어떤 분의 소개로 사회교육가 미우라 선생 댁에 유숙을 하게 되었다. 시바쿠 시로 가네에 있는 그 집에는 주인 내외와 어린 딸, 세 식구가 살고 있었다. 하녀도 서생도 없었다. 눈이 예쁘고 웃는 얼굴을 하는 아사코(朝子)는 처음부터 나를 오빠같이 따랐다. 아침에 낳았다고 아사코라는 이름을 지어주었다고 하였다. 그 집 뜰에는 큰 나무들이 있었고, 일년초 꽃도 많았다. 내가 간 이 튿날 아침, 아사코는 '스위트피'를 따다가 꽃병에 담아 내가 쓰게 된 책상 위에 놓아주었다. '스위트피'는 아사코같이 어리고 귀여운 꽃이라고 생각하였다.[27]

[27] 피천득, 『인연』, 샘터사, 2007, 133쪽.

가벼운 구어체 문장들, 짧고 행갈이가 잦은 문장들, 비속어와 은어가 남발하는 문장들, 언어의 압축 기호화를 보여주는 이모티콘 사용의 증가…… 최근 젊은이들이 쓰는 문장에서 이런 경박함은 하나의 흐름을 이루고 있다. 사회가 경박하고 세태가 수상하니 문법을 어긴 문장들이 널리 퍼지고, 기율을 잃고 무잡해진 문장들이 득세하는 것이다. 이런 시대에 엄격한 질서를 지키며 품격을 드러낸 문장, 존재의 심연에 반향하는 깊은 사유가 담긴 문장을 찾아 읽는 일은 소중한 경험이다. 바로 피천득의 문장이 그렇다.

그의 문장은 담백하고 간결하며, 주어와 술어의 호응이 명료하다. 추상과 현학 없이 항상 핵심을 직격한다. 이러한 피천득의 문장은 수필을 쓰는 사람들에게 문장 중의 문장, 즉 문장의 궁극으로 통한다. 닮고자 하는 문장의 모범이요, 배워 익히고자 하는 문장의 표본이다.

피천득의 문장은 그 간결함에서 독보적이다. 일체의 군더더기를 덜어내고 또 덜어내서 불필요한 요소들이 없다. 간결함이란 저 유명한 로마 제국의 수사학자 퀸틸리아누스의 말처럼 "말해야 할 것을 적게 말하는 것이 아니라 말해야 할 것 이상을 말하지 않는 것"이다. 피천득의 문장을 읽는 사람들은 그 간결함 때문에 담백하고 무욕하며 깨끗하다는 느낌을 받는다. 실은 이것은 작가의 삶의 방식이나 본성과 깊은 관련이 있다. 문장에 드러난 그의 특성을 종합해보면 그가 욕심이 없고, 담백하고 무미한 것들을 좋아하는 사람임을 알 수 있다. 평생을 지향한 무욕한 문체는 그의 사람됨을 고스란히 반영한 것이다.

피천득의 호는 금아(琴兒)이다. '가야금 타는 아이'라는 뜻이다. 그만큼 평화를 동경하는 마음이 담긴 호라고 볼 수 있다. 피천득은 자신이 "민족과 사회를 위하여" 살지도, "불의와 부정에 항거"하지도 못했다고 말하며, 다만 "가끔 한숨을 쉬면서 뒷골목을 걸어오며 늙었다."(「송년」)고 고백한 바 있다. 그의 문장들은 그의 삶만큼이나 단정하고 고아하다. 그것으로 그는 우리나라에서 으뜸으로 꼽을 만한 문필가로 존경을 받는 사람이 되었다.

피천득은 1910년 5월 29일 서울 종로에서 태어났다. 서울 제일고보 부속소학교를 나와 제일보고에서 공부한 뒤 상해로 유학을 갔다. 상해 후장 대학교 영문학과로 진학을 해서 졸업을 했다. 해방되던 해 서울로 돌아와 서울 대학교 영어과 교수직을 맡았다. 1974년에 퇴직을 할 때까지 서른아홉 해 동안 학생들을 가르치며 틈틈이 쓴 수필을 내보였다. 그는 일평생 단 세 권의 책을 썼는데, 1947년에 펴낸 『서정시집』과 1960년에 펴낸 『금아시문선』, 1969년에 펴낸 『산호와 진주』가 그것이다. 세 권의 책에 평생 쓴 시와 수필들이 고스란히 담겨 있다. 그는 글을 아껴 적게 썼을 뿐만 아니라, 말년에는 이마저도 손에서 놓았다. 그의 무욕함과 염결한 모습이 드러나는 대목이다. 누구보다도 책을 좋아했지만, 책을 소유하지는 않았던 점도 청렴함을 잘 보여준다. 소설가 박완서는 피천득의 초대로 집을 방문했다가 고작 책 몇 권이 꽂힌 빈한한 서재를 보고 깜짝 놀랐다고 한다.

좋은 글이라는 건 사랑하는 것들에 대한 애정 어린 시선

문체는 곧 사람이다. 그의 사람됨은 담백하고 무욕하며 깨끗했다. 피천득표 문장 역시 청신하고 담백하고 꾸밈없이 조촐했다. 마치 어휘가 모자란 듯 최소한의 언어로 그는 쓰고 싶은 것들을 다 썼다.

오월은 금방 찬물로 세수를 한 스물한 살 청신한 얼굴이다. 하얀 손가락에 끼여 있는 비취 가락지다. 오월은 앵두와 어린 딸기의 달이요, 오월은 모란의 달이다. 그러나 오월은 무엇보다도 신록의 달이다. 전나무의 바늘잎도 연한 살결같이 보드랍다. 스물한 살 나이였던 오월, 불현듯 밤차를 타고 피서지에 간 일이 있다. 해변가에 엎어져 있는 보트, 덧문이 닫혀 있는 별장들. 그러나 시월같이 쓸쓸하지 않았다. 가까이 보이는 섬들이 생생한 색이었다.(「오월」)[28]

5월에 태어난 그는 누구보다도 봄을 사랑했다. 봄에 관한 글들도 여러 편 썼다. '신춘'이나 '조춘'이라는 말은 좋아했지만, '춘궁(春窮)'이란 말은 싫어했다. 겨우내 양식을 다 먹은 뒤라 봄이 되면 쌀독이 비었다. 봄마다 굶는 이웃들이 많아 '춘궁'이라는 말이

[28] 피천득, 『수필』, 범우사, 2009, 64쪽.

생겨났는데, 피천득은 희망찬 봄에 가난을 이야기하고 싶지 않다 했다.

'봄이 오면 비둘기 목털에 윤이 나고' 봄이 오면 젊은이는 가난을 잊어버린다. 그러기에 스물여섯 된 무급조교(無給助教)는 약혼을 한다. 종달새는 조금 먹고도 창공을 솟아오르리니, 모두들 햇빛 속에 고생을 잊어보자. 말아두었던 화폭을 펴나가듯이 하루하루가 봄을 재개시키려는 이때.(「조춘(早春)」)[29]

그가 사랑하고 동경한 것은 봄과 젊음이었다. 빨리 사라지는 것이기에 더 빛나고 아름다운 것들……. 일찍이 인생의 유한함을 알고 그 본질이 무(無)라는 사실도 꿰뚫어 보았다. 인생이 빈 술잔이고, 주단 깔지 않은 층계라는 사실도 알았다. 그래서 사랑하고 아끼는 것들일지라도 쉽게 체념했다. 체념하는 것이 마음을 초조와 번뇌에 놓아주는 것임을 알았기 때문이다.

「인연」은 '아사코'라는 여성과의 인연을 담백하게 털어놓은 글이다. 그 여성을 마음으로 사랑했음에 틀림없다. 아사코는 피천득이 열일곱 살 되던 봄 도쿄에서 유숙하던 집의 딸이었다. 피천득은 도쿄를 떠날 때 아사코와 헤어지고 그 뒤 세 번을 더 만난다. 아사코는 자라서 아름다운 처녀가 되고, 누군가와 만나 결혼을 하고, 더 세월이 지나 백합같이 시들어간다. 그 인연의 내력을

[29] 피천득, 『인연』, 샘터사, 2007, 24쪽.

털어놓은 뒤 그는 "세 번째는 아니 만났어야 좋았을 것이다."라고 썼다. 젊음의 풋풋함과 눈부신 아름다움을 잃고 시들어가는 모습을 목격한 것에 대한 슬픔을 그토록 절제된 문장에 녹여낸 것이다. 그게 그의 문장이고 사람됨이다.

피천득은 찰스 램(Charles Lamb, 1775~1834)이라는 영국의 수필가를 특히 좋아했다. 그는 머리가 명석했지만 가정적으로는 매우 불행했던 사람으로 알려져 있다. 누이인 메리가 정신병이 발작해 어머니를 살해하는 비극을 겪은 뒤 자신에게도 이러한 유전이 있음을 알고 평생 독신으로 누이를 돌보며 살았다. 인생 말년에는 누이와 같은 정신병으로 괴로움을 겪다가 세상을 뜬 비운의 작가이다. 피천득은 그런 찰스 램을 기리는 산문을 쓰기도 했다.

> 나는 위대한 인물들에게서 매력을 느끼지 못한다. 나와의 유사성이 너무나 없기 때문인가 보다. 나는 그저 평범하되 정서가 섬세한 사람을 좋아한다. 동정을 주는 데 인색하지 않고 작은 인연을 소중히 여기는 사람, 곧잘 수줍어하고 겁 많은 사람, 순진한 사람, 아련한 애수와 미소 같은 유머를 지닌 그런 사람에게 매력을 느낀다.(「찰스 램」)[30]

찰스 램은 일생을 런던에서 보냈으나 상업이나 정치 따위에는 관심이 없었다. 오직 조촐하고 아름다운 것들에 마음을 주었다.

[30] 피천득, 『수필』, 범우사, 2009, 39쪽.

오래된 책을, 옛날 작가를, 그림을, 도자기를, 어린아이들을, 어린 굴뚝 소제부들을 사랑했다. 피천득은 작은 아름다움을 사랑하는 문필가 찰스 램을 흠모하고 그를 배우고자 했다. 다들 위대한 사람들을 존경하지만 그는 모자란 듯한 찰스 램이 마치 거울인 듯 제 모습을 비춰보았다. 다들 웅장하고 화려한 것들에 눈길을 줄 때 피천득은 보드랍고 윤기 있는 나뭇잎들, 웃음, 피아노 소리, 고운 화롯불 재와 같이 감각적인 기쁨을 주는 것들에 마음을 주었다. 이는 오직 무욕한 세계 속에서 인생의 참다운 가치가 빛날 수 있다는 믿음에 흔들림이 없었다는 증거이다. 남의 것을 빼앗아 제 것을 불릴 생각은 손톱만큼도 없었고, 제가 가진 것을 뽐낼 줄도 몰랐던 사람이다.

그는 보라, 자주, 초록 같은 황홀한 색깔을 좋아하고, 또한 아름다운 빛들을 사랑했다. 진주 빛, 비둘기 빛, 오래된 가구의 마호가니 빛, 늙은 학자의 희끗희끗한 머리칼의 빛깔을 아름답다고 여겼다. 젊은 웃음소리, 딸의 귓속말을 사랑했다. 저녁 때 뒷골목 선술집에서 풍기는 불고기 냄새, 새로운 양서(洋書) 냄새, 털옷 냄새, 커피 끓이는 냄새, 라일락 짙은 냄새, 국화·수선화·소나무의 향기, 봄의 흙냄새를 좋아했다. 사과와 호두와 잣과 꿀을 좋아했다. 작고 아름다운 것들에 마음을 주고 사랑하던 피천득은 사랑하는 것들의 세목(細目)을 길게 쓴 뒤 이렇게 매조지를 했다.

고운 얼굴을 욕망 없이 바라다보며, 남의 공적을 부러움 없이 찬양하는 것을 좋아한다. 여러 사람을 좋아하며 아무도 미워하지 아니하며, 몇몇 사람을 끔찍이 사랑하며 살고 싶다.(「나의 사랑하는 생활」)[31]

읽을수록 향기가 나는 글

무욕하고 고매한 인격은 담담한 문장 속에서 찬연한 빛을 뿌리며 여지없이 드러난다. 사람들은 남의 고운 얼굴을 바라다보는 것에 만족하지 않고 기어코 자기 것으로 가지려고 한다. 너도 나도 돈을 들여 성형수술을 하는 까닭이다. 남의 공적을 부러움 없이 찬양하는 대신에 빼앗아 거머쥐려고 한다. 학벌을 위조하고 없는 공적을 지어낸다. 이것이 탐욕의 실상이고, 탐욕이 지배하는 세태 풍경이다. 피천득은 세태를 거슬러 다른 삶을 살고자 했다. 작은 소유에 자족하고, 소박한 것들에 깃든 아름다움의 자취에서 기쁨의 근거를 찾아냈다. 어쩌면 이런 삶과 태도는 자본과 물질이 지배하는 세계, 물신주의가 판을 치는 현대 세계의 실상과는 맞지 않는 목가적 이상주의에 지나지 않는지도 모른다. 설사 그렇다고 해도 고아하고 무욕한 삶과 문장으로 일군 자취가 뿜어내는 광채는 흐려지지 않는다. 오히려 날이 갈수록 그 빛은 더 커지고 그 향기는 더 널리 퍼질 것이다.

[31] 피천득, 『수필』, 범우사, 2009, 80쪽.

따뜻한 냉소주의의 문제

| 세상을 등진 은둔 작가의 상상력

J. D. 샐린저의 문제

계단을 올라가는 도중 갑자기 다시 토할 것 같았다. 결국 토하지는 않았다. 잠시 앉아 있었더니 기분이 한결 나아졌다. 그런데 거기 앉아 있는 동안 나는 사람을 미치게 하는 것을 목격했다. 누군가가 벽에다 '씹하자'라고 낙서를 해놓았던 것이다. 이건 사람 미치게 하는 짓이다. 피비나 다른 어린애들이 이것을 어떻게 볼 것인가. 그애들은 그것이 무슨 뜻인지 궁금할 것이다. 어떤 치사한 자식이 그 뜻을 왜곡해서 가르쳐주는 것은 아닐까 하는 생각까지 들었다. 그러면 아이들은 그것을 생각하고 며칠 동안 걱정에 휩싸일 것이다. 나는 그것을 쓴 놈을 죽이고 싶다는 생각을 계속했다. 어떤 변태성욕자가 밤중에 소변을 보려고 학교에 몰래 들어와 벽에다 그런 낙서를 한 것이 아닐까. 나는 그놈이 그것을 쓰고 있는 현장을 잡아 피투성이가 되어 뻗을 때까지 놈의 머리를 돌계단에 짓이기는 내 모습을 상상해보았다. 그러나 내게는 그럴 만한 용기가 없음을 잘 알고 있었다. 그것은 확실히 알고 있었다. 그래서 더욱 우울해지고 말았다. 사실, 그것을 손으로 문질러 지울 만한 용기조차 없었다. 그걸 지우다가 선생에게 들키면 그들은 내가 쓴 것이라고 생각할지 모르기 때문이다. 그러나 나는 결국 그것을 지워버리고

말았다.[32]

    J. D. 샐린저(Jerome David Salinger, 1919~2010)는 미국 뉴욕에서 중산층에 속하는 유대계 가정에서 태어났다. 1920년대 미국 경제는 유례없는 호황을 누렸다. 특히 뉴욕은 경제의 역동성으로 활기가 넘쳤고, 다른 한편으로는 문화와 지성이 빛나는 중심지이기도 했다. 그 시기 뉴욕에서 치즈 및 육류 수입업으로 큰돈을 번 샐린저 가족은 안정된 가정을 꾸려나갔다.

    샐린저는 청소년기에 접어들면서 여름마다 뉴욕에서 멀리 떨어진 메인 주 깊은 숲속에서 운영되는 오두막 캠프에 참여했다. 이 캠프는 청소년들의 체력과 예술적 감각을 키워주는 프로그램들로 짜여졌는데, 키가 훌쩍 큰 샐린저는 체육과 단체 활동에서 뛰어난 활동을 보이고 캠프에서 공연하는 연극 두 편에 배우로 출연하기도 했다.

    어머니의 사랑을 받으며 성장한 샐린저는 배우를 꿈꾸었지만, 아버지는 아들의 꿈을 받아들이지 못했다. 아버지는 작가가 되는 것도 원치 않았다. 그래서 두 사람은 종종 저녁 식탁에서 말다툼을 벌이기도 했다.

    아들을 좀 더 강하게 키우고 싶었던 아버지는 공립학교에 다니던 아들을 YMCA가 운영하는 웨스트사이드의 맥버니 학교로 전학시켰다. 샐린저는 이 무렵 글쓰기를 시작해서 학교 신문에

[32] J.D. 샐린저, 『호밀밭의 파수꾼』, 이덕형 옮김, 문예출판사, 1998, 295쪽.

투고하기도 했으나 공부에는 흥미를 잃었다. 학업 성적은 겨우 낙제를 면할 정도였다. 결국 1년 후 맥버니 학교는 샐린저의 등록을 거부했다. 학교에서 퇴학당한 것이다. 이후 16세가 되었을 땐 좀 더 엄격한 교육을 시켜야겠다는 아버지의 뜻에 따라 샐린저는 기숙사 생활을 하는 밸리 포지 사관학교에 입학한다.

샐린저에게 군대식 규율과 엄격한 시간표에 따르는 밸리 포지에서의 생활은 가히 충격이었다. 의무와 명예, 복종을 강요하는 군대 같은 분위기, 강압적인 규율들에 강한 반항심을 가졌기에 당연히 학교 생활에 어려움을 겪었다. 하지만 공부에 더 관심을 가지게 되고, 성적도 눈에 띄게 좋아졌다. 샐린저는 여전히 연극과 문학에 관심을 갖고 그 주변을 어슬렁거렸다. 나중에 밸리 포지는 『호밀밭의 파수꾼』에서 홀든 콜필드가 다니던 기숙학교의 모델이 되었다.

1936년 가을, 샐린저는 아방가르드 취향과 유행이 넘치는 워싱턴스퀘어의 뉴욕 대학교에 입학하지만, 갑자기 학교를 그만둔 것으로 보아 학업에는 큰 뜻이 없었음을 알 수 있다. 사업에 아들을 끌어들이고 싶었던 아버지는 샐린저를 거래처 사람의 통역사 자격으로 폴란드와 오스트리아로 보냈다. 샐린저는 아버지가 자신을 폴란드의 "돼지 도살장"으로 강제로 보냈다고 주장하지만, 그 덕택에 역사적으로 매우 중요한 시기에 유럽에 머무를 수 있었다. 샐린저는 파리와 빈에 머문 뒤 런던으로 갔다. 1938년 3월

9일, 샐린저는 영국 사우샘프턴에서 미국으로 가는 일드 프랑스 호에 올랐다. 그해 가을 어시너스 대학교에 다시 등록하지만, 한 학기만 보내고 뉴욕의 집으로 돌아간다. 당시 미국은 대공황에서 가까스로 벗어나는 중이었다. 샐린저는 부모님에게 작가가 되겠다고 일방적으로 통보했다. 어머니는 아들을 전적으로 응원했지만, 아버지의 반응은 뜨뜻미지근했다(샐린저가 훗날 『호밀밭의 파수꾼』을 '어머니에게' 바친 것은 당연한 일이다).

1939년 1월, 샐린저는 컬럼비아 대학교에 등록하고, 그곳에서 〈스토리〉지의 편집자인 휘트 버넷이 가르치는 단편소설 작법 수업을 들었다. 초기에는 수업에 진지한 태도를 보이지 않았다. 버넷은 샐린저가 뒷줄에 앉아 강의 시간 대부분을 창밖만 내다보며 보냈다고 훗날 회고했다. 그러다가 학기가 끝날 때쯤 휘트 버넷은 샐린저의 정신적 지주가 되었다. 샐린저는 그에게 여러 면에서 조언을 구했으며, 그의 인정을 받고 싶어 했다.

1939년 후반, 샐린저는 단편을 써서 버넷에게 가져갔다. 버넷은 그 작품을 한 잡지에 보내보라고 권했고, 샐린저는 원고를 들고 잡지사의 편집부에 전달했다. 잡지사는 그 원고를 거절했다. 버넷은 거절당한 그 작품을 〈스토리〉지에 게재했다. 샐린저는 작가로 등단한다는 사실에 흥분했다. 잡지를 기다리는 동안 하루하루가 크리스마스이브 같다고 느꼈다. 그렇게 〈스토리〉지 봄호에 샐린저의 다섯 쪽짜리 단편 「젊은 친구들」이 실렸고, 원고료로 25달러를 받았다. 야망이 넘쳤던 샐린저는 작품들을 쓰는 족족 선망의 대상이었던 〈뉴요커〉로 보내지만, 번번이 게재를 거절당한다. 1941년 10월, 드디어 샐린저는 일곱 번이나 게재를 거절당한 〈뉴요커〉로부터 단편을 싣겠다는 연락을 받았다. 그로부터 얼마 뒤 샐린저의 삶에서 전환점이 되는 사건이 일어났다.

1941년 12월 7일, 일본이 진주만을 폭격해 미국도 불가피하게 전쟁에 휘말리게 된다. 이듬해 4월, 샐린저는 군대에 자원입대한다. 육군 군병 32325200번, 병사 J. D. 샐린저는 1942년 4월 27일, 뉴저지의 포트 딕스에서 복무를 시작한다. 1944년 6월 6일 노르망디 상륙작전이 이루어진 디데이, 그 뒤로 이어진 9개월간의 전투에서 샐린저는 '지옥'을 경험한다. 그날 상륙작전에 투입했던 3,080명의 군인들 중 1,130명만 살아남았는데 샐린저도 그중 한 사람이었다. 이때 겪은 고난과 공포감은 샐린저의 삶과 작품에 깊이 새겨졌고, 그는 단편 「에스메를 위하여—사랑과 누추함을 담아」에서 전쟁에 의해 의식이 파괴당하는 한 병사의 참혹한 고통과 일그러진 삶으로 표현하였다.

주인공 특유의 목소리를 만드는 법

『호밀밭의 파수꾼』이 나온 것은 1951년이다. 한 16세 소년의 방황의 여정을 따라가는 소설로, 주인공 홀든 콜필드가 신경쇠약으로 캘리포니아의 한 요양소에서 정신과 의사에게 제 이야기를 털어놓는 형식을 취하고 있다. 홀든 콜필드는 세상의 모든 것들을 빈정거리고 냉소한다. 이는 거짓과 가식에 물든 기성세대의 제도들과 질서를 못마땅해 하고, 그 일원으로 편입되는 것을 거부하는 행동이다. 그는 위선과 자기 기만, 속물성에 속속들이 물든 제도 교육에 적응하지 못하고 사립 고등학교를 뛰쳐나오지만, 실은 네 과목에서 낙제를 하고 학교에서 강제 퇴출된 것이다.

> 내가 펜시 고등학교를 그만둔 날부터 이야기를 시작하고 싶다. 펜시 고등학교는 펜실베니아 주 어거스타운에 있는데, 아마 들어본 적이 있을 것이다. 하다못해 광고란에서라도 보았을 것이다. 수많은 잡지에다 광고를 내고 있으니 말이다. 그 광고에는 항상 말쑥한 청년이 말을 타고 장애물을 뛰어넘는 사진이 실린다. 그건 마치 펜시 고등학교에선 언제나 폴로 경기를 시키고 있다는 착각을 심어주기 위한 작전이리라. 그러나 이제껏 펜시 고등학교 근처에서 말을 본 적이 없다.[33]

홀든 콜필드는 자신이 다닌 사립 고등학교가 광고에 내세운 귀족들의 놀이인 폴로 경기 사진을 보며 그 가식과 자기 기만을 비웃는다. 폴로는커녕 말 꼬리도 본 적이 없다고! 세상은 온통 이런 식이다. 홀든 콜필드는 그럴듯한 거짓과 가식으로 포장하고 있는 세상을 꿰뚫어 보는 사람이다. 그리고 그것을 못 견디는 것이다.

33
J.D. 샐린저,
『호밀밭의
파수꾼』, 이덕형
옮김, 문예출판사,
1998, 8쪽.

나이에 맞지 않는 큰 키와 새치머리를 가졌지만 어른이 되고 싶어 하지는 않는다. 어른들은 속물들이고, 어른들이 꾸리는 사회는 타락했기 때문이다. 그는 타락한 사회에서 도망을 친다. 이 소설은 그 도망의 여정을 따라간다. 뉴욕에서 서부로, 타락한 사회에서 자유와 순수가 오롯하게 유지되는 신세계로. 그는 뉴욕으로 돌아와 싸구려 호텔에 투숙하고 나이트클럽에 가서 금발의 여자들과 춤을 춘다. 호텔에서 엉겁결에 매춘부를 부르지만 10달러만 빼앗긴 채 그냥 내보낸다.

익살맞고, 흥미진진하면서 동시에 슬픈

피비는 홀든 콜필드의 여동생이다. 피비는 악으로 물든 이 세상에서 악에 물들지 않은 순수의 원형이다. 홀든 콜필드는 피비가 세상의 악과 타락에 물들까 노심초사한다. 피비가 다니는 학교의 벽에 쓰인 낙서를 보고 구토감을 느끼며 그걸 지우는 것은 혹시라도 피비가 그걸 볼까 염려한 탓이다.

낙서는 이 타락한 세계가 타락을 드러내는 한 방식이다. 이것 앞에서 보이는 생리적 반응은 구역질이다. 그다음은 맹렬한 분노이다. 사르트르의 단편 「구토」가 겹쳐지는 장면이다. 벌거벗은 세계의 진실 앞에서 그 역겨움에 몸서리치며 구토하던 로캉탱은 어느 날 실존적 자각에 이르게 되면서 한 해변에서 주운 조약돌에서 혐오감과 떨쳐낼 수 없는 두려움을 느낀다. 세상의 존재와 사물들이 괴이하게 변형되는데, 그것은 "잠깐 지나가는 광기의 순간"이 아니었다. 친구의 손을 잡다가 그것이 뚱뚱한 벌레처럼 느껴져 손을 뿌리치고, 전차에서 의자 쿠션이 죽은 동물의 부푼 배의 모습으로 변하는 환각 때문에 괴로워한다. 그런 환각 속에서 제 손을 갑각류 동물로 오인해 칼로 자해하기도 한다. 로캉탱의 눈에 세상은 증오를 유발하는 저열한 혼란에 지나지 않으며, 사람은 아무 뜻 없이 세상에 내던져진 잉여 존재(letre de trop)이거나 무용한 열정(passion inutile)으로 비쳐진다. 홀든 콜필드는 바로 로캉탱이 16세 소년으로 변신한 모습이다. 그는 무미건조한, 그리고 타락해버린 이 세상의 진상을 보고 실존적 자각에 이르게 된 것이다. 벌거벗은 세상의 진실과 마주치면 필연적으로 이 세상과 불화하기 마련이다. 홀든 콜필드는 어린애들이 호밀밭에서 뛰어놀다가 절벽 아래로 떨어지는 것을 막아주는 파수꾼이 되는 것이 그의 꿈이라고 말한다.

어쨌거나 나는 넓은 호밀밭 같은 데서 조그만 어린애들이 어떤 놀이를 하고 있는 것을 항상 눈앞에 그려본단 말야. 몇 천 명의 아이들이 있을 뿐 주위에 어른이라곤 나밖에 아무도 없어. 나는 아득한 낭떠러지 옆에 서 있는 거야. 내가 하는 일은 누구든지 낭떠러지에서 떨어질 것 같으면 얼른 가서 붙잡아주는 거지. 애들이란 달릴 때는 저희가 어디로 달리고 있는지 모르잖아? 그럴 때 내가 어딘가에서 나타나 그 애를 붙잡아야 하는 거야. 하루 종일 그 일만 하면 돼. 이를테면 호밀밭의 파수꾼이 되는 거야. 바보 같은 짓인 줄은 알고 있어. 하지만 내가 정말 되고 싶은 것은 그것밖에 없어. 바보 같은 짓인 줄은 알고 있지만 말야.[34]

글쓰기는 곧 기도이다

샐린저는 30대의 나이에 이미 유명해져 버렸다. 1953년에는 뉴햄프셔 주 코니시의 평화로운 언덕에 90에이커 정도의 땅을 마련하고, 식구들과 함께 살 집을 지었다. 홀든 콜필드가 "어딘가에 내가 직접 번 돈으로 작은 오두막을 하나 짓고 싶어. 숲속은 아니고, 숲 바로 앞에 지을 거야. 왜냐하면 하루 종일 햇빛이 미친 듯이 들었으면 좋겠어."라고 수줍게 피력했던 꿈을 이룬 것이다. 샐린저는 코니시에 정착을 한 뒤 삶을 느긋하게 즐기며 지역 공동체의 일원으로 녹아들고자 했다. 채소밭을 만들고, 옥수수를 키우고, 장작을 패고, 개천에서 물을 길어다 썼다.

그곳에서 『아홉 개의 이야기』를 썼다. 새 소설에 대한 문단의 평가와 반응은 다양했다. 실망했다는 반응에서 "독창적이고, 일류이며, 진지하고 아름답다"는 반응까지. 독자들은 샐린저의 새 책에 열광했고, 책이 깔리자마자 서점은 샐린저의 신작 소설을 그야말로 '낚아채듯' 사가려는 독자들로 북적거렸다. 샐린저는 점점 더 유명해지고, 대중의 관심과 호기심도 커졌다. 그는 작가가 글을 쓰는 동안 익명성을 유지하고 세상의 눈에 띄지 않는 것

34
J.D. 샐린저,
『호밀밭의
파수꾼』, 이덕형
옮김, 문예출판사,
1998, 256쪽.

이 "두 번째로 소중한 가치"라고 여겼지만, 그것은 점점 더 지켜내기 힘들어졌다. 1959년 6월 6일, 「시모어 : 머리말」을 실은 〈뉴요커〉가 서점에 진열되자 잡지는 매진되었고, 비평이 쏟아졌다. 그토록 작품 게재에 인색하고 까다롭던 〈뉴요커〉는 이제 샐린저 특수를 톡톡히 누렸다. 1959년 말, 샐린저는 고통받는 예술가, 전쟁 영웅, 영적인 은둔자, 시대를 대변하는 목소리 등 여러 가지 역할을 동시에 수행했다. 1960년대 초반, 경제가 호황을 맞은 미국은 낙관적인 분위기에 취해 있었다. 샐린저는 『프레이와 주니』, 『목수들아, 대들보를 높이 올려라』를 잇달아 성공시켰다. 재산도 점점 늘어갔다. 1963년 1월에 나온 『목수들아, 대들보를 높이 올려라』의 판매량은 10만 부를 넘었고, 뉴욕타임스의 베스트셀러 집계에서 1위에 올랐다. 그러나 샐린저는 세상으로부터 도피하며 가족과 이웃들에게서 소원해졌고, 많은 친구들과 결별했다. 1961년 7월 2일, 친구인 헤밍웨이가 아이다 호의 자택에서 자살을 했다는 소식이 전해진 이후, 샐린저는 점점 더 고립되어 갔다. 1963년 11월 22일에는 존 F. 케네디 대통령이 암살되며 전 세계를 충격에 빠뜨렸다. 그 사건을 계기로 미국은 불안감과 자기 의심에 빠져 들어갔다. 샐린저 역시 마찬가지였다. 1960년대 중반, 샐린저의 공식적인 삶은 끝났다. 그는 대중과 접촉하지 않았고, 공식적인 글쓰기도 더는 하지 않았다. 샐린저에게 새로운 삶은 신앙을 실천하는 기도의 삶이었다. 샐린저가 대중의 눈

길을 피해 은둔하는 삶으로 더 깊이 기울수록 대중의 관심은 늘고 '샐린저 신화'는 더 커졌다. 그는 삶 전체로 침묵의 시를 쓰기로 작정한 사람 같았다. 그는 책을 더 이상 출간하지 않는 은둔자의 삶에 만족했다. 일상에는 아무런 변화가 없었다. 아침 식사를 마치고 나면 언제나 서재에 들어가 글을 썼다. 샐린저는 소설들을 쓴 뒤 출판하는 대신에 금고에 보관했다. 그전에 내놓은 책들에서 나오는 인세로 사는 데는 아무 지장이 없었다. 특히 『호밀밭의 파수꾼』은 전 세계적인 스테디셀러이자 젊은이들에게는 경전이나 마찬가지였다.

1965년 이후 샐린저는 시골집에 은둔하면서 공공장소에는 전혀 나타나지 않았다. 인터뷰 요청은 물론이거니와 사진 찍히는 것도 거절했다.

그러너 어느 날, 샐린저와 『호밀밭의 파수꾼』이 다시 한 번 대중의 주목을 받는 사건이 터지게 된다. 1980년 12월 8일 저녁, 비틀스의 전 멤버였던 존 레넌과 아내 요코 오노, 아들 션이 센트럴파크 서쪽의 고급 아파트 다코다에 들어서려는 순간 스물다섯 살 난 청년 마크 채프먼이 존 레넌의 가슴에 총탄 네 발을 쏘았다. 병원에 도착했을 때, 존 레넌은 이미 숨져 있었다. 채프먼은 범행 후 도망가지 않고 평온하게 『호밀밭의 파수꾼』을 읽고 있었다. 책의 안쪽에는 "이것이 나의 진술이다. 홀든 콜필드, 호밀밭의 파수꾼."이라는 모호한 문구가 적혀 있었다. 그런 소동들에도 샐린저는 흔들림 없이 비밀에 감싸인 채 은둔 생활을 이어가다가 2010년 1월 27일, 사망한다.

읽기라는 문장 수업

| 지식의 바다를 항해하는 오디세우스

다치바나 다카시의 문체

이제는 오직 읽는 일만 남아 있다. 우선 가벼운 개설서부터 읽는다. 교과서적인 입문서를 읽는다. 한 권을 읽고 나면 대략적인 윤곽이 잡히면서 두 권째부터는 읽기가 좀 더 수월해질 것이다. 정독할 필요는 없다. 메모는 하지 않는 것이 좋다. 처음부터 너무 의욕이 앞서게 되면 분명 도중에 좌절하고 만다. 메모를 하면서 정독을 하면, 두 시간이면 읽을 수 있는 책도 이틀씩 걸릴 수 있다. 입문서 한 권을 정독하기보다는 입문서 다섯 권을 가볍게 읽어 치우는 편이 낫다. 메모를 하지 않아도 중요한 부분은 대부분 다른 책에서도 반복하여 언급하고 있어서 자연스럽게 머릿속으로 들어온다. 메모를 하는 대신 밑줄을 치거나 표시를 해두는 방법이 더 좋다. 그 다음에는 색인을 참고하면 된다. 그리고 책은 거칠게 다루는 것이 좋다. 나중에 헌책방에 팔기 위해서라도 깨끗하게 보겠다는 식의 구두쇠 발상은 버리는 것이 좋다.

이제 마지막으로 한마디 말하자면, 나는 책이란 만인의 대학이라고 생각한다. 어느 대학에 들어가건 사람이 대학에서 배울 수 있는 것은 양적으로든 질적으로든 극히 일부분에 불과하다. 대학에서도, 대학을 졸업하고 나서든 무엇인가를 배우려고 한다면 인간은 결국 책을 읽지 않을 수 없다. 나는 지금까지 살아오면서 책이라는 대학에 지속적으로 그 누구보다 열심히 다니고 있다. 그리고 마지막으로 어떤 책을 읽더라도 잊지 말아야 할 충고 한마디! 책에 쓰여 있다고 해서 무엇이건 다 믿지는 말아라. 자신이 직접 손에 들고 확인할 때까지는 다른 사람들의 말은 믿지 말아라. 이 책도 포함하여.[35]

오디세우스는 그리스 신화의 영웅이다. 아테나라는 여신의 사랑을 받은 트로이 전쟁의 영웅이자, 저 유명한 트로이 목마의 고안자이기도 하다. 호메로스가 쓴 그리스의 대서사시 『오디세이아』는 오디세우스가 트로이아에서 이타카로 돌아갈 때까지 난파와 표류 등 갖은 고초를 겪으며 유랑하는 이야기를 들려준다. 마침내 오디세우스는 고향 이타카로 무사히 돌아가 아들 텔레마코스와 아내 페넬로페를 만난다.

오디세우스의 이 방랑 이야기는 '바다'라는 불확실성 속에서 여행하는 위대한 인간 정신의 본보기를 보여준다. 여기, '정보 사회의 바다'를 헤치며 나아가는 21세기의 오디세우스가 있다. 바로 일본에서 '지(知)의 거인'이라 일컬어지는 다치바나 다카시이다. 그는 평생 이 항해를 계속하고 있다. 그의 항해술은 '읽기'이다. 읽기는 배움의 수단으로 모든 종류의 산출을 위한 준비 과정이다. 그 때문인지 다치바나 다카시의 문장들은 지식의 밀도로 촘촘하다. 독서의 총량이 고스란히 그 문장의 밀도를 이룬 것이

35
다치바나 다카시, 『나는 이런 책을 읽어왔다』, 이연숙 옮김, 청어람미디어, 2001, 77~78쪽.

다. 다치바나 다카시의 책읽기를 보고 있노라면, 그가 책을 시각이라는 매개 없이 대뇌 변연계에서 직접 삼켜버리는 사람이라는 생각이 든다.

어떤 사람에게는 지적 욕구가 내면에 내재된 근본적 생의 욕구이다. 앎에 대한 욕구는 끝이 없으며, 그 정점에는 이 세계 전체를 통째로 다 이해하고 싶다는 욕망이 있다. 한편으로 그 욕망의 정체는 세상의 모든 책을 읽고 싶다는 비현실적인 꿈이다. 미친 듯이 책을 읽는 행위가 앎에 대한 욕구와 관련이 있다면, 책에 몰입하는 행위는 놀이의 즐거움 속에서 자아를 구속하는 현실의 모든 제약들에서 벗어나고 싶은 해방과 자유에의 꿈이기도 할 것이다. 그래도 아무리 책을 좋아한다 하더라도 현실과 접점이 없는, 다카시의 말을 빌리자면 당장 나의 "피와 살이 되지 않는", 실로 기묘하고 일상 보편의 진실에서 한참 벗어난 책들을 읽고 싶지는 않다. 예를 들면 요괴학이나 시장의 비합리성을 해명하는 새로운 금융 이론, 게임 뇌의 공포, 해군 특별 공격대의 전투 기록, 지진 예지 연구, 분자국의 전도전자, 흑요석 3만 년의 여정, 일본국 헌법제정 계보, 야스쿠니 문제에 대한 정신분석, 중국의 성애 문화사, 바기나론, 텔레포테이션…… 따위를 다룬 책들에는 손이 가지 않을 것이다. 그러나 왕성한 지적 욕구를 자랑하는 다치바나 다카시는 그런 분야의 책들까지 거침없이 나아간다.

이 세상을 다 읽으려는 사람

다치바나 다카시는 일본 나가사키 현에서 태어났다. 그는 르포 작가, 전문 저술인, 저널리스트로 현대 일본에서 최고의 지식인으로 꼽힌다. 그가 했던 강연이나 잡지에 기고했던 원고들 중에서 '책'과 '독서'를 주제로 한 것만을 추려서 내놓은 『나는 이런 책을 읽어왔다』는 단 몇 달 동안 37만 부라는 엄청난 판매량을 기록했다. 그가 이름을 날린 것은 1974년 일본 정계의 흑막 뒤에서 벌어지는 금권 정치를 폭로한 「다나카 가쿠에이 연구―그 금맥과 인맥」이라는 월간 〈문예춘추〉 기획 기사 때문이었다. 이 기사로 말미암아 거대 권력으로 군림하던 다나카 권력이 붕괴되고 다치바나는 저널리스트계의 스타로 떠오른다.

1964년에 도쿄 대학 불문과를 졸업하고 〈문예춘추〉에 입사한 다치바나는 2년 7개월 만에 퇴사한다. 그 퇴사 이유 또한 기막히다. 회사 업무로 읽고 싶은 책을 마음껏 읽지 못하고 쌓아두고만 있는 데서 비롯된 스트레스 때문이었다. 직장 생활을 하면서 마음껏 책을 읽지 못하자 '정신적 기아감'을 견딜 수 없었던 것이다. 도쿄 대학 철학과에 재입학을 하면서 전업 작가 생활을 준비하는데, 그 과정도 만만치는 않았다. "그 10년의 세월 동안 나는 애써 들어간 〈문예춘추〉에서 사직하고 대학으로 돌아갔으며 대학을 그만두고 글을 쓰기도 했다. 글 써서 밥을 버는 생활을 때려치우고 신주쿠에서 술집을 경영하는가 싶더니 이것저것 다 버리고 중근동과 유럽을 방랑하는 여행을 떠나는 등, 꽤나 심상치 않은 인생 궤적을 밟고 있었다.[36] 다치바나는 20대에서 30대에 이르는 그 시기를 중근동 지역들을 방랑하는 여행으로 보낸 '청춘표류' 시대라고 규정한다. 그 미혹과 방황으로 얼룩진 시기를 독서에 할애하고, 그때 읽은 책들이 피와 살이 되었다고 고백한다.

다치바나는 범죄, 스캔들, 생물학, 유전학, 육아, 심리학, 학생운동, 공산당, 방위 문제, 석유 문제, 도시 문제 등 인간이나 세계와 관련한 거의 모든 테마들을 다루는 저술가이다. 그 이전에, 모든 분야의 책들을 미친 듯 읽어치우는 독서광이기도 하다.

내가 처음 접한 책은 2001년 청어람미디어에서 내놓은 『나는 이런 책을 읽어왔다』이다. 그가 국내에 처음 소개된 것이 1984년경이니, 내가 그의 저작과 마주한 시기가 빠른 편은 아니다. 이 책은 다치바나의 지적 호기심, 독서 편력과 독서론, 그리고 독서술과 서재론으로 이루어져 있다. 나는 단박에 그 전방위적인 지식욕과 방대한 독서량에 압도되고 말았다.

유소년 시절부터 세계 명작들을 섭렵하고, 중학생 시절에 이미 동서양의 고전들을 독파한 그는 성인이 되면서 픽션보다 논픽션 쪽에 관심의 초점을 두기 시작했다. 그 과정에서 책들이 끝도 없이 늘어나 그것들을 보관, 정리하기 위해 큰 공간이 필요했다. 소장한 책이 대략 4만 권이 넘자 그는 은행에서 융자까지 받아 지하 1층, 지상 3층으로 된 고양이 빌딩을 지었다. 건물 전면

36
다치바나 다카시,
『나는 이런 책을 읽어왔다』,
이언숙 옮김,
청어람미디어,
2001, 12쪽.

의 고양이 그림 때문에 '고양이 빌딩'이라는 이름이 붙은 그 건물은 온통 장서(藏書)들로 가득 차 있다. 이 공간은 '서재' 개념에서 한 걸음 더 나아간 한 개인의 라이브러리이자 왕성한 지적 생산의 터전인 셈이다.

지적 생산을 업으로 삼는 사람은 장서의 양과 질이 지적 역량을 결정한다. 장서의 '누적 효과'는 엄청나다. 다치바나 다카시의 경우를 통해 알 수 있듯이 '지(知)의 거장'은 저절로 태어나는 것이 아니다.

지식의 단련법

책은 읽는 사람에게 영향을 끼치며, 인격 형성과 지적 체계 형성의 밑거름이 된다. 한 사람의 피와 살이 되고야 마는 책을 움베르토 에코는 '노인'이라고 말한다. "오늘날 책은 바로 우리의 노인이다. 우리는 미처 고려하지 않지만, 문맹인 사람(또는 문맹은 아니지만 책을 읽지 않는 사람)과 비교해 볼 때 우리가 더 풍요로운 이유는, 그 사람은 단지 자신의 삶만 살아가고 또 앞으로도 그럴 테지만 우리는 아주 많은 삶들을 살았다는 데 있다."[37] 책 한 권 한 권마다 한 사람의 시간과 인생 경험이 농축되어 있다. 따라서 책은 자신만의 삶이 아니라 아주 많은 삶들, 즉 여러 겹의 삶을 살게 한다. 다치바나는 책 한 권을 쓸 때마다 500여 권의 책을 읽고, 거기에 덧붙여 엄청난 관련 자료들을 소화해낸다. 책을 쓰기

[37] 움베르토 에코, 『책으로 천년을 사는 방법』, 김운찬 옮김, 열린책들, 2009, 19쪽.

광장

전 의 단계를 '인풋'이라 하고, 책을 쓰는 단계를 '아웃풋'이라고 명명한다. 이때 '아웃풋'은 '인풋'의 충실성과 밀도에 의해 결정된다. 모든 책은 그것을 쓰기 위해 들인 공력들, 지식 체계, 인식의 폭과 밀도를 반영하는 법이다.

2002년에 소개된 『우주로부터의 귀환』도 흥미진진한 독서 경험을 안겨주었다. 이 책은 우주 체험을 하고 돌아온 우주 비행사 30여 명 중에서 10여 명을 인터뷰하고, 우주 체험이 그들의 삶을 어떻게 바꿔놓았는가를 면밀하게 추적하는 책이다. 2013년 여름, 에게 해를 여행할 때는 『에게—영원 회귀의 바다』를 챙겨서 갔다. 다치바나가 사진작가와 함께 1982년부터 에게 해 유역의 튀르키예와 그리스의 고대 유적지들을 여행하고 쓴 책으로 고대 문명의 건축물들과 폐허가 되어 돌무더기만 남은 유적들을 악전고투하며 찾아다니고 느낀 것들을 꼼꼼하게 적은 기록이다. 에게 해 연안의 튀르키예 내륙과 그리스의 섬들, 그리고 아테네를 여행하는 동안 그 책을 읽고 또 읽었다. 쪽빛으로 빛나는 에게 해를 마주하면서 "일체는 헤어지고, 일체는 다시 만난다. 존재의 원환(圓環)은 영원히 스스로에게 충실하다."[38] "시간은 한 방향으로 불가역적으로 흐르는 것이 아니다. 원환을 이루는 것이라고 한다. 시간이 원환이라면 처음도 없고 끝도 없다. 과거는 곧 미래이고, 미래는 곧 과거다."[39] "사람은 바로 이 순간 흘러가버리는 시간을 살고 있는 것이 아니라 영원을 살고 있다."[40] "위대한 판은

38 다치바나 다카시, 『에게—영원 회귀의 바다』, 이규원 옮김, 청어람미디어, 2006, 90쪽.
39 다치바나 다카시, 앞의 책, 94쪽.
40 다치바나 다카시, 앞의 책, 99쪽.

죽었다. 하지만 신들은 영원히 회귀한다. 그렇다. 사람의 자손 또한 그러하리라."[41] 등등의 문장들을 읽는 것은 특별했다. 그 문장들은 눈으로 읽는 게 아니라 정신적 자양분으로 핏줄 속으로 흘러 들어왔다.

100권을 읽어야 책 한 권을 쓸 수 있다

한 인간을 위해 얼마나 많은 책이 필요한 것인가? 책은 지식의 창고, 언제나 마법의 도구―사물이다. 책은 인생과 세계의 융합이고 그 경험들의 결과 기억들을 재현하고 보여준다. 책은 저마다 척추를 타고 흐르는 기억이다. 궁극적으로 책은 기억의 총량을 늘리고, 삶을 확장한다. 책은 망각의 바다에서 조난당한 인류를 구원하는 구명보트와 같다. 인류는 책을 통해 기억의 연속성을 유지해왔다. 보르헤스는 책이 "세기의 위대한 기억"이라고 썼다. 분명한 것은 한 사람이 읽은 모든 문장들은 결국 피가 되고 살이 된다는 사실이다. 오르한 파묵이 『새로운 인생』의 첫 줄에 썼듯이 "어느 날 나는 책 한 권을 읽었고, 내 인생 전체가 바뀌었다."라고 말할 수 있다. 책을 많이 읽은 사람은 정육점에서 고기를 써는 일을 하든지 혹은 배관공이든지 그 직업에 상관없이 책을 덜 읽는 사람에 견줘 훨씬 더 자기 책을 쓸 수 있는 가능성이 커진다. 분명하게 말하건대, 책은 또 다른 책을 만드는 정신적인 원자재다. 읽는 사람만이 쓰는 사람이 될 수가 있다. 자기 책을

41
다치바나 다카시,
『에게―영원
회귀의 바다』
이규원 옮김,
청어람미디어,
2006, 323쪽.

광장

쓰고자 하는 사람은 먼저 남의 책들을 읽어라!

　일찍이 나는 책에 매혹당한 영혼이었다. 내가 가진 모든 것들은 다 책에서 얻은 것이다. 수천수만의 문장들로 이루어진 내 책들이 다 그렇다. 저 위대한 책들에 견줄 때 내 책들은 보잘것없는 것들이지만, 그것들을 쓰며 고투하던 순간은 정금과 같은 고독의 시간들이었다. 그 시간을 파블로 네루다와 같이 감히 말할 수 있으리라. "신성한 잉크와 부드러운 종이로 만든 첫 번째 책이 나오는 그 순간이란, 아름다운 날갯짓과 황홀하게 만개한 꽃의 소리에 도취된 무아지경의 시간."[42] 이라고! 내게 '무아지경의 시간'을 선물한 저자들을 꼽자면 하루 종일이라도 모자랄 것이다. 니체, 하이데거, 바슐라르, 사르트르, 보들레르, 랭보, 말라르메, 발레리, 메를로 퐁티, 에마뉘엘 레비나스, 조르조 바타이유, 롤랑 바르트, 미셸 푸코, 데리다, 보드리야르, 피에르 부르디외, 지그문트 바우만, 조르조 아감벤, 알랭 바디우, 한나 아렌트, 베르나르 앙리 레비, 발터 벤야민, 모리스 블랑쇼, 자크 아탈리, 슬라보예 지젝, 자크 라캉, 에밀 시오랑, 가브리엘 가르시아 마르케스, 니코스 카잔차키스, 프란츠 카프카, 장 그르니에, 헤르만 헤세, 알베르 카뮈, 밀란 쿤데라, 보르헤스, 헤밍웨이, 리처드 브로우티건, 레이먼드 카버, 샐린저, 블라디미르 나보코프, 마르그리트 뒤라스, 에드워드 사이드, 움베르토 에코, 폴 오스터, 이상, 박태원, 최인훈, 김승옥, 서정인, 이청준, 김수영, 고은, 김현, 김우창, 나쓰

[42] 프란시스 아말피, 『불멸의 작가들』, 정미화 옮김, 월컴퍼니, 2013, 320쪽.

메 소세키, 가와바타 야스나리, 미시마 유키오, 다치바나 다카시, 가라타니 고진, 무라카미 하루키, 콜린 윌슨, 질 들뢰즈, 수전 손택, 헨리 데이비드 소로, 미셸 투르니에, 아니 에르노, 파스칼 키냐르, 장 필립 투생, 알랭 드 보통, 다이언 애커먼, 파블루 네루다, 쉼 보르스카 등등 이 저자들만은 빠뜨려서는 안 될 것이다. 이 저자들이 내 심장 박동을 빠르게 뛰게 하고, 정신의 척추를 강하게 만들었다. 이들에게서 블라디미르 나보코프가 말했듯이 "천재처럼 생각하고, 고상한 작가처럼 글을 쓰며, 어린아이처럼 말하라."라는 가르침을 받았다. 내 문장의 켜켜에 이들이 쓴 '서책들의 숙련'이 스며들었다. 그 기쁨과 성숙, 환상과 열정이 문장의 질 속으로 스며드는 한에서 분명 큰 영향을 받았다. 맛있는 음식을 대하듯 이들을 읽고 씹어 소화해서 내 살과 피로 만들었다.

좋은 책이란 다른 좋은 책을 읽게 하는 책

엄청난 독서량과 그 박람강기(博覽强氣)를 자랑하는 사람은 많다. 호르헤 보르헤스, 장 폴 사르트르, 미셸 푸코, 움베르토 에코와 같은 이들은 얼마나 놀라운 독서광인가! 다치바나 다카시 역시 책에 완전히 경도된 사람이지만 다른 이들보다 훨씬 더 현실에 들러붙어 사유하는 현실 밀착형이다. 일례로 다치바나 다카시는 2007년 12월 4일, 방광암 선고를 받은 뒤 곧바로 암과 관련된 책들을 구해 읽고, 암 전문가들을 찾아가 인터뷰를 한다. 암에 대한 연구에 돌입하며, 지식을 응축하고 NHK방송에 자신의 방광암 진단과 수술 과정을 찍게 한다. 그리고 직접 생생한 내레이션을 담은 암 다큐멘터리를 만들어 방송으로 내보낸다. 이 'NHK 스페셜'은 일본 열도에 엄청난 열풍을 일으켰고 잇따르는 시청자들의 요구에 여러 차례 재방송되었다. 2009년 11월 23일, NHK에서 방영한 'NHK 스페셜—다치바나 다카시의 암, 생과 사의 수수께끼에 도전하다'가 보여준 암에 관한 정보량은 놀라운 것이었다. 그는 정말이지 '정보 사회의 오디세우스'와 같은 존재이다. 책과 정보 사이를 종횡무진 가로지르며 정치, 경제, 과학, 테크놀로지, 철학, 사상, 현대 예술을 가리지 않고 쌓은 어마어마한 독서량을 토대로 놀라운 지적 세계를 구축했다.

나는 그의 책을 읽을 때마다 지적 자극을 받고, 새로운 영감을 얻곤 한다. 다치바나 다카시는 뒤에 가는 이들의 앞길에 불빛을 비추며 이끄는 등대와 같은 존재이다.

모성성의 문체

| 세상을 품고 아우르다

박경리의 문체

통영은 다도해 부근에 있는 조촐한 어항(漁港)이다. 부산과 여수 사이를 왕래하는 항로의 중간 지점으로서 그 고장의 젊은이들은 '조선의 나폴리'라 한다. 그러니만큼 바닷빛은 맑고 푸르다. 남해안 일대에 있어서 남해도와 쌍벽인 큰 섬 거제도가 앞을 가로막고 있기 때문에 현해탄의 거센 파도가 우회하므로 항만은 잔잔하고 사철은 온난하여 매우 살기 좋은 곳이다. 통영 주변에는 무수한 섬들이 산재하고 있다. 북쪽에 두루미 목만큼 좁은 육로를 빼면 통영 역시 섬과 별다름이 없이 사면이 바다이다. 벼랑가에 얼마쯤 포전(浦田)이 있고 언덕배기에 대부분의 집들이 송이버섯처럼 들앉은 지세는 빈약하다.[43]

20세기 한반도에 살았던 이들은 일제 강점기, 분단, 전쟁, 혁명, 독재 정권과의 투쟁, 유혈 항쟁 등으로 마음이 찢기고 눌렸으며 삶은 일그러졌다. 찢기고 눌린 마음에는 울혈이 생기고, 풀길 없는 한과 슬픔이 누적되었다. 이 마음이 아물고 펴지려면, 독일 작가 괴테가 "영원히 여성적인 것이 우리를 구원한다."라고 말했

43
박경리,
『김약국의 딸들』,
마로니에북스,
2013, 9쪽.

듯이, '여성적인 것', 정수(精髓)로서의 모성이 필요했다. 모성을 가진 것들만이 생명을 품어 안고 수유한다. 모성은 생명 지향을 하는 그 무엇이고, 측은지심으로 만물을 품는 따뜻한 우주적 성질의 응결이다. 모성은 죽은 걸 살릴 수 없으되 미약하게 산 것의 숨결은 북돋울 수가 있다. 시들고 사라지는 것마저 기꺼운 마음으로 품는 모성이 미치는 범주는 넓고도 깊다. 여기, 고통과 슬픔으로 점철된 근대사를 모성으로 품고, 파란과 격동을 뚫고 여성에서 여성으로 생명 계보를 이어가는 대하소설을 쓴 한 작가가 있다. 생명을 품고 기르는 모성성의 문체로 우뚝 선 작가, 바로 박경리이다.

박경리는 우연한 계기로 김동리를 만나 습작품을 보인 뒤 "소설을 계속 써보라."는 격려를 받는다. 1955년에 월간지 〈현대문학〉에 단편 「계산」과 「흑흑백백」이 추천되면서 작가 생활을 시작했다. 『토지』는 박경리가 43세이던 1969년 9월, 〈현대문학〉에 연재됨으로써 세상에 알려졌다. 그 뒤로 〈문학사상〉, 〈정경문화〉, 〈문화일보〉를 거쳐 25년 만인 1994년 8월, 『토지』는 200자 원고지 3만 1,200매 분량으로 마침표를 찍는다. 그야말로 장강(長江)같이 펼쳐진, 문학사에서 그 유례를 찾아보기 힘든 대작이자 총체 소설이라 할 수 있다.

1960년대 어느 가을, 벼 이삭들이 무르익은 이 악양 들판을 지나던 작가는 어린 시절 외할머니에게 들은 얘기를 떠올리며 『토지』를 처음 구상했다. 『토지』는 한 만석꾼 대지주의 가족사를 중심으로 19세기 말에 시작해 해방 공간까지 끌어안고, 경상도 하동의 평사리에서 시작해 만주와 서울, 도쿄 등지로 공간적 배경이 방사선형으로 뻗어간 소설이다. 잘 알려져 있다시피, 『토지』는 구한말에서 일제 강점기를 거쳐 해방에 이르기까지 대지주 최 참판 댁과 그 일가, 즉 최 참판 댁 마지막 당주인 병약한 최치수를 포함해서 서희, 그리고 서희가 신분이 낮은 길상과 혼인하여 낳은 아들까지 3대에 걸쳐 펼쳐지는 대서사시이다.

거대한 서사 속 생동감 넘치는 인물들

가을은 입추, 처서, 백로, 추분, 한로, 상강 같은 절기를 차례로 거치며 깊어간다. 폭염이 끝난 뒤 벼 이삭들은 가을의 햇볕을 받으며 누렇게 무르익고, 과목들의 가지에 달린 열매들은 단맛이 들어간다. 본디 가을은 곡식과 열매들이 속을 채우고 익어가는 계절이 아닌가. '가살', '가슬', '가실', '가알' 따위의 옛말은 '가을'을 가리키는 어휘들이다. 가을은 '열매나 곡식 따위를 거둔다.'라는 말에서 유래되었다. 박경리는 『토지』에서 풍요로운 늦가을의 풍경을 그리고 있다. 전라북도 진안에서 발원해서 3개의 도와 12개 군을 굽이굽이 거쳐 남도 500리를 돌아온 섬진강 수계(水系)를 젖줄로 문 80여만 평에 이르는 들판의 벼 이삭들은 따가운 가을 햇살을 받으며 알맹이를 채우고 그 무게를 이기지 못해 고개를 숙인다. 잘 익은 그 벼 이삭들은 황금빛으로 익어가며 바람이 불 때마다 출렁인다. 『토지』는 추석을 맞아 송편을 입에 물고 마을 길을 쏘다니며 기뻐 날뛰는 철부지 아이들을 묘사하며 막을 연다. "까치들이 울타리 안 감나무에 와서 아침 인사를 하기도 전에, 무색 옷에 댕기꼬리를 늘인 아이들은 송편을 입에 물고 마을 길을 쏘다니며 기뻐서 날뛴다. (……) 고개가 무거운 벼 이삭이 황금빛 물결을 이루는 들판에서는, 마음 놓은 새 떼들이 모여들어 풍성한 향연을 벌인다."[44] 작가가 묘사하는 이때는 1897년 한가윗날이다. 명절이라고 모처럼 기름진 음식으로 배를 채운 어린 것들은 기뻐 날뛰지만 좀처럼 펴지지 않는 궁핍할 살림살이에 시달리는 어른들은 시름이 가득하다.

『토지』가 배경으로 삼은, 구한말에서 일제 강점기로 이어지는 시대에 민초의 살림 형편은 어떠했던가. 구한말 국운은 쇠하여지고, 나라 안은 흉년이 겹치면서 민심은 흉흉하고 애꿎은 백성들은 굶주림과 역병에 시달렸다. 삶은 고달프고 시름 그칠 날은 없고, 억울하고 원통한 일은 겹쳐서 왔다.

사람들은 하고많은 이별을 생각해보는 것이다. 흉년에 초근목피를 감당 못하고 죽어간 늙은 부모를, 돌림병에 약 한 첩을 써보지 못하고 죽인 자식을 거적에 말아서 묻은 동산을, 민란 때 관가에 끌려가서 원통하게 맞아죽은 남편을, 지금은 흙속에 잠이 들어버린 그 숱한 이웃들을, 바람은

[44]
박경리, 『토지』, 마로니에북스, 2012, 24쪽.

서러운 추억을 가만가만 흔들어준다.[45]

당시 러시아와 일본은 아관파천과 명성황후 시해를 꾀하며 조선을 손아귀에 넣으려고 팽팽하게 맞서고, 나라 안은 농민전쟁, 갑오개혁, 을미의병을 거치며 시끄럽고 혼란스러웠다. 나라 살림이 거덜나고 망국의 조짐들은 여기저기에서 나타났다. 초근목피로 연명하던 민초들이 정처없이 유랑하거나 속절없이 죽어나가던 와중에 맞은 추석 명절이니, 어른들은 세상모른 채 기뻐 날뛰는 어린 것들을 바라보며 쓴웃음을 지을 뿐이었다.

이 대하소설에는 격동 치는 시대와 함께 부딪치고 흔들리며 삶을 견뎌야 했던 대지주·포수·무당·목수·농사꾼·장사치·훈장·스님·친일파·동학접주·의병·독립군 같은 온갖 계층의 사람들, 악인과 선인, 장삼이사들이 다 어우러진다. 이들은 먹고살 길을 찾아 고향을 떠나 만주 간도와 같이 낯설고 물선 남의 나라 땅을 유랑하며 살다가 생을 마쳤다. 『토지』에 등장하는 인물만 무려 800여 명인데, 각각의 인물들은 생동감으로 넘쳐난다. 온갖 욕망들, 사랑과 죽음, 만남과 이별 따위에서 빚어지는 오욕칠정(五慾七情)의 다채로움과 얽히고설킨 운명의 부침을, 작가는 치밀하게 그려낸다. 『토지』는 우리 아버지와 삼촌, 그리고 할아버지의 이야기들이고, 근대에서 현대로 이어지는 한국인의 삶과 그 파란과 격동의 역사를 고스란히 담은 큰 강과 같이 굽이굽이 흘

[45] 박경리,『토지1』, 마로니에북스, 2012, 28쪽.

러가는 대하소설이다. 남자에서 남자로 이어지는 재래 혈통 계승의 인습을 깨고, 여성에서 여성으로 이어지는 여성 혈통 계승의 가족사를 전면에 내세웠다는 점도 특이하다면 특이하다.

인내와 집념으로 일궈낸 삶

박경리는 1926년 10월 28일, 경상남도 통영에서 태어났다. 본명은 박금이(朴今伊)로, 박경리는 김동리가 소설 추천을 하며 지어준 필명이다. 그는 그 이름으로 평생을 살았다. 방랑 기질이 있던 아버지가 조강지처를 버리고 딴살림을 나는 바람에 홀어머니 밑에서 자랐다. 학비를 얻으러 아버지를 찾았다가 따귀를 맞고 돌아온 뒤부터는 다시는 아버지를 찾지 않았다. 진주 여고를 졸업하던 스무 살에 인천전매국에 다니던 김행도와 결혼해 1949년 서울 흑석동에서 신접 살림을 차리고 아들과 딸을 두었으나, 신혼의 안온함은 오래 가지 않았다. 이듬해 한국전쟁이 터지고 황해도 연안 여자 중학교에 교사로 발령받은 남편이 여섯 달 만에 집에 왔다가 부역 혐의로 붙잡혀 서대문 구치소에 투옥되고 만 것이다. 남편은 살아 돌아오지 못했고 어린 아들마저 병으로 잃고 말았다. 박경리는 어린 딸을 안고 통영으로 내려와 생계의 한 방편으로 수예점을 낸다. 작가는 불행했으나 그 불행을 진절머리 치며 외면하는 대신에 당당하게 맞서는 길을 선택했다. 범인(凡人)에게 불행이란, 기껏 삶에 치욕만을 안기는 족쇄이지만, 예술가에게는 순도 높은 창조의 질료라는 걸 이미 알고 있었던 것이다.

1971년에 유방암 수술을 받은 뒤 작가는 수술 자리를 붕대로 동여맨 채 『토지』의 집필을 이어갔다. "지금도 잊지 못하는 기억은 어느 연말 송년의 어수선함 속에서 고적했던 밤의 통곡이다. 마음 바닥으로부터 치밀어 오르는, 마치 창자가 끊어질 듯, 가슴이 터져버릴 듯 통곡하시던 그 음산한 밤을 나는 잊지 못한다." 작가를 가장 가까이에서 지켜본 딸 김영주는 「곁에서 지켜본 토지」라는 글에서 창자가 끊어질 듯 아프게 통곡하는 작가를 잊지 못한다고 썼다. 그 통곡에 서린 한과 고독의 깊이를 짐작조차 할 수 없으나 숙연함과 무엇으로도 위로가 되지 않을 참혹함에 전율을 느꼈다. 『토지』는 그렇게 스물다섯 해 동안 참척의 아픔을 속으로 삭인 채 고독과 병마와 목숨을 걸고 싸우며 거둔 민족의 자랑스러운 유산이다.

오래 보고, 고요히 생각하며

박경리는 2008년 5월 5일에 세상을 떴다. 작가의 5주기 제사가 돌아오는 2013년 늦은 봄, 나는 원주의 토지 문화관에 입주 작가로 머물고 있었다. 저녁 무렵 서울, 통영, 부산 등지에서 온 사람들이 속속 모여들고, 자정 무렵 한반도 남쪽 지방의 전통 의례에 따른 제사가 시작되었다. 제주(祭主)는 토지 문화관의 관장이자 딸인 김영주가 맡았고, 사위 김지하 시인은 불편한 몸을 꼿꼿이 세우고 서서 제사를 지켜보았다. 외부 인사들과 러시아, 싱가포르, 프랑스, 스페인에서 온 네 명 외국 작가들을 포함한 스무 명 남짓한 입주 작가들이 제사에 참여했다. 5월의 밤은 깊고, 멀리서는 소쩍새가 울었다. 제사가 끝난 뒤 김지하 시인과 마주 앉아 맑은 술 몇 잔을 받고 덕담을 들었다.

박경리는 1980년 서울을 떠나 강원도 원주시 단구동으로 이사한 뒤부터 그곳을 떠나지 않았다. 양안치 아래의 토지 문화관에는 봄마다 소쩍새와 쑥꾹새가 와서 울고, 여름에는 연못에서 맹꽁이가 목이 터져라 울어댄다. 세상의 끝의 끝 같다던 집에서 작가는 혼자 고양이 몇 마리와 정 붙이고 살며, 텃밭에 엎드려 밭을 일궈 배추 심고 고추 심고 상추 심고 파 심어 스스로 입에 들어갈 것들을 구했다. 작가는 수난과 고통으로 얼룩진 불행한 삶을 살았지만, 그 수난과 고통으로 위대한 작품을 빚는 놀라운 연금술을 보여주었다. 말년에 남긴 시들을 읽을 때마다 가슴이 아리다.

무엇이 되고 싶은가 / 젊은 눈망울들 / 나를 바라보며 물었다 / 다시 태어나면 / 일 잘하는 사내를 만나 / 깊고 깊은 산골에서 / 농사짓고 살고 싶다 / 내 대답 (「일 잘하는 사내」)[46]

[46] 박경리, 『버리고 갈 것만 남아서 참 홀가분하다』, 마로니에북스, 2008, 36쪽.

박경리는 위대한 작가이기에 앞서 일 잘하는 사내를 만나 깊은 산골에서 농사짓고 살고 싶다고 한 여인이었다. 금생에서는 도무지 이룰 수 없는 이 작고 소박한 꿈을 글쓰기와 맞바꾸었다. 『토지』의 헤아릴 길 없는 산고(産苦), 그 스물다섯 해 동안의 시련은 오로지 작가의 몫이었으나 그것을 읽고 감동하는 보람과 기쁨은 독자의 몫이리라.

시적인 문제

| 존엄에 대한 깊은 성찰

한강의 문제

어떤 고함이, 울부짖음이 겹겹이 뭉쳐져, 거기 박혀 있어. 고기 때문이야. 너무 많은 고기를 먹었어. 그 목숨들이 고스란히 그 자리에 걸려 있는 거야. 틀림없어. 피와 살은 모두 소화돼 몸 구석구석으로 흩어지고, 찌꺼기는 배설됐지만, 목숨들만은 끈질기게 명치에 달라붙어 있는 거야. 한번만, 단 한 번만 크게 소리치고 싶어. 캄캄한 창밖으로 달려나가고 싶어. 그러면 이 덩어리가 몸 밖으로 뛰쳐나갈까. 그럴 수 있을까.[47]

한강의 연작소설 『채식주의자』에서 인용한 문장이다. 『채식주의자』는 「채식주의자」, 「몽고반점」, 「나무 불꽃」 등 세 편의 연작으로 구성되는데, 이것이 단행본으로 나온 것은 2007년이다. 세 편의 연작 단편을 관통하는 초점 인물은 영혜인데, 화자는 작품마다 바뀐다. 첫 번째 화자는 영혜의 남편, 두 번째 화자는 영혜의 형부, 세 번째 화자는 영혜의 언니다. 영혜는 어린 시절 개를 죽이는 장면을 목격하고 육식을 멀리하며 타인과의 불화를 겪는다. 독자들은 『채식주의자』에서 동물성과 육식이 보편적인 생활

[47] 한강, 『채식주의자』, 창비, 2007, 72쪽.

습관인 타자들에 둘러싸여 대립하고 갈등하는 과정에서 겪는 폭력의 실상과 마주친다.

작중 여성화자의 내면에 고여 있는 분출하지 못한 목소리를 들려주는데, 이것은 내면에 "겹겹이 뭉쳐져" 있는 채식주의자의 고함이자 울부짖음이다. 육식주의자들에 둘러싸인 채식주의자의 발화되지 못한 목소리에 담긴 전언은 "너무 많은 고기를 먹었어"라는 육식을 추종하는 세태에 치우친 제 식성에 대한 통렬한 자기 성찰이다. 단순하게 말하자면 육식이란 인간이 아닌 동물 개체를 도살하고 그 피와 살을 취하는 일이다. 씹고 삼켜서 제 몸 구석구석으로 흩어져버린 동물의 피와 살! 채식주의자의 처지에서 육식은 '차가운 악(cold evil)'일 수도 있다. 육식 옹호자들은 기계적 환원주의나 시장 효율성을 앞세워 육식의 야비함과 악취를 감춘다. 제레미 리프킨은 『육식의 종말』에서 공장식 축산 방식으로 양산되는 쇠고기가 호르몬과 살충제로 오염되고, 그 운송과 도축과정이 얼마나 잔인하고 반생명적인가를, 쇠고기를 둘러싼 저 보이지 않는 곳에서 어떤 악과 협잡이 이루어지는가를 일러바친다. 육식을 그치는 것이야말로 소를 "비육장과 도살장에서의 고통과 모욕"과, "뿔 제거, 거세, 발정 억제, 호르몬 주입, 항생제 과다 복용, 살충제 살포, 자동화된 도살장의 해체 공정에서의 무의미한 죽음"에서 풀어주는 "상징적·실천적 의미를 지닌 인도적인 행위"라는 결론에 닿는다. 육식주의에 맞서는 채식주의란 이 세계에 널리 퍼진 육식주의가 숨기고 있는 탐욕과 반생명적 의식에 대한 저항의 몸부림이고, 구체적으로는 동물 살육과 포식에의 열망에 깃든 잔혹성에 대한 거부를 집약한다.

『채식주의자』의 초점화자는 돌연 육식을 향한 혐오와 생리적 거부를 말로 표현하고 싶어 한다. 하지만 "단 한번만 크게 소리치고 싶어" 하는 화자의 욕구는 외부화되지 못한다. 그러나『채식주의자』는 소수자인 채식주의자로 살아가는 자의 고통으로 얼룩진 생생한 목소리를 들려주며 육식이 숨긴 포식자의 동물성과 잔혹함을 까발린다. 2015년 1월, 이 연작소설을 데버러 스미스가 영역해서 영국 포르토벨로 출판사에서『더 베지테리언(The Vegetarian)』이라는 제목으로 내놓는다. 가디언, 인디펜던트, 뉴욕타임스 등에서 인간의 폭력성에 맞선 약자의 존엄에 대해 깊은 성찰을 담은 작품이라는 찬사와 함께 2016년 한국 작가 중 최초로 맨부커 인터내셔널상에 지명되는 쾌거를 이룬다. 한강은 장편소설『소년이 온다』로 이탈리아 말라파르테 문학상, 2023년에는 장편소설『작별하지 않는다』로 프랑스 메디치 외국문학상을 수상하며 단박에 세계문단에서 가장 주목받는 한국 작가로 떠오른다.

잔혹한 인간의 욕망, 생명의 존엄에 대한 깊은 성찰

어느 날부터 아내는 육식을 거부한다. 아내는 냉장고 속 "샤브샤브용 쇠고기와 돼지고기 삼겹살, 커다란 우족 두 짝, 위생팩에 담긴 오징어들, 시골의 장모가 얼마 전에 보낸 잘 손질된 장어, 노란 노끈에 엮인 굴비들, 포장을 뜯지 않은 냉동만두와 내용물을 알 수 없는 수많은 꾸러미들"을 쓰레기봉투에 버리는 이상 행동으로 그것을 구체화한다. 아내는 도마에 칼질을 하는 걸 못 견뎌 하는데, 그 칼질이 나 아닌 다른 어떤 생명체를 죽이고 포식하기 위한 행위인 까닭이다. 아내는 도마에 칼질하는 행위를 두고 "오싹하고, 더럽고, 끔찍하고 잔인한 느낌", "내 손으로 사람을 죽인 느낌. 아니면 누군가 나를 살해한 느낌"을 받는다고 고백한다. 아내는 고기 냄새가 난다는 이유로 남편의 접근마저 거부한다. 육식을 거부하는 아내의 태도에 대해 남편의 반응은 "미쳤군. 완전히 맛이 갔어"에서 볼 수 있듯 비정상으로 규정해버린다.

어느 날 '나'는 회사 사장의 집에 식사 초대를 받아 간 자리에서 육식을 거부하는 아내 때문에 곤경에 처한다. 남편은 사람들이 자기를 아내와 "한 묶음으로 경원시하고 있다는 것"을 느낀다. 채식주의에 관한 일반적인 반응은 "육식은 본능이에요. 채식이란 본능을 거스르는 거죠. 자연스럽지가 않아요"라는 말에 함의되어 있다. 채식주의자를 차별하는 근거는 채식주의가 일반적 행위가 아니라는 것, 그리고 채식주의자가 육식과 그 행위자를 혐오할 거라는 예단에서 오는 불안과 두려움이다. 채식주의자로 인해 불편해진 식사 자리에서 한 사람은 "저는 아직 진짜 채식주의자와 함께 밥을 먹어 본 적이 없어요. 내가 고기를 먹는 모습을 징그럽게 생각할지도 모를 사람과 밥을 먹는다면 얼마나 끔찍할까. 정신적인 이유로 채식을 한다는 건, 어찌됐든 육식을 혐오한다는 거 아녜요? 안 그래요?"라고 자기의 심경을 여과 없이 드러낸다. 아내는 가족들의 회식 자리에서 단지 고기를 먹지 않는다는 이유에서 제 아버지에게 봉변을 당한다. 아버지가 육식을 거부하는 딸에게 분노하며 강제로 고기를 먹이려고 딸의 입속에 강제로 밀어 넣는다. 아내는 고기를 다 뱉어내고 자해함으로써 그 폭력에 저항하다가 자상(刺傷)을 입고 입원한다. 그 딸에게 "네 꼴을 봐라, 지금. 네가 고기를 안 먹으면, 세상 사람들이 널 죄다 잡아먹는 거다. 네 얼굴이 어떤가 보란 말이야"라고 하는 어머니의 말을 뒤집어보면, 네가 먹지 않는다면, 거꾸로 세계가 너를 집어삼킬 것이다 라는 전언을 담고 있다.

"난 몰랐거든. 나무들이 똑바로 서 있다고만 생각했는데…… 이제야 알게 됐어. 모두 두 팔로 땅을 받치고 있는 거더라구. 봐, 저거 봐, 놀랍지 않아?", "어떻게 내가 알게 됐는지 알아? 꿈에 말이야. 내가 물구나무서 있었는데…… 내 몸에서 잎사귀가 자라고, 내 손에서 뿌리가 돋아서…… 땅속으로 파고 들었어. 끝없이, 끝없이…… 사타구니에서 꽃이 피어나려고 해서 다리를 벌렸는데, 활짝 벌렸는데……"(「나무 불꽃」)

어느 순간 동물성과 육식에 포획된 집단에게서 몰이해와 억압을 받던 영혜가 저항의 극단에 대한 상징으로 나무로 변신한다. 한 여자가 나무로 변신한다는 신비한 판타지가 펼쳐지면서 독자들은 섬뜩한 충격을 받는다. 이 탐미적이며 그로테스크한 변신 판타지를 통해 작가가 독자에게 전달하려는 것은 잔혹한 인간 욕망과 폭력성, 그리고 생명의 존엄에 대한 깊은 성찰일 테다. 육식을 거부하며 나무가 되기를 열망하는 영혜와 날마다 바람과 햇빛과 물만으로 살아가기를 바라며 베란다의 나무로 변해가는 한강의 또 다른 소설「내 여자의 열매」의 주인공은 쌍둥이처럼 닮았다. 한강이 보여준 식물적 상상력은 독자에게 인간의 폭력과 존엄함을 날카롭게 환기한다.

서사가 있는 시적 문체

한강 소설의 가장 큰 매혹은 시적 문체를 통해 드러난다. 시적 문체란 진부한 서술을 뛰어넘는 감수성의 발현이자 함축된 목소리이고, 시를 품은 문체를 가리킨다. 그것은 서사를 품은 채 흐른다. 그 흐름은 모음과 자음이 만나 이루는 교향(交響)이자 자유로운 숨결이며, 응축과 뜻밖의 도약을 품은 시적 스타일을 이룬다. 2016년 한강은 소설 『흰』을 내놓으며 그가 시적 문체를 능란하게 구사하는 작가임을 드러낸다.

시처럼 짧은 총 65개의 단락으로 구성된 『흰』은 한 어린 죽음에서 비롯된 지극한 애도 서사를 품어 안는다. 작가는 서사를 자명하게 까발리지 않고 비밀스럽고 조심스럽게 감싼다. 작가의 고백에 따르면 "태어난 지 두 시간 만에 세상을 떠난, 얼굴도 모르는 자신의 언니와 첫 딸을 홀로 낳고 잃은 젊었던 어머니에 대한 기억"을 중심으로 하는 서사의 흔적은 아주 희미하다. 중심 서사가 온통 시적 함축과 은유로 뒤덮인 까닭이다. 이것은 소설로 쓴 시, 혹은 시로 쓴 소설이다.

눈처럼 하얀 강보에 갓 태어난 아기가 꼭꼭 싸여 있다. 자궁은 어떤 장소보다 비좁고 따뜻한 곳이었을 테니, 갑자기 한계 없이 넓어진 공간에 소스라칠까 봐 간호사가 힘주어 몸을 감싸준 것이다.

이제 처음 허파로 숨쉬기 시작한 사람, 자신이 누군지, 여기가 어딘지, 방금 무엇이 시작됐는지 모르는 사람, 갓 태어난 새와 강아지보다 무력한, 어린 짐승들 중에서 가장 어린 짐승.

피를 너무 흘려 창백해진 여자가 그 아기의 울고 있는 얼굴을 본다. 당황하며 강보째로 받아 안는다. 그 울음을 멎게 하는 법을 아직 모르는 사람. 믿을 수 없는 고통을 방금까지 겪은 사람. 아기가 별안간 울음을 멈춘다. 어떤 냄새 때문일 것이다. 또는 둘이 아직 연결되어 있다. 보지 못하는 아기의 눈이 여자의 얼굴 쪽을 ― 목소리가 들리는 쪽을 ― 향한다.

무엇이 시작되었는지 모르는 채 아직 두 사람이 연결되어 있다. 피냄새가 떠도는 침묵 속에서, 하얀 강보를 몸과 몸 사이에 두고.[48]

'흰'에서 연상되는 이미지들은 끊어질 듯 이어진다. '흰'의 표상으로 등장하는 이미지들은 강보, 배내옷, 소금, 눈, 얼음, 달, 쌀, 파도, 백목련, 흰 새, 하얗게 웃다, 백지, 흰 개, 백발, 수의 등등인데, 이것들은 삶과 죽음 사이에서 이어지다가 끊기고 얽혔다가 풀린다. 흰색은 빛에 가까운데, '흰' 것들만 희게 보이는 건 아니다. "어둠 속에서 어떤 사물은 희어 보인다. 어렴풋한 빛이 어둠 속으로 새어 들어올 때, 그리 희지 않았던 것들까지도 창백하게 빛을 발한다." 그 '흰'에 바친 헌사. 혹은 그 헌사들로 꾸며진 함축된 아름다운 서사다. 이 소설의 독자는 자신의 생의 안쪽에 수많은 '흰' 것들의 제 속에 있는 아련한 이미지들을 찾아낼 수도 있으리라. '흰'은 감정이고 시간이며, 감정과 시간이 퇴색한 흔적들, 탄생과 죽음에 걸쳐져 있는 생의 유적을 암시하는 것이자, 동물성과 육식의 세계의 더러움으로부터 단절된 순결성의 표상이다. 어쩌면 "백이 존재하는 것이 아니다. 하얗다고 느끼는 감수성이 존재하는 것"인지도 모른다.『흰』은 단지 백색 이미지들을 평면적으로 나열하는 게 아니라 그 백색에 반응하는 감수성의 떨림을 따라간다. 어떤 독자는『흰』을 65개로 쪼개진 서사가 아니라 시로 읽을 수도 있겠다. 차라리 이것은 오롯한 백색 예찬의 시

[48] 한강,『흰』, 난다, 2016, 18~19쪽.

이고, 삶의 순결성에 대한 원초적이고도 무의식적인 희구의 노래라고 할 수 있다.

2024년 10월 둘째 목요일 저녁, 한국문학 사상 가장 놀라운 사건으로 기록될 만한 소식이 외신을 통해 날아든다. 1970년 광주에서 태어나고 연세대학교 국문과를 졸업한 뒤 1993년 시인으로 등단하고, 이듬해 서울신문 신춘문예에 단편소설 「붉은 닻」이 당선한 작가, 『채식주의자』, 『바람이 분다, 가라』, 『희랍어 시간』, 『소년이 온다』, 『작별하지 않는다』, 『흰』 등과 소설집 『여수의 사랑』, 『내 여자의 열매』, 『노랑무늬영원』 등을 내놓으며 주목을 받던 한국의 중견 작가인 한강이 아시아 최초의 여성 작가로 노벨 문학상을 수상하게 되었다는 놀라운 뉴스다. 누구도 예상치 못한 일이었기에 그 뉴스가 일으킨 사회적 파장은 컸다. 스웨덴의 노벨위원회는 한강의 소설을 두고 "육체와 영혼, 산 자와 죽은 자의 연결에 대한 독특한 인식을 갖고 있으며 시적이고 실험적인 스타일"을 창조한 현대 산문의 혁신가라는 이유로 2024년 노벨 문학상 수상이라는 면류관을 쓰게 되었음을 밝힌다. 한강은 역사의 비극적 국면에서 제 목소리를 내지 못한 채 죽어간 약자의 처지에 공감하며, 줄곧 그들의 고통과 슬픔에 빙의되어 목소리를 낸 작가다. 그 목소리는 외침이 아니다. 그 목소리는 고요하면서도 심오하고 강렬하다. 그런 맥락에서 한강은 "역사적 트라우마에 맞서고 삶의 연약함을 드러내는 시적 산문"을 써낸 작가로 오래 기억될 수 있을 테다.

부조리의 문체

| 삶이라는 백일몽을 찢고 나가다

카뮈의 문체

나는 바다에서 자라 가난이 내게는 호사스러웠는데, 그 후 바다를 잃어버리자 모든 사치는 잿빛으로, 가난은 견딜 수 없는 것으로 보였다. 그로부터 나는 기다리고 있다. 돌아오는 선박들이며 물의 집들, 청명한 날들을 나는 기다린다. 나는 지긋이 견디며 혼신을 다해 예절을 갖춘다. 사람들은 내가 아름답고 정교한 거리들을 지나다니는 것을 볼 수 있고, 나는 풍경에 감탄하고 여느 사람들처럼 손뼉을 치고 손을 내미는데, 말을 하고 있는 것은 내가 아니다. 사람들은 나를 칭찬하고, 나는 조금씩 꿈을 꾸고, 모욕을 받아도 놀라는 둥 마는 둥이다. 그런 다음 나는 잊어버리고, 나를 모욕한 자에게 미소를 짓고, 또는 내가 좋아하는 사람들에게 너무 정중하게 인사를 한다. 내가 단 하나의 이미지에 대해서밖엔 기억하는 바가 없으니 어찌하겠는가? 남들은 내가 어떤 사람인지 말하라고 다그친다. "아직은 아무것도 아니요, 아직은 아무것도……." 나는 정말이지 탁월해진다. 나는 고철들이 만개한 변두리 동네를 느린 걸음으로 걸어, 시멘트 나무 가로수들이 써늘한 땅 구멍들로 인도하는 대로로 접어든다. 거기, 붉게 물들었을까 말까 한 하늘의 붕대 아래서 담이 큰 작자들이 내 친구들을 깊이가 삼 미터쯤 되는 곳에다 파묻는 것을 나는 바라본다. 그때 흙 묻은 어떤 손이 내게 내미는 꽃을 받아 내가 던질 양이면 꽃은 영락없이 구덩이 속에 떨어진다. 내 신앙심은 확고하고, 감동은 어김없고, 목은 적당하게 수그러진다. 남들은 내 말솜씨가 적절하다고 야단들이다. 그러나 나는 잘난 데가 없다. 나는 기다리고 있는 것이다.[49]

알베르 카뮈(Albert Camus, 1913~1960)의 문장에는 생명의 기쁨과 관능의 아름다움이 눈부시게 드러난다. 그는 어린 시절을 알제리의 바닷가에서 보냈다. 카뮈의 놀라운 긍정주의, 열정, 예민한 감수성은 알제리의 눈부신 태양과 바다가 키워준 것들이다. 카뮈의 문장에는 알제리의 눈부신 햇빛, 출렁이는 바다, 폐허에 핀 꽃 무더기들, 그 빛과 향기들로 넘친다. 그것들로 인해 세계는 마치 "금빛으로 익은" 듯 보인다. 그 속에서 열광하는 영혼은 이미 그 안에 태양, 관능, 육체, 죽음, 젊음, 상처, 고독, 질병을 하나로 끌어안아 다 품는다. 카뮈가 쓴 저 유명한 산문 「티파사에서의 결혼」의 일부를 살펴보자.

봄이면 티파사는 신들의 거주지가 된다. 신들은 태양 속에서, 그리고 압생트의 향기 속에서, 은빛 철갑을 두른 바다, 날것 그대로의 푸른 하늘, 꽃으로 뒤덮인 폐허와, 돌 더미 속에 굵은 거품을 일으키며 들끓는 빛 속에서 말을 한다. 어떤 시간에는 들판이 태양으로 컴컴해진다. 두 눈은 헛

49
알베르 카뮈,
『결혼·여름』,
김화영 옮김,
책세상, 1998,
173~174쪽.

되이 무엇인가를 붙잡으려 애쓰지만, 보이는 것은 속눈썹 언저리에서 떨고 있는 빛과 색채의 작은 반점들뿐. 엄청난 열기 속에서 향기로운 식물들의 덩이진 냄새가 목구멍을 긁고 숨을 틀어막는다.[50]

이것이 바로 카뮈의 문체이다. 오감을 행복하게 만들면서도 인간의 부조리함을 명석하게 꿰뚫는 카뮈의 문체는 바로 그런 영혼에서 잉태된 것이다.

청년 시절, 참으로 닮고 싶었던 작가를 꼽자면 바로 알베르 카뮈이다. 2013년은 그가 탄생한 지 100주기가 되는 해였다. 알제리 극빈층에서 태어나 청각 장애를 지닌 어머니와 함께 가난한 유년 시절을 보내야 했던 그는 청년기에 폐결핵으로 인해 죽을 고비를 넘기기도 했다. 첫 번째 아내는 마약 중독이었고, 두 번째 아내는 신경쇠약으로 자살 기도를 했다. 그는 장애로 가득한 삶, 불운과 불행으로 점철된 삶을 살았다. "내 생애에서 유일하게 노력한 것 : 정상적인 인간의 삶을 사는 것."이라고 적을 정도였다. 하지만 삶과 고투(苦鬪)하며 지중해인 특유의 긍정과 낙관으로 그것들을 넘어섰다. 결국 『이방인』이란 소설로 명성을 얻고, 44세라는 비교적 이른 나이에 노벨 문학상을 받았다.

어떤 끔찍한 소리에 깨어났을 때 나는 두 시의 태양 아래서 반쯤 잠이 들어 있었다. 해가 바다 밑바닥에 보였고, 파도는 물결치는 하늘을 뒤덮고

50
알베르 카뮈,
『결혼·여름』,
김화영 옮김,
책세상, 1998,
13쪽.

있었다. 돌연 바다가 불타오르고, 태양이 천천히 한 모금씩 내 목구멍으로 싸늘하게 흘러 들어오고 있었다. 내 주위에서는 수부들이 웃기도 하고 울기도 하고 있었다. 그들은 서로 사랑하면서도 서로를 용서할 수 없었다. 바로 그날, 나는 있는 그대로의 세계를 알아차렸고, 세계의 선(善)은 동시에 해로울 수도 있으며, 세상의 큰 죄들도 유익할 수 있다는 것을 인정하기로 결심했다. 그날 나는 세상에 두 가지 진실이 있는데, 그중 하나는 절대로 입 밖에 내어서는 안 된다는 것을 깨달았다.[51]

1960년 1월 4일 월요일 오후, 루르마랭에서 파리로 가는 5번 국도 빌블르뱅에서 승용차 한 대가 가로수를 들이받고 멈춰 섰다. 운전자는 프랑스의 유명한 출판사 사장이던 미셸 갈리마르였다. 그 차에는 아내와 딸, 키우던 개, 그와 절친했던 친구가 타고 있었다. 그 사고로 미셸은 중상을 입은 채 병원에 실려 갔고(결국 닷새 뒤에 숨을 거뒀다), 옆자리에 동승했던 친구는 즉사했다. 바로 작가 알베르 카뮈이다. 사고 소식을 들은 아내가 급하게 사고 현장으로 달려갔을 때, 카뮈의 모습은 마치 잠든 것처럼 평화로웠다고 한다. 몸에 난 상처는 이마를 가로지르는 상처와 왼쪽 손등에 긁힌 자국뿐이었지만 목과 척추가 부러져 그 충격으로 현장에서 즉사한 것이다. 당시 자동차 계기판의 시계는 13시 55분에 멈춰 있었다.

자연이 주는 부(富)와 풍요 속에서 현실의 가난을 사치로 느낀

[51] 알베르 카뮈, 『결혼·여름』, 김화영 옮김, 책세상, 1998, 180~181쪽.

다고 썼던 작가, "나는 바다에서 자라 가난이 내게는 호사스러웠는데, 그 후 바다를 잃어버리자 모든 사치는 잿빛으로, 가난은 견딜 수 없는 것으로 보였다."라고 말했던 카뮈는 불과 47세의 나이로 이 세상과 영원히 작별한다.

삶에 대한 절망 없이는 희망도 없다

카뮈는 1913년 11월 7일, 알제리의 수도 알제에서 동쪽으로 420여 킬로미터 떨어진 콩스탕틴 현 몬도비에서 프랑스 이민자 가정의 둘째 아들로 태어났다. 아버지 뤼시앵 카뮈는 프랑스 본토인 보르도 출신으로, 19세기 말엽에 알제리로 이주한 포도 농장의 관리인이었고, 어머니 카트린 생테스는 스페인의 미노르카 출신이었다. 카뮈가 태어난 이듬해에 1차 세계 대전이 터졌다. 카뮈는 어린 시절을 회상하며, "나는 내 또래의 모든 사람들과 함께 1차 세계 대전의 북소리를 들으며 자랐고, 우리의 역사는 그때 이후로 끊임없이 살인과 부정, 또는 폭력의 연속이었다."고 얘기한다.

아버지 뤼시앵은 독일이 프랑스에 선전 포고를 하자 보병으로 징집되어, 전투에서 부상을 입고 그 후유증으로 곧 사망했다. 어린 카뮈가 아버지와 함께 이 세상에 숨 쉰 것은 고작해야 1년도 채 되지 않은 셈이다. 카뮈의 어머니는 두 아들을 데리고 알제의 벨쿠르라는 서민 지역의 친정어머니 집으로 이사를 했다. 외

삼촌은 통조림 제조 공장의 노동자였고, 어머니는 파출부와 세탁부 일을 했다. 어머니는 읽고 쓸 줄을 몰랐고, 벙어리로 오해받을 만큼 말도 없었다. 잘 웃지도 울지도 않고, 표정 변화도 거의 없어 무뚝뚝하게 보였다. 카뮈는 어머니의 기이한 침묵에 대해 이런 기록을 남겼다. "그녀의 침묵은 위안 받을 길 없는 서글픔에 젖어든다. 옆에 아무도 없으니 그걸 알아줄 사람도 없다." 어머니가 일하러 나가면 외할머니가 어린 두 형제의 육아를 맡았는데, 외할머니는 권위적인 사람으로 아이들을 엄하게 대했다. 외할머니가 아이들을 아프게 때릴 때면 어머니는 말리지는 못한 채 "머리는 때리지 마세요."라고 애원했다. 어머니는 자식들을 사랑했지만 그 사랑을 내보이진 않았다.

 카뮈의 어린 시절은 이처럼 가난과 고독으로 얼룩져 있었다. 그것들은 그가 상대해야 할 골리앗 같은 존재였고, 어린 카뮈는 소년 다윗이었다. 절망과 비참함에 빠질 수도 있는 환경이었지만, 알제의 태양과 바다가 주는 혜택 속에서 어린 카뮈의 영혼은 놀라울 정도로 긍정의 힘을 갖게 된다. 그를 구원으로 이끈 것은 알제리의 여름 대지, 지중해에서 불어오는 바람, 향일성의 식물들과 난만한 꽃들, 눈부시게 내리쬐는 햇빛과 바다였다. 카뮈는 알제의 강렬한 바다와 햇빛이 베푸는 감각의 향연 속에서 진정한 행복과 기쁨을 누릴 줄 알았다. 카뮈에게 가난 따위는 아무런 문제도 되지 않았다. 그는 태양 아래서, 하늘로부터 내려오는 빛을 자양분 삼아 자라났다.

창조한다는 것, 그것은 두 번 사는 것

그에게 어느 날 우연한 행운이 찾아왔다. 자신을 위대한 작가의 길로 이끈 두 스승을 만난 것이었다. 카뮈에게 두 스승은 지독한 불운 속에서 만난 구원의 손길이었다.

첫 번째 스승은 초등학교 2학년 담임교사였던 루이 제르맹이다. 초등학교를 졸업할 무렵 외할머니는 가난한 집안을 도와야 된다며 카뮈가 상급 학교에 진학하는 것을 완강하게 반대했다. 늘 카뮈에게 각별한 사랑을 쏟던 제르맹 선생은 외할머니의 고집을 꺾고 카뮈가 장학생 선발 시험을 치르도록 도와줬다. 카뮈는 루이 선생 덕분에 알제 중학교에 장학생으로 선발되어 전차를 타고 통학을 하게 됐다. 훗날 카뮈는 명성이 높아지고 나이가 들어서도 늘 '내 귀여운 카뮈'라고 부르는 루이 선생에 대한 고마움을 잊지 않았다. 카뮈는 노벨 문학상을 받은 뒤 수상 기념 연설집을 스승에게 헌정하기도 했다.

우여곡절 끝에 학교로 들어간 카뮈를 사로잡은 것은 축구였다. 카뮈는 축구팀에서 활약하고, 나중에는 몽팡시에 스포츠회의 알제 팀에서 골키퍼로 활동했다. 그는 운동을 열심히 한 뒤 느끼는 나른한 피곤함과 더불어 기막힌 승리의 기쁨에 매혹되곤 했다. 경기에서 패배한 후에도 울음이 터져 나올 것만 같은 슬픔과 어리석은 충동마저 사랑했다. 훗날 "인간의 도덕과 의무에 관해 내가 아는 모든 것은 축구를 통해 배웠다."라고 쓸 정도였다. 축구에 열중하는 한편 일도 게을리할 수 없었다. 카뮈는 방학 때마다 알제 중심가에 있는 철물점 점원으로, 선박 회사의 사원으로 아르바이트를 하며 학비를 벌어야 했다. 그때 카뮈가 만난 두 번째 스승은 철학자이자 에세이스트였던 장 그르니에다.

당시 그는 서른두 살로 카뮈와는 열다섯 살 차이였다. 폐결핵으로 각혈을 하며 고통스러워하던 카뮈가 돌연 학업을 중단하자 그르니에는 한 학생을 앞세우고 벨쿠르의 빈민가에 사는 제자를 찾아갔다. 하지만 열일곱 살의 제자는 스승을 다소 무뚝뚝하게 대했다. 그르니에는 약간 당황했지만 이내 특유의 관대함으로 병들고 가난하며 아버지가 없는 청년의 뾰족해진 자존심을 이해했다. 그르니에는 그 시절의 카뮈에 대해 "이미 그는 부서져 있었다. 그는 흙 속에서 빠져나와야 했으며, 그것은 생사의 문제였다."라고 쓴 바 있다. 이듬해 카뮈는 병에서 회복되자 이모부 집으로 옮겨 기거를 한다. 정육점을 운영하던 이모부 덕택에 충분한 영양 섭취를 할 수 있었던 카뮈는 철학반 2학년 수업에 복귀하고, 철학 교사 그르니에를 다시 만나서, 그의 격려 속에서 많은 양서들을 접한다. 카뮈는 자신을 문학의 길로 이끈 그르니에와 평생 동안 교유하며 편지를 주고받는다.

1933년, 카뮈는 건강상의 이유로 고등 사범학교 입시 준비를 포기하고 알제 문과대학에 진학한다. 그해 4월, 카뮈는 최초로 산문「무어인의 집」을 쓴다. 이듬해 6월에는 같은 학교 동급생인 시몬과 결혼을 하는데, 그때 카뮈의 나이는 고작 스물한 살이었다. 이모부가 결혼을 반대했기 때문에 카뮈는 이모부의 집에서 나올 수밖에 없었다. 결혼 선물로 무엇을 원하느냐는 어머니의 질문에 카뮈는 이렇게 답했다. "흰 양말 한 다스요." 뜨거운 사랑으로 시작한 결혼이었지만 채 몇 년이 지나지 않아 실패로 끝나고 만다. 바람기 많고 모르핀 중독자였던 시몬을 견딜 수 없어진 카뮈는 이혼을 결심했다. 이후부터 그는 결혼이라는 제도에 대해 반대하며 자유연애를 만끽했다. 카뮈는 영화배우처럼 잘생기고 춤도 잘 추며, 대화를 재미있게 끌어가는 재주 때문에 여자들에게도 인기가 많았다. 한편으로 그는 도덕주의자였고, 보수적인 측면도 강했다. 신실하고 정숙한 프랑신을 완벽한 여자라고 생각하고 다시 결혼했으니 말이다.

그 시절 카뮈는 그르니에 선생의 권유로 공산당에 가입하는 한편, 생계 수단으로 대학 기상대에 나가거나 자동차 부품을 팔기도 하고, 선박 중개 회사와 도청의 자동차 면허증 및 등록증 교부 부서에서 일하기도 한다. 틈틈이 습작을 하며 친구들과 노동극단을 창단한다. 1937년 5월 10일, 첫 책인 산문집『안과 겉』이 샤를로 출판사에서 간행된다. 초판 부수는 겨우 350부였다. 1940년 파리로 이주해 레지스탕스 운동에 참여하고, 비밀리에 나오던 조직의 기관지 〈콩바(Combat)〉의 편집장으로 활약한다. 1942년 2월 폐결핵이 재발한 탓에 왼쪽 폐에 인공 기흉을 달고 오른쪽 폐에는 8일마다 늑막에 공기를 주입하는 치료를 받았다. 그해 5월 19일. 그토록 유명한 책 『이방인』이 갈리마르 출판사에서 나왔다. 초판 부수는 4,400부였다.

삶, 그 자체가 문제

"오늘, 엄마가 죽었다. 아니 어쩌면 어제."라는 강렬한 첫 문장으로 시작되는 『이방인』에 대한 반응은 처음에는 미지근했다. 이전에 어떤 소설에서도 볼 수 없는 기이한 인물의 이야기였기 때문이다. 줄거리부터 인물, 문체까지 무엇 하나 익숙한 것 없이 파격적이었다.

뫼르소는 어머니가 죽었다는 통지를 받고 그 이튿날 여자와 해수욕을 하고 성교를 하고, 희극 영화를 보며 시시덕거리다가 사소한 시비 끝에 아랍인을 총으로 쏜다. 카뮈는 살인죄로 기소돼 사형 집행을 기다리며 행복하다고 말하는 뫼르소를 통해 "자기가 사는 사회에서 이방인이며, 사생활의 변두리에서 주변적인 인물로서 외롭고 관능적으로 살아가는" 인간의 부조리함을 드러내고자 했다. 『이방인』이 얼마나 명석하고 훌륭한 작품인가를 알아보는 데는 그리 많은 시간이 필요치 않았다. 얼마 지나지 않아 사람들은 입을 모아서 『이방인』이 '종전 이후 최고의 작품'이라고 칭송을 했다. 프랑스 최고 지성이라 일컬어지는 사르트르 역시 서평에서 뫼르소가 "어떠한 영웅적 태도를 취하지 않으면서도 진실을 위해서는 죽음을 마다하지 않는 한 인간"이라고 평했다.

카뮈가 사르트르를 만난 것은 2차 세계 대전이 한창이던 1943년 6월이다. 사르트르의 희곡 「파리 떼」의 리허설에서 카뮈는 사르트르와 시몬 드 보부아르를 만난다. 처음엔 사르트르와 의기투합을 했지만, 이내 두 사람의 관계에 금이 갔다. 카뮈가 폭력 사용을 정당화하는 마르크스주의적 혁명 개념을 거부하며 공산주의 사상에 대한 강한 비난을 했기 때문이다. 자연히 사르트르를 포함한 프랑스 지식인 동료들과 멀어질 수밖에 없었다.

1947년에 나온 『페스트』가 큰 성공을 거두면서 카뮈는 인세만으로 살아갈 수 있게 되었지만 불편도 함께 따라왔다. 그의 앞으로 도착한 수많은 편지들에 일일이 답장을 써야만 했던 것이다. 1957년 스웨덴의 한림원이 노벨 문학상을 안겨주었지만 그 무렵 카뮈는 파리의 지식 사회에서 고립되어 있었다. 그의 처지는 마치 천덕꾸러기 '고아'와 다를 바가 없었다. 대다수 지식인들과 다른 정치적 행보를 하는 카뮈에게 등을 돌린 사람들은 그를 비웃고 조롱했다. 카뮈는 노벨 문학상 상금으로 루르마랭에 집을 마련하고 파리를 떠나 그곳에 머물렀다. 온종일 구릉과 올리브 나무와 사이프러스 나무가 있는 들판을 쏘다녔다. 한낮에는 불행조차 환하게 빛나게 하는 태양이 비치고, 저녁에는 포근하고, 밤에는 어두운 하늘에 별들이 가득했다. 그 시절이 카뮈의 인생에서 가장 행복했던 때였다. 우울과 불면과 의기소침 속에서 의욕을 잃고 삭막한 상태로 지내다가 루르마랭에서 차츰 소설에 대한 열정을 되찾고, 필생의 역작이 될 만한 소설에 매달리는데, 바로 『최초의 인간』이다. 교통사고로 즉사했을 때 가방에 초고 상태로 담겨 있던 원고였다. 이 작품을 끝으로 운명의 신은 그에게 더 이상의 작품을 허락하지 않았다. 이 소설은 그의 갑작스러운 죽음으로 말미암아 미완으로 남고 말았고, 카뮈가 죽고 서른네 해가 지난 1994년에야 비로소 출판되었다.

낭만적 영혼의 문체
| '나'를 찾아가는 구도의 문장들

헤세의 문체

축음기는 금욕적인 정신으로 가득 차 있던 내 서재의 공기를 더럽혔고, 낯선 미국풍의 춤곡들은 내 정돈된 음악 세계를 교란하면서, 아니 파괴하면서 밀어닥쳤다. 이처럼 모든 것을 해체시키는 두렵고도 새로운 힘이 지금껏 그렇게 정확한 윤곽을 지니고, 그렇게 엄격하게 폐쇄되어 있던 내 삶 속으로 밀려들어온 것이다. 인간이 천 개의 영혼을 지닌다는 「황야의 이리론」과 헤르미네의 말은 옳았다. 내 마음속에서는 매일 예전의 모든 영혼 곁에 새로운 영혼들이 나타나 자기 주장을 하며 소란을 피웠다. 그리하여 나는 이제 눈앞에 있는 그림을 보듯 지금까지의 나의 개성이라는 것이 하나의 망상에 지나지 않음을 똑똑히 보았다. 나는 우연히 잘할 수 있었던 서너 가지 능력과 수양만을 정당화하면서 하리라고 하는 사내의 상을 그려내어 본래 문학, 음악, 철학에 지극히 빈틈없는 교양을 갖춘 전문가인 그자의 삶을 살아왔던 것이고, 그러면서 내 개성의 나머지 부분, 즉 그 밖의 모든 능력과 충동과 노력의 카오스를 부담스럽게 느껴〈황야의 이리〉라고 불러왔던 것이다.[52]

[52] 헤르만 헤세, 『황야의 이리』, 김누리 옮김, 민음사, 2002, 182~183쪽.

20세기의 위대한 작가 중의 한 사람인 헤르만 헤세(Hermann Hesse, 1877~1962)는 사후 반세기가 더 지난 뒤에도 여전히 큰 사랑을 받고 있다. 소설들이 속속 영화화되고, 50여 개 이상의 나라 말로 번역되어 수천만 권이나 팔린 것이 그 증거이다.

특히 1960년대 말, 미국 대학가의 서점에서는 기이한 일이 벌어지곤 했다. 갑자기 헤세의 소설들이 불티나게 팔렸던 것이다. 헤세의 소설을 사려는 사람들로 서점이 북적였고, 소설들은 품절되기 일쑤였다. 헤세 선풍의 중심에는 『황야의 이리』와 『싯다르타』가 있었다. 당시 미국 사회는 베트남전에 대한 회의가 번져 가며 반전 운동과 기성세대에 저항하는 히피 운동이 막 불을 지피고 있었다. 히피들과 더 많은 자유를 요구하는 대학생들 사이에서 헤세의 소설들은 경전이 되었다. 헤세의 소설들에 담긴 "반전사상, 교양 속물들에 대한 신랄한 비판, 서양 문명의 몰락에 대한 묵시록적 경고, 기존의 위선적인 생활방식에 대한 저항, 환각이라는 신비로운 세계의 형상화" 등이 젊은이들을 사로잡은 것이다. 그들은 자신들이 "고향도, 공기도, 양식도 찾지 못하는 짐승, 낯설고 알 수 없는 세상에 길을 잘못 들어선 짐승", 즉 '황야의 이리'라는 것을 깨달았고 자신의 존재 가치를 새롭게 발견했다. 반항적인 젊은이들은 그를 정신적인 스승으로 받들자는 '성(聖)헤세' 운동을 벌이기까지 했다. 미국에서는 '데미안 지하 술집', '싯다르타 주점', '황야의 이리 집' 등 헤세 작품의 제목을 간판으로 단 대학생 술집들이 속속 생겨났다. 20세기 후반의 이 갑작스러운 헤세 선풍은 무엇에서 비롯된 것일까.

신학교에서 퇴학당하고, 서점 점원으로 일했으며, 두 번씩이나 정신병원을 들락거렸고, 세 번씩이나 결혼을 했던 작가의 삶은 역경과 실패의 연속이었다. 하지만 헤세는 한결같이 20세기 문명의 질병과 위기를 고발한 용기 있는 지성인이자 어떤 형태의 폭력과 전쟁을 반대한 휴머니스트로, 불멸의 작품들을 썼다. 그의 작품들은 청년기에 부닥치는 인생에 대한 의문과 회의에서 비롯되는 내면의 고독과 방황을 어떻게 극복하고 자기완성에 도달할 수 있는가를 파헤쳐 보여준다. 그렇기 때문에 소설들이 출간된 지 거의 40여 년이 지났지만 그 메시지는 지금의 청춘들에게도 여전히 유효하다.

자기 자신에게 이르는 길

헤르만 헤세는 1877년에 남독일 뷔르템베르크의 칼프에서 태어났다. 어린 시절부터 '시인이 아니라면 아무것도 되지 않겠다'고 결심할 정도로 창작에 대한 굳은 의지와 열정을 품었다. 그는 바젤의 신학교를 다녔지만 학교 규율의 억압을 견디지 못하고 결국 중도에 포기하고 만다. 이 감성이 풍부하고 예민했던 청년은 서점 점원 일을 하며 마음껏 책을 읽었고 스물한 살 때 처음으로 시를 써서 출판하기도 한다. 그로부터 5년이 지난 뒤 『페터

카멘친트』(1904), 『게르트루트』(1910), 『로스할데』(1914), 『크눌프』(1915) 등을 펴내며 작가로서 명성을 얻고 입지를 굳힌다.

『데미안』은 1차 세계 대전이 끝난 이듬해, 즉 1919년에 나온다. 작가는 에밀 싱클레어라는 필명으로 『데미안』을 내놓았다. 이 당시 헤세는 여러모로 곤경에 처해 있었다. 1차 세계 대전을 겪으며 인간 문명의 걷잡을 수 없는 잔인성과 야만성을 눈으로 직접 목격하고, 국가나 대중 같은 외부 세계에 저항하며 양심에 따른 길을 가야 한다고 부르짖지만, 대중은 자아를 잃은 채 가축의 무리같이 야만주의적인 세태에 휩쓸렸다. 헤세는 반이성을 분출해내는 사회적 병리 현상으로 탈바꿈한 대중을 향해 "각자가 자기의 갈 길을 갈 것이며, 남의 얼굴, 남의 목소리로 살려 하지 말라."고 외친다. 그런 헤세에게 대중은 냉소와 비웃음을 돌려주었다. 그는 세상 전체와 갈등하고 불화하며 외부와 차단된 채 고립된 단독자로 살았다. "당시 나는 매일 작별을 고하며 살았다."라고 회상하는 헤세는 조국과 친구들조차 자신에게 등을 돌렸지만 그 책임을 외부로 돌리지는 않았다. 그럴수록 제 운명에 침잠하면서 인류의 미래에 대해 숙고한다. "나는 모든 전쟁과 세계의 모든 살인욕, 또 그 경박함과 야만스러운 탐욕, 그들의 비겁함들을 고스란히 내 내부에서 다시 발견했으며 그렇게 함으로써 나 자신에 대한 경의(敬意)를 다시 살 수 있었다." 헤세는 카오스의 밑바닥에서 자아에 대해 숙고한 뒤 "내면에 이르는 길"을 해결

책으로 제시하며 소설 한 편을 내놓는데, 바로 『데미안』이다.

『데미안』은 선과 악, 질서와 혼돈, 빛과 어둠 사이에서 방황하는 싱클레어의 성장기이다. 누구나 겪는 성장의 고통, 즉 "나를 찾아가는 길"의 지난함을 다룬다.

어린아이는 자라서 어른이 된다. 어린아이는 꿈을 꾸지만 어른이 되면 더 이상 꿈을 꾸지 않는다. 어린아이는 성장하지만 어른은 쇠락하기 때문이다. 꿈은 미결정의 그 무엇, 즉 소망, 가능성, 탈출구이자 본질에서 무엇이 되고자 함이다. 어린아이들에게 커서 무엇이 될지 물어보라. 어린아이들은 교사, 의사, 예술가, 과학자, 대학교수, 연구원, 기업가, 변호사, 군인, 경찰, 작가, 외교관 등등이 되고 싶다고 말할 것이다. 하지만 그 무엇이 되었다고 꿈을 이룬 것은 아니다. 꿈의 최종 목적지는 바로 진정한 자기에게 이르는 것이다. 즉 "한 사람 한 사람의 삶은 자기 자신에게로 이르는 길"이다. 『데미안』의 주인공은 이렇게 독백을 한다. "내 속에서 솟아 나오려는 것, 바로 그것을 나는 살아보려고 했다. 왜 그것이 그토록 어려웠을까?" 내 속에서 솟아 나오려는 것, 그것은 다른 무엇도 아닌 자기 자신이 되려는 꿈이다. 그 꿈을 펼칠 무대는 현실이다. 그러나 꿈과 현실 사이에는 타고난 재능과 피나는 고투(苦鬪)로도 채워지지 않는 괴리가 있다. 이 괴리와 어긋남에서 성장통이 생겨난다.

인생에서 가장 중요한 것

『데미안』에서 가장 유명한 구절은 "새는 알에서 나오려고 투쟁한다. 알은 세계다. 태어나려는 자는 하나의 세계를 깨뜨려야 한다. 새는 신에게로 날아간다. 신의 이름은 압락사스."라는 대목이다. 싱클레어가 데미안에게서 받은 쪽지에 씌어 있던 문구이다. 헤세는 상징적인 새의 이야기를 들려준다. 알 속에 있는 새끼가 껍질을 깨고 나와 거대한 새로 변하는 이야기를. 알 속의 새끼가 새로 부화되려면 먼저 "크게 자라 변화함[大而化之]"이 있어야 한다. 여기서 변화란 무엇일까? 변화는 자기를 넘어섬, 즉 자기 초극이다. 자기를 넘어선다는 것은 낡은 자기를 벗어남, 혹은 잊음이다. 변화란 구태(舊態)를 벗어나는 것, 즉 예전의 자신을 잃는 것이다.

익숙한 세계를 벗어나는 자는 기필코 낯선 세계와 마주쳐야 한다. 싱클레어는 알을 깨고 나오려고 투쟁하는 새와 같은 처지로, 불안한 심리를 여기저기서 드러낸다. 특히 김나지움을 떠나 대학으로 갈 때 싱클레어의 불안은 최고조에 다다른다. 왜 그러할까? 알 속의 세계와 껍질 바깥의 세계가 다름을 직감했기 때문이다. 알 속의 세계란 익숙한 세계이다. "그 세계의 이름은 어머니와 아버지였다. 그 세계의 이름은 사랑과 엄격함, 모범과 학교였다. 그 세계에 속하는 것은 온화한 광채, 맑음과 깨끗함이었다. 그것에는 부드럽고 다정한 이야기들, 깨끗이 닦은 손, 청결한 옷,

좋은 관습이 깃들여 있었다."⁵³ 양친의 사랑과 좋은 관습이 있는 이 세계는 선이라고 믿는 세계이다. 알은 아버지와 어머니의 보호와 양육의 힘이 미치는 세계이다. 여기에는 평화와 질서, 안식이 존재한다. 누구나 안락하고 평화롭지만, 알을 깨고 나오면 다른 세계가 기다린다. "그 두 번째 세계 속에서는 하녀들과 직공들이 있고 유령 이야기들과 스캔들이 있었다. 무시무시하고, 유혹하는, 무섭고 수수께끼 같은 물건들, 도살장과 감옥, 술 취한 사람들과 악쓰는 여자들, 새끼 낳는 암소와 쓰러진 말들, 강도의 침입, 살인, 자살 같은 일들이 있었다. 아름답고 무시무시한, 거칠고도 잔인한 그 모든 일들이 사방에, 바로 옆 골목, 바로 옆집에 서 있었고 경찰 끄나풀과 부랑자들이 돌아다니고 있었다."⁵⁴

알 속의 세계가 질서와 규범이 작동하는 선의 세계라면, 그 바깥의 세계는 혼돈과 무질서, 폭력과 황량함이 넘치는 어둡고 거친 야생의 세계이다. 여기에서는 아버지의 보호와 어머니의 보살핌이 존재하지 않는다. 악과 어둠의 세계인 이곳에 내동댕이쳐진 싱클레어는 알을 깨고 낯선 세계로 날아오르려는 어린 새처럼 어찌할 바를 모르고 불안과 두려움에 떤 것이다.

싱클레어는 또한 "내 안에 어둡게 숨겨진 목표를 끌어내어 내 앞 어딘가에 그려내는 일"의 어려움 때문에 그토록 불안해했다. 싱클레어는 이렇게 고백한다.

53
헤르만 헤세,
『데미안』, 전영애
옮김, 민음사,
2000, 11쪽.
54
헤르만 헤세,
『데미안』, 전영애
옮김, 민음사,
2000, 11쪽.

어쩌면 나도 언젠가 그런 무엇이 될지도 모르지만, 어떻게 내가 그걸 안단 말인가. 어쩌면 나도 찾고 또 계속 찾아야겠지. 여러 해를, 그러고는 아무것도 되지 않고, 어떤 목표에도 이르지 못하겠지.[55]

성장통은 자아의 균열과 목표에 이르는 길의 지난함에서 비롯된다. 악과 폭력이 난무하는 세계에서 나아갈 길의 인도자로 등장하는 것이 데미안이다. 데미안은 어느 무리에도 끼지 않았다. 아무도 그와 친하지 않았고, 아무도 그를 사랑하지 않았다. 그러나 데미안은 고립된 존재가 아니다. 단독자로 있되 자신만의 공기와 법칙들 아래서 외롭고 고요하게 제 삶을 끌어가는 존재이다. 어느덧 데미안은 싱클레어의 내면으로 들어와 있다. 싱클레어는 내면에서 자신을 이끄는 선각자의 모습을 발견한다. 싱클레어는 자신이 차츰 데미안을 닮아간다는 사실을 깨닫고 이렇게 말한다. "이제 그와 완전히 닮아 있었다. 그와, 내 친구이자 나의 인도자인 그와."

싱클레어는 자기 안에서 친구이자 생을 이끄는 인도자인 데미안을 발견한다. 데미안은 스승이자 인도자, 신성을 가진 존재, 즉 압락사스라고 불리는 신이다. 싱클레어는 데미안의 얼굴 속에서 "나의 삶을 결정한 것, 나의 내면, 나의 운명 혹은 내 속에 내재하는 수호신, 친구의 모습, 애인의 모습, 운명의 모습"을 본다. 싱클레어는 내면의 깨어 있음 속에서 또 다른 자아, 바로 자

55
헤르만 헤세,
『데미안』, 전영애 옮김, 민음사, 2000, 128쪽.

기 내면에 깃든 데미안을 봄으로써 구원자와 피구원자는 한 몸으로 겹쳐진다.

시대의 문제를 정면에서 대응한 실천적 지식인

헤세는 소설들에서 가치의 전도(顚倒)와 허무주의의 발흥이라는 20세기의 불안과 분열, 위기를 형상화한다. 1927년에 내놓은 『황야의 이리』도 그중의 하나이다. 고독을 자기의 운명으로 삼은 하리 할러라는 사람의 수기 형식으로 쓴 소설에서 작가는 「편집자 서문」을 따로 전한다. 그 글에서 "할러의 수기는 병적이면서도 아름답고 깊은 성찰이 담긴 환상적인 글"이라고 적고, 하리 할러의 시선에 대해 이렇게 쓴다.

> 황야의 이리의 눈빛은 우리 시대 전체를, 바쁘게 돌아가는 모든 부질없는 짓거리들을, 모든 허망한 노력, 모든 허영을, 망상에 가득 찬 천박한 정신의 모든 표피적인 장난질을 꿰뚫어보고 있었다. 아아! 불행히도 그 시선은 더욱 깊어만 갔다. 우리의 시대, 우리의 정신, 우리의 문화의 궁핍과 전망보다도 더 먼 곳을 주시하고 있었다. 그것은 모든 인간의 가슴 속을 파고드는 시선이었고, 어쩌면 이 세상을 이해하고 있는지도 모르는 한 사상가가 인간의 품격이라는 것에 대해, 나아가 인생의 의미 자체에 대해 품고 있는 회의를 한 순간에 웅변적으로 드러내는 시선이었다.[56]

[56] 헤르만 헤세, 『황야의 이리』, 김누리 옮김, 민음사, 2002, 18쪽.

헤세의 전언은 분명하다. 바로 하리 할러가 살았던 시대, 붕괴 직전에 이른 그 정신적 위기에 대한 통찰이다. 그 정신의 위기는 헤세 자신의 실존적 위기와도 겹쳐진다.『황야의 이리』를 쓸 무렵 헤세는 두 번째 결혼이 곧 파탄에 이르게 될 것을 예감하고, 대학도서관에 처박혀 지냈다. 가끔 우울증과 정신분열 증상을 보이고, 더 가끔 자살 충동을 느끼곤 했다. 그런 실존적 위기를 겪으면서 낯선 도시의 다락방에서 은둔자처럼 오로지 소설 쓰는 일에만 매달렸고, 1927년 1월, 헤세는 쉰 번째 생일을 며칠 앞두고『황야의 이리』를 완성한다. 헤세는 방황하는 청춘의 시기를 통과하는 존재를 모티프로 삼아 끝없는 명상과 갈망과 추구의 비애와 기쁨, 아름다움을 펼쳐 보인다.

헤세는 인류 문명의 위기 속에서 제 영혼의 황폐화를 꿰뚫어 보고 그 대안으로 '내면에 이르는 길'을 추구한다. 헤세는 스스로를 '괴로워하는 자', '시인이요 탐색자며 고백자', '은거자며 외롭게 세상을 등진 자'라고 불렀다. 그는 체험과 통찰을 통해 굳건하게 자아를 세우는 것, 밝은 초월에의 의지로 나아가는 것만이 자기를 구원하고 인류가 공멸하는 길을 피할 수 있을 거라고 믿었다. 그것이야말로 헤세가 평생을 추구한 자신과 자신의 운명에 침잠하는 길이었다.

헤세는 1차 세계 대전을 겪으며 국가와 문명이라는 것이 얼마나 야만스럽고 무지몽매한 살육과 파괴에 맹목으로 빠져드는가를 깨달았다. 전쟁의 어리석음을 경고하고, 국가와 문명의 이기와 탐욕을 폭로하며 "각자 자기의 갈 길을 가자."고 호소하지만 그에게 돌아온 것은 사람들의 냉대와 조소뿐이었다. 시대와의 불화, 거기에 가정의 불행까지 겹쳐 헤세는 외부와의 소통을 끊고 스위스 몬타뇰라로 거주지를 옮겨 은둔자로 살아간다.

말년에 다가갈수록 인간과 시대에 대한 통찰은 더욱 깊어졌으며, 『싯다르타』, 『나르치스와 골드문트』, 『유리알 유희』와 같은 소설들에 그 정수를 담아냈다. 2차 세계 대전 중에는 헤세의 작품이 독일 내에서 '원치 않는 문학'으로 낙인찍혀 출판이 전면 금지되었다. 하지만 헤세는 꿋꿋하게 가치 전도와 허무주의가 번져가는 상황에 휩쓸리지 않고 인간 내면의 가치와 존엄성을 옹호한다. 그런 공로를 인정받아 1946년 노벨 문학상을 받는다. 헤세는 내면의 길을 추구하며 정신의 명석함으로 인간이 다다를 수 있는 하나의 절정(絶頂)에 도달했다. 그리고 1962년 8월 8일 밤, 헤세는 모차르트의 피아노 소나타를 들으며 잠이 들었고 다음 날 아침 뇌출혈로 세상을 떠났다.

책을 마치며

세상의 저자와 작가들은 다 고마운 스승이다

40년 동안 독자로 살고, 15년 동안 편집자로 살고, 40년 동안 저자로 살았다. 시립도서관의 참고열람실에서 책에 빠져있던 한심한 청년 시절부터 책은 곧 인생이 되었다. 독자·편집자·저자라는 인생 유전(流轉)의 핵은 책이다. 그 셋은 하나로 겹쳐진다.

카프카의 말처럼 책은 내면에 존재하는 얼어붙은 바다를 깨는 도끼이다. 내면의 얼어붙은 바다를 깨니 이 낡은 세상에 와서도 파릇한 젊음으로 살 수 있었다. 좌측 후두측두 열구에 벼락을 내리는 책들로 심심할 새가 없었다. 삶은 마법이 일어난 듯 늘 놀랍고 풍요로웠다. 영혼을 쓰다듬고 애무하는 책들을 읽는 게 정말 신이 났다.

책이 없었다면 끔찍했을 것이다. 나란 존재는 헐벗고 볼품없는 욕망 덩어리를 벗어나지 못했을 것이다. 당연히 찰나, 무, 침묵의 관능성, 삶의 유한성 등등에 대한 깊은 사유로 나가지 못한 채 당나귀나 기러기와 같은 무지몽매한 존재로 살다 죽었을 것이다. 재미를 찾아 읽다가 나중엔 순수한 앎을 위해, 그리고 영혼의 진화를 위해 읽고, 읽고, 읽었다. 내 안에는 갈망이라는 짐승이 그르렁거리고 있었다. 그 짐승은 아무리 많은 책을 찾아 읽어도 만족할 줄 모른다.

책은 인생의 전기(轉機)가 될 수 있다. 나는 책에서 인생의 전기를 찾았다. 서책들을 손에 들고 정독과 통독을 하며 지내는 동안 내 안에 숨은 자아와 정체성, 그리고 불확실하고 모호한 욕망들이 실체를 드러냈다. 덤으로 뜰 안에 매화 한 주를 심고 고즈넉하게 사는 법, 봄마다 꽃피는 모란과 작약의 참다운 미와 가치에 눈뜨고 헌신하는 법을 배우고 익혔다. 돌아보면 인생은 얼마나 짧은 것이냐! 이 짧고 덧없고 참혹한 인생에 한 줄기 빛이 깃들고 기쁨으로 충만했던 것은 다 내가 읽은 서책들 덕택이다.

구두 수선공이나 극장 간판화가, 목수나 영업직 사원, 은행가나 좀도둑도 되지 않고, 아무 훈장도 없는 작가의 길로 들어서서 반평생을 지냈다. 출판사를 접은 뒤 스무 해 동안 곤궁한 전업 작가의 길을 걸으며 무엇보다도 나 자신의 일곱 번째 사람이 되고 싶었다. 지독한 가난과 불운 속에서 살다가 삶을 마친 헝가리 시인 아탈리 요제프는 이 세상에 나온 사람은 일곱 번 다시 태어나야 한다고 썼다. "젖가슴에 기대어 젖을 물린 사람, / 젊은 여자의 단단한 가슴을 쥐고 있는 사람, / 빈 접시들을 내던지는 사람, / 가난한 사람들이 이기도록 도와주는 사람, / 몸이 부서지도록 일하는 사람, / 밤새도록 달을 바라보는 사람."(「일곱 번째 사람」)

다음의 사람이 일곱 번째 사람이다! 언어의 부름을 받아 시를 쓰고, 제 영혼을 온전하게 책임지는 사람! 내 자신의 일곱 번째 사람이 되려고 나는 새벽에 일어나 서책들을 읽고 글을 썼다. 말의 리듬에 귀 기울이고, 독창적인 의미의 결을 더듬으며, 지각의 총체를 헤집을 때 오롯하고 행복했다. 문장을 쓰고 책을 쓰는 일은 힘들었으나 큰 기쁨과 작은 보람이 있었다. 비범한 인물은 아니었으나 글쓰기를 하면서 세상과 소통하는 법을 깨닫고, 앎의 지평을 확장하면서 닫힌 내면을 열고 타인을 받아들이는 법을 알게 되었으니!

글쓰기가 나를 구원했다고 말하지는 못하겠다. 하지만 범속한 트임으로 나가게 하고, 닫힌 세계에서 출구들을 보여주며, 인격에 다정함을 더하게 했으니 결과적으로 나를 구원했다. 이렇게 책과 더불어 굶지 않고 살았으니, 운이 좋았다. 작가로 이름을 내고, 운영하는 출판사는 번성하고, 세 아이들은 아픈 데 없이 잘 자랐다. 우여곡절과 암중모색이 없지 않았으나 뼈가 녹는 불행 속에서 죽음을 맞이하지 않아도 되었으니, 얼마나 다행한 일이냐!

작년 여름 크레타 섬을 다녀왔다. 에게 해에서 부는 거센 해풍을 맞으며 크레타의 한 언덕에 있는 『그리스인 조르바』의 작가 무덤 앞에 무릎을 꿇었다. 누군가 바친 붉은 꽃 한 송이가 지중해의 햇빛에 덧없이 시들고 있는 대작가의 무덤 앞에 섰을 때 나는 벅찬 감격으로 심장이 터질 듯했다. 저 유명한 니코스 카잔차키스의 묘비명을 떨리는 손으로 더듬었다. "나는 아무것도 바라지 않는다. 나는 아무것도 두려워하지 않는다. 나는 자유다." 그 석판에 그리스어로 새겨진 묘비명을 더듬어 읽으며 눈앞에 쏟아지는 한 덩어리 빛을 보았다. 만감이 스쳐갔다. 누가 뭐래도 카잔차키스는 20대 중반 그의 자서전을 만난 순간부터 내 글쓰기의 스승이다. 나는 그의 책에 넋을 잃을 정도로 몰입했다. 글쓰기와 인생에 대해서 어디서도 배울 수 없는 것들을 배웠다.

세상의 작가와 저자들은 다 고마운 스승들이다. 책을 읽고 쓰며 쌓은 경험들을 녹여 『글쓰기는 스타일이다』를 썼다. 여섯 달 동안 초고를 쓰고, 1년 동안 퇴고를 했다. 이 책을 쓰며 자주 나를 돌아보았다. 내가 여러 번 초식동물처럼 반생을 되새김질했듯이 당신도 이 책을 통해 돌연 인생을 반추하는 계기를 갖기를 바란다. 그 결과 더 즐겁고 살 만한 인생으로 나아가기를! 더 넓은 바다로 나가도록 이제 책을 손에서 놓고 떠나보낸다. 책은 자유다!

이 책에는 여러 작가와 저자들에게서 가져온 여러 인용문들이

나온다. 흔쾌하게 인용문들을 쓰도록 허락해주신 작가와 출판사에 깊이 감사드린다. 언젠가 피와 무의식의 잉크를 찍어 한 자 한 자 적어 내려가며 책 한 권을 쓸지도 모를 당신에게, 이 책을 바친다.

2014년 12월,
장석주

부록 一

글쓰기에 도움이 되었던 책들

밀실 글쓰기를 위한 책읽기

읽기와 쓰기 그리고 자기 짓기

스티븐 킹, 『유혹하는 글쓰기』, 김진준 옮김, 김영사, 2002
니나 상코비치, 『혼자 책 읽는 시간』, 김병화 옮김, 웅진지식하우스, 2012
도러시아 브랜디, 『작가 수업』, 강미경 옮김, 공존, 2010
정수복, 『책에 대해 던지는 7가지 질문』, 로도스, 2013
아니 에르노, 『칼 같은 글쓰기』, 최애영 옮김, 문학동네, 2005

책읽기는 운명을 바꾼다

매리언 울프, 『책 읽는 뇌』, 이희수 옮김, 살림, 2009
사사키 아타루, 『잘라라, 기도하는 그 손을』, 송태욱 옮김, 자음과모음, 2012
파스칼 키냐르, 『은밀한 생』, 송의경 옮김, 문학과지성사, 2001

꿈꿀 권리

가스통 바슐라르, 『꿈꿀 권리』, 이가림 옮김, 열화당, 2007
가스통 바슐라르, 『대지, 그리고 휴식의 몽상』, 정영란 옮김, 문학동네, 2002

책읽기에서 글쓰기로

메러디스 매런 편저, 『잘 쓰려고 하지 마라』, 김희숙·윤승희 옮김, 생각의길, 2013
스티븐 킹, 『유혹하는 글쓰기』, 김진준 옮김, 김영사, 2002
정수복, 『책에 대해 던지는 7가지 질문』, 로도스, 2013
오르한 파묵, 『새로운 인생』, 이난아 옮김, 민음사, 2006

입구 글쓰기를 시작하기 전에 알아야 할 것들

허기진 삶

폴 오스터, 『빵굽는 타자기』, 김석희 옮김, 열린책들, 2002
메러디스 매런 편저, 『잘 쓰려고 하지 마라』, 김희숙·윤승희 옮김, 생각의길, 2013
어니스트 헤밍웨이, 『헤밍웨이의 글쓰기』, 이혜경 옮김, 스마트비즈니스, 2009

스티븐 킹, 『유혹하는 글쓰기』, 김진준 옮김, 김영사, 2002
프란체스카 리고티, 『부엌의 철학』, 권세훈 옮김, 향연, 2003

불확실성

바바라 애버크롬비, 『글 잘 쓰는 기술』, 이민주 옮김, 브리즈, 2008
바바라 애버크롬비, 『인생을 글로 치유하는 법』, 박아람 옮김, 책읽는수요일, 2013
프란시스 아말피, 『불멸의 작가들』, 정미화 옮김, 윌컴퍼니, 2013

실패 가능성

헤더 리치 · 로버트 그레이엄, 『창의적인 글쓰기의 모든 것』, 윤재원 옮김, 2009
폴 오스터, 『빵굽는 타자기』, 김석희 옮김, 열린책들, 2002

진짜 재능

자크 데리다, 『글쓰기와 차이』, 남수인 옮김, 동문선, 2001
프란시스 아말피, 『불멸의 작가들』, 정미화 옮김, 윌컴퍼니, 2013
어니스트 헤밍웨이, 『헤밍웨이의 글쓰기』, 이혜경 옮김, 스마트비즈니스, 2009
마리오 바르가스 요사, 『젊은 소설가에게 보내는 편지』, 김현철 옮김, 새물결, 2005

독창성과 창의성

프란시스 아말피, 『불멸의 작가들』, 정미화 옮김, 윌컴퍼니, 2013
도로시아 브랜디, 『작가 수업』, 강미경 옮김, 공존, 2010
황농문, 『몰입』, 랜덤하우스코리아, 2007
박문호, 『뇌 생각의 출현』, 휴머니스트, 2008
헤더 리치 · 로버트 그레이엄, 『창의적인 글쓰기의 모든 것』, 윤재원 옮김, 베이직북스, 2009

경험, 그 발견되고 해명된 삶

루츠 폰 베르더 · 바바라 슐테-슈타이니케, 『즐거운 글쓰기』, 김동희 옮김, 들녘, 2004
아니 에르노, 『칼 같은 글쓰기』, 최애영 옮김, 문학동네, 2005

백지의 공포

헤더 리치 · 로버트 그레이엄, 『창의적인 글쓰기의 모든 것』, 윤재원 옮김, 베이직북스, 2009
나탈리 골드버그, 『뼛속까지 내려가서 써라』, 권진욱 옮김, 한문화, 2000
루츠 폰 베르더 · 바바라 슐테-슈타이이니케, 『즐거운 글쓰기』, 김동희 옮김, 들녘, 2004

고독과 칩거

존 쿠퍼 포우어스, 『고독의 철학』, 이윤기 옮김, 까치, 1984
마르그리트 뒤라스, 『고독한 글쓰기』, 이용주 옮김, 창작시대사, 1997
모리스 블랑쇼, 『도래할 책』, 심세광 옮김, 그린비, 2011

미로 글쓰기에서 마주치는 문제들

작가의 연장통
스티븐 킹, 『유혹하는 글쓰기』, 김진준 옮김, 김영사, 2002

언제든 졸작을 쓸 수 있는 용기
나탈리 골드버그, 『인생을 쓰는 법』, 한진영 옮김, 페가수스, 2013

말의 소리와 리듬
어슐러 K. 르 귄, 『글쓰기의 항해술』, 김지현 옮김, 황금가지, 2010
스티븐 킹, 『유혹하는 글쓰기』, 김진준 옮김, 김영사, 2002

어쩌다 전업 작가가 되어
헤더 리치 · 로버트 그레이엄, 『창의적인 글쓰기의 모든 것』, 윤재원 옮김, 베이직북스, 2009

날마다 글을 쓴다는 의미
프란츠 카프카, 『꿈』, 배수아 옮김, 워크룸프레스, 2014
도러시아 브랜디, 『작가 수업』, 강미경 옮김, 공존, 2010

일기, 나와 대면하는 연습
도러시아 브랜디, 『작가 수업』, 강미경 옮김, 공존, 2010
고은, 『바람의 사상』, 한길사, 2012
헤르만 헤세, 『데미안』, 전영애 옮김, 민음사, 2000

떠나고 싶을 날의 글쓰기
장 피에르 나디르 · 도미니크 외드, 『여행 정신』, 이소영 옮김, 책세상, 2013
알랭 드 보통, 『여행의 기술』, 정영목 옮김, 청미래, 2011

출구 작가의 길

문체란 무엇인가
한승원, 『한승원의 글쓰기 비법 108가지』, 푸르메, 2008
모리스 블랑쇼, 『도래할 책』, 심세광 옮김, 그린비, 2011
도러시아 브랜디, 『작가 수업』, 강미경 옮김, 공존, 2010
김경주, 『밀어』, 문학동네, 2012

수전 손택, 『해석에 반대한다』, 이민아 옮김, 이후, 2002

무의식, 나도 모르는 나

애니 딜러드, 『창조적 글쓰기』, 이미선 옮김, 공존, 2008
김승옥, 『생명연습』, 문학동네, 2014
도러시아 브랜디, 『작가 수업』, 강미경 옮김, 공존, 176쪽.

글쓰기와 집짓기

애니 딜러드, , 『창조적 글쓰기』, 이미선 옮김, 공존, 2008
스티븐 킹, 『유혹하는 글쓰기』, 김진준 옮김, 김영사, 2002

몸으로 글쓰기

나탈리 골드버그, 『뼛속까지 내려가서 써라』, 권진욱 옮김, 한문화, 2000
나탈리 골드버그, 『인생을 쓰는 법』, 한진영 옮김, 페가수스, 2013
장-뤽 낭시, 『코르푸스-몸, 가장멀리서오는지금여기』, 김예령옮김, 문학과지성사, 2012
줄리아 카메론, 『나를 치유하는 글쓰기』, 조한나 옮김, 이다미디어, 2013
존 레이티, 『뇌, 1.4킬로그램의 사용법』, 김소희 옮김, 21세기북스, 2010

어느 날 시가 내게로 왔다

강은교 외, 『시인으로 산다는 것』, 문학사상, 2014
수전 손택, 『해석에 반대한다』, 이민아 옮김, 이후, 2002
이정훈 외, 『2013 신춘문예 당선시집』, 문학세계사 2013
김영래, 『두 별 사이에서 노래함』, 세계사, 2006

문학이 가르쳐 준 것들

박경리, 「반항 정신의 소산」, 현대문학사 편, 『창작실기론』, 어문학, 1962.

광장   글쓰기 스타일

스타일이란 무엇인가

수전 손택, 『해석에 반대한다』, 이민아 옮김, 이후, 2002
모리스 블랑쇼, 『도래할 책』, 심세광 옮김, 그린비, 2011

글쓰기에 미친다는 것

김연수, 『사월의 미, 칠월의 솔』, 문학동네, 2013
김연수, 『소설가의 일』, 문학동네, 2014

김연수, 『지지 않는다는 말』, 마음의숲, 2012
김연수, 『세계의 끝 여자친구』, 문학동네, 2009
량원다오, 『모든 상처는 이름을 가지고 있다』, 김태성 옮김, 흐름출판, 2013

비정한 문체

어니스트 헤밍웨이, 『노인과 바다』, 김욱동 옮김, 민음사, 2012
어니스트 헤밍웨이, 『헤밍웨이의 글쓰기』, 래리 W. 필립스 엮음, 이혜경 옮김, 스마트비즈니스, 2009
니코스 카잔차키스, 『어두운 심연에서』, 김문환 옮김, 현대사상사, 1975
어니스트 헤밍웨이, 『오후의 죽음』, 장왕록 옮김, 책미래, 2013

강건한 탐미주의의 문체

김훈, 『칼의 노래』, 문학동네, 2014
김훈, 『남한산성』, 학고재, 2014, 2007

감각적인, 너무나 감각적인

무라카미 하루키, 『세계의 끝과 하드보일드 원더랜드』, 김진욱 옮김, 문학사상, 2012
히라노 요시노부, 『하루키, 하루키』, 조주희 옮김, 아르볼, 2012
진희정, 『하루키 스타일』, 중앙북스, 2013

직관적인 문체

허먼 멜빌, 『모비딕』, 강수정 옮김, 열린책들, 2013
신문수, 『모비딕』, 살림출판사, 2005

담백한 문체

피천득, 『인연』, 샘터사, 2007
피천득, 『수필』, 범우사, 2009

따뜻한 냉소주의의 문체

J.D. 샐린저, 『호밀밭의 파수꾼』, 이덕형 옮김, 문예출판사, 1998
케네스 슬라웬스키, 『샐린저 평전』, 김현우 옮김, 민음사, 2014

읽기라는 문장 수업

다치바나 다카시, 『나는 이런 책을 읽어왔다』, 이언숙 옮김, 청어람미디어, 2001
움베르토 에코, 『책으로 천년을 사는 방법』, 김운찬 옮김, 열린책들, 2009
다치바나 다카시, 『에게—영원 회귀의 바다』, 이규원 옮김, 청어람미디어, 2006
프란시스 아말피, 『불멸의 작가들』, 정미화 옮김, 윌컴퍼니, 2013

모성성의 문체

박경리, 『김약국의 딸들』, 마로니에북스, 2013
박경리, 『토지』, 마로니에북스, 2012
박경리, 『버리고 갈 것만 남아서 참 홀가분하다』, 마로니에북스, 2008

시적인 문체

한강, 『채식주의자』, 창비, 2007
한강, 『흰』, 문학동네, 2016

부조리의 문체

알베르 카뮈, 『결혼 · 여름』, 김화영 옮김, 책세상, 1998
알베르 카뮈, 『이방인』, 김화영 옮김, 민음사, 2011

낭만적인 영혼의 문체

헤르만 헤세, 『데미안』, 전영애 옮김, 민음사, 2000,
헤르만 헤세, 『황야의 이리』, 김누리 옮김, 민음사, 2002

글쓰기는 스타일이다
책읽기에서 글쓰기까지 나를 발견하는 시간

초판 1쇄 2015년 1월 5일
개정증보판 1쇄 2025년 9월 30일

지은이	장석주

발행인	박장희
대표이사 겸 제작총괄	신용호
본부장	이정아
책임편집	조한별
기획위원	박정호
마케팅	김주희 이현지 한륜아
개정증보판 표지 디자인	변바희
내지 조판	김미연

발행처	중앙일보에스(주)
주소	(03909) 서울시 마포구 상암산로 48-6
등록	2008년 1월 25일 제2014-000178호
문의	jbooks@joongang.co.kr
홈페이지	jbooks.joins.com
인스타그램	@j_books

ISBN 978-89-278-8118-6 03800

- 이 책은 저작권법에 따라 보호받는 저작물이므로 무단 전재와 무단 복제를 금하며 책 내용의 전부 또는 일부를 이용하려면 반드시 저작권자와 중앙일보에스(주)의 서면 동의를 받아야 합니다.
- 책값은 뒤표지에 있습니다.
- 잘못된 책은 구입처에서 바꿔 드립니다.

중앙북스는 중앙일보에스(주)의 단행본 출판 브랜드입니다.